Christian Chavagneux

Kleine Geschichte der Finanzkrisen

Christian Chavagneux

Kleine Geschichte der Finanzkrisen

Spekulation und Crash von 1637 bis heute

Aus dem Französischen
von Claudia Steinitz

Rotpunktverlag

Die französische Originalausgabe erschien 2011 unter dem Titel
Une brève histoire des crises financières in der Editions La Découverte, Paris.

Danksagung

Ich danke Béatrice, meiner ersten Leserin. Ich danke Michel Médioni für seine Begeisterung und unsere anregenden Diskussionen über John Law, Jean-Yves Serrand für den Tauchgang in die Archive des Fernsehens und Bertrand Tavernier, der meine Fragen über Law in *Wenn das Fest beginnt*… beantwortet hat. Ich danke Ronen Palan für seine Lektüre des 5. Kapitels und Michel Castel, Jézabel Couppey-Soubeyran und Laurence Scialom für ihre wertvollen Hinweise zum letzten Kapitel.

www.rotpunktverlag.ch

Umschlagbild: Stürmung der Sparkasse Berlin.
Bundesarchiv, Bild 102-12023. Foto: Georg Pahl, 13. Juni 1931
Druck und Bindung: CPI – Clausen & Bosse, Leck, www.cpibooks.de

ISBN 978-3-85869-537-6
1. Auflage 2013

Inhalt

»Schließlich bedürfen wir, um Fortschritte in der Arbeitsbeschaffung zu erzielen, zweier Schutzvorrichtungen gegen das Wiederauftreten alter Missstände: Es muss eine strenge Überwachung aller Bankgeschäfte, Kredite und Investitionen eingerichtet werden, um den Spekulationsgeschäften mit anderer Leute Geld ein Ende zu machen, und es muss Vorsorge für eine angemessene und gesunde Währung getroffen werden.«

Franklin Delano Roosevelt, Antrittsrede als US-Präsident, 4. März 1933[1]

Einleitung

Das trunkene Schiff

»Nun, ich würde den Studenten raten, und das unterscheidet sich wahrscheinlich von dem, was ich gesagt hätte, als ich jünger war: Habt große Achtung vor dem Studium der Wirtschaftsgeschichte.«

Paul Samuelson, Interview in: *The Atlantic*, 18. Juni 2009

»Wenn uns also die Geschichte des Kapitalismus lehrt, dass verschiedene Phänomene immer wiederkehren, kann man wohl auch eine gemeinsame Logik in diesen Phänomenen finden.«

Michel Aglietta, *La Crise. Les voies de sortie*, 2010

Die finanzielle Instabilität ist neben der Klimaerwärmung und der wachsenden sozialen Ungleichheit das dritte große Übel des heutigen Kapitalismus. Die Bedeutung der Finanzmärkte übersteigt jedes vernünftige Maß, ihre Krisen schaden dem Wachstum, dem Arbeitsmarkt und dem Wohlstand der Menschen weltweit. Die jüngste Krise, die 2007 ausbrach, hat das erneut gezeigt. Viele Menschen verlieren ihren Arbeitsplatz, ihre Ersparnisse oder gar beides an den Spieltischen des globalen Finanzkasinos, obwohl sie nie darum gebeten hatten, mitspielen zu dürfen.

Andrew Haldane, Exekutivdirektor für Finanzstabilität der Bank of England, hat 2010 eine Schätzung der Gesamtkosten dieser Krise vorgelegt. Er addierte die Geldmenge, die den Banken geliehen wurde, um ihre Liquidität wiederherzustellen, zu den Kosten der nachfolgenden Rezession, durch die das Wirtschaftswachstum sank, und zu den Einbußen, die den Volkswirtschaften durch Arbeitslosigkeit, Firmenpleiten und so weiter entstehen. Haldane kam bei seiner Schätzung auf eine Gesamtsumme von 60 000 bis 200 000 Milliarden Dollar für die gesamte Weltwirtschaft! Zahlen in dieser Größenordnung lassen sich kaum noch begreifen. Sie machen schwindlig und erlauben nur eine Schlussfolgerung: Man muss dringend geeignete Maßnahmen ergreifen, um das trunkene Schiff der Finanzwelt zu stabilisieren.

Die unbelehrbaren Ökonomen

In dieser Situation würden wir gern Ökonomen und Finanzspezialisten um Hilfe bitten. Doch leider vertrat die herrschende Wirtschaftstheorie jahrzehntelang die These, dass es gar keine Finanzkrisen mehr geben könne. Das liegt daran, dass sich die Ökonomen viel zu sehr mit schematischen und abstrakten Modellen beschäftigt haben. Viele gingen davon aus, dass die Finanzmärkte sich perfekt selbst regulieren und die Banken sich so diszipliniert verhalten würden, dass größere Risiken ausgeschlossen wären. Die Finanzkrise, die die Welt seit 2007 in Atem hält, ist also auch eine Krise der dominierenden Wirtschaftswissenschaft, wie sie an den Universitäten gelehrt und sogar in politischen Beraterkreisen vertreten wird.

Einige Ökonomen – und nicht die unbedeutendsten – haben inzwischen jedoch dazugelernt. In einem langen Interview mit der Zeitschrift *Alternatives économiques* sagte der US-amerikanische Wirtschaftsnobelpreisträger Joseph Stiglitz Anfang 2010: »Ein Faktor hat in den vor der Krise entwickelten Modellen eindeutig gefehlt: die Abhängigkeiten der Finanzinstitute untereinander.« Er freue sich, dass Wissenschaftler jetzt über krisenbedingte Ansteckungseffekte forschten, ein Untersuchungsansatz, »der komplizierter ist als die bisher verwendeten einfachen mathematischen Modelle. In dieser Richtung sollten die Ökonomen weiterdenken.«[1]

Es ist sicher gut, wenn Ökonomen über die Verbindungen zwischen den Finanzinstituten nachzudenken beginnen, um beispielsweise zu erklären, warum der Sturz einer mittelgroßen Investmentbank wie Lehman Brothers beinahe das gesamte Weltfinanzsystem in den Abgrund gerissen hätte. Aber wie lange müssen wir warten, bis ihre komplexen Modelle auch die Realität beweisen können, bis das, was wir seit 2007 erleben, auch in ihren Theorien möglich ist? David Colander, Wirtschaftsprofessor am Middlebury College in Vermont, USA, und einer der Hauptbeteiligten an der US-amerikanischen Debatte über die Methoden der Wirtschaftswissenschaft, antwortete darauf: »Ungefähr 150 Jahre«[2]!

Aus Erfahrung lernen

Für die weniger Geduldigen gibt es einen anderen Weg: aus Erfahrung lernen. Wer Krisen verhindern will, muss deren Mechanismen verstehen. Dazu müssen wir über den eigenen Tellerrand hinausschauen und die Lehren aus der Vergangenheit nutzen. Wer sich lediglich mit den Mechanismen auseinandersetzt, die die Subprime-Krise ausgelöst haben, bereitet sich auf den vergangenen Krieg vor – dabei gilt es doch, den nächsten zu verhindern. Der Rückgriff auf die Geschichte ist notwendig, denn er zeigt, dass Erschütterungen im Finanzsektor so alt sind wie der Kapitalismus selbst. Dieses Wissen muss man weitergeben.

Die wahrscheinlich erste Spekulationsblase der Geschichte wurde durch die sogenannte Tulpenmanie im Holland des 17. Jahrhunderts ausgelöst (1. Kapitel). Damals erfanden reiche Kaufleute das, was man bald schon als Windhandel bezeichnete. Wertpapiere, die verschiedene Qualitäten von Tulpenzwiebeln verkörperten, wurden zum Gegenstand zügelloser Spekulation. Die Preise der Zwiebeln kletterten in astronomische Höhen, und es entstand eine gigantische Spekulationsblase, bei der keiner mehr wusste, welche Risiken er eingegangen war – bis die Blase platzte. Kommt Ihnen das nicht bekannt vor?

Ein anderes Beispiel ist die im 18. Jahrhundert von John Law ausgelöste Börsenblase. Der Schotte hatte in Frankreich eine Reihe komplexer Finanzprodukte eingeführt, die am Ende zu einem Börsenkrach führten (2. Kapitel). Und da ist die Pleite eines US-amerikanischen Finanzinstituts im Jahr 1907 (3. Kapitel). Sie löste eine Vertrauenskrise aus, die der nach dem Ende von Lehman Brothers im Jahr 2008 in nichts nachstand. Und natürlich darf auch die Krise von 1929 nicht fehlen (4. Kapitel). Hier interessieren uns jedoch weniger deren Auswirkungen auf die Realwirtschaft als vielmehr die finanziellen Erschütterungen der 1920er-Jahre, denn so können wir die Gemeinsamkeiten mit allen vorangegangenen Krisen zeigen. Und vor allem wird dabei sichtbar, wie US-Präsident Franklin D. Roosevelt sein ganzes politisches Geschick für ein Maßnahmenpaket einsetzte, das beinahe vierzig Jahre Finanzstabilität sicherte.

Bei der Schilderung und Interpretation dieser historischen Krisen stützen wir uns auf bekannte und weniger bekannte Arbeiten von Ökonomen und Finanzspezialisten. Wir haben versucht, sie in eine verständliche Sprache zu übertragen. Um ein geflügeltes Wort zu variieren: Die Wirtschafts- und Finanzfragen sind zu ernst, um sie den Wirtschafts- und Finanzexperten zu überlassen. Da Finanzkrisen immer auch eine psychologische Komponente haben, wie der britische Ökonom John Maynard Keynes und – wie wir noch sehen werden – andere lange vor ihm dargelegt haben, greifen wir auch auf Romane und Filme zurück, die sich direkt mit der Finanzwelt beschäftigen.

Das Krisenschema

Wenn wir uns die Krisen der Vergangenheit ansehen, stellen wir fest, dass sie sich nicht nur ähnlich sind, sondern offensichtlich auch nach ein und demselben Schema ablaufen.

Diese Erkenntnis ist nicht neu. Ein US-amerikanischer Ökonom und Historiker hat bereits brillante Gedanken dazu geäußert: Charles Kindleberger. Sein 1978 erschienenes Buch *Manien, Paniken, Crashs. Die Geschichte der Finanzkrisen dieser Welt* gilt für dieses Thema seit Langem als Klassiker. 2004 übernahm auch der französische Sachverständigenrat Conseil d'analyse économique in einem Bericht über die Finanzkrisen Kindlebergers Grundgedanken und ergänzte sie um einige interessante Überlegungen. Kindleberger entwirft in seinem Buch zunächst ein Modell der Spekulationskrisen, ohne deren Geschichte im Einzelnen darzustellen. Als das Buch erschien, ging die Wissenschaft noch davon aus, dass Finanzkrisen ausgestorben seien und dass man, falls doch eine stattfinden sollte, besser nicht eingreife. Kindleberger dagegen versuchte seinen Lesern klarzumachen, dass staatliche Interventionen sehr wohl notwendig seien. Heute, nach dem Beinahe-Exitus des weltweiten Bankensystems infolge der Lehman-Brothers-Pleite, besteht daran kein Zweifel mehr.

Der Wirtschaftshistoriker arbeitete vor allem rein ökonomische Mechanismen heraus, um die Finanzkrisen zu erklären. Ein notwendiger, aber nicht hinreichender Beitrag. Die nachfolgenden Geschichten über die Krisen des Finanzsektors machen deutlich, was für eine große Rolle soziale Ungleichheit, politische Kräfteverhältnisse und ideologische Grabenkämpfe beim Entstehen der Spekulationsblasen spielten. Um einen Begriff zu benutzen, der bei den meisten Ökonomen nicht mehr vorkommt: Wir wagen uns hier an eine politische Ökonomie der Finanzkrisen.

Nach der Subprime-Krise lassen sich auch die Krisen der Vergangenheit anders lesen und darstellen. André Markowicz, der die großen russischen Schriftsteller ins Französische übersetzt, erklärte in seinem Nachwort zu Dostojewskis *Der Spieler,* dass die Lebensdauer einer Übersetzung bei etwa dreißig Jahren liege. »Immer wieder kommen Erfahrungen und parallele Lesarten hinzu, die eine neue Annäherung an einen scheinbar unveränderten Text ermöglichen.« Ebenso können auch die Finanzkrisen der Vergangenheit immer wieder neu erzählt werden.

Welches allgemeine Krisenschema wird nun also in unserer Geschichtsstudie sichtbar? Ohne bereits alles zu verraten (das geschieht erst in Kapitel 5), können wir hier bereits die Themen aufzählen, denen Kindleberger keine größere Beachtung schenkte: Da wäre einmal das schlechte Risikomanagement der Finanzinstitute, dann die Unterschätzung der Rolle, die Betrug, soziale Ungleichheit und Ideologie spielten, der Einfluss der Deregulierungspolitik und der feste Wille, vor der Katastrophe die Augen zu verschließen. Richtig gesehen hat Kindleberger, dass die unkontrollierten neuen Finanzprodukte und die ungeheure Ausweitung des Kreditvolumens die Jagd nach Profiten begünstigen und verstärken.

Wenn diese Elemente zusammenkommen, entsteht eine Blase, und wenn diese platzt, kann nur eine Intervention der öffentlichen Hand die Katastrophe verhindern. Stellte sich bei Kindleberger noch die Frage, ob man überhaupt intervenieren solle, geht es heute darum, die Wirkung der erfolgten Interventionen zu beurteilen, die kurzfristig zur Eindämmung der Krise – Bereitstellung von Liquidität und Kapitalspritzen – und mittelfristig in Form von Regulierungsmaßnahmen ergriffen wurden.

Das Krisenschema geht nicht auf jede Besonderheit der einzelnen Finanzkrisen ein, es hilft jedoch, diese Krisen besser einzuordnen. Die Geschichte zeigt uns auch, dass sich die Subprime-

Krise in eben dieses Tableau einfügt, ohne dass man sie ein weiteres Mal darstellen müsste. Das trifft zum Teil auch auf die 2009 ausgebrochene Staatsschuldenkrise zu.

Die Regulierung des Finanzsektors

Ein solches Krisenschema hilft uns, die zahlreichen Maßnahmen im Bereich der Banken- und Finanzmarktregulierung zu beurteilen, die die Gruppe der zwanzig wichtigsten Industrie- und Schwellenländer (G-20) seit ihrem Treffen in London im April 2009 in die Wege geleitet hat. Waren die Auswirkungen der Krise auf das Wachstum, den Arbeitsmarkt und die öffentlichen Haushalte so dramatisch, dass die Regierungen jetzt eine wirksame Regulierung der Finanzwirtschaft angingen? Die Richtung stimmt: Immerhin wurden Grundsätze für eine Regulierung der Banken und der Finanzmärkte festgelegt. Von Grundsätzen zur konkreten Umsetzung einer Politik ist es allerdings ein weiter Weg. Zudem hat das vorgeschlagene Regulierungsschema der G-20 beträchtliche Schwachstellen (6. Kapitel).

Die Geschichte lehrt uns, dass einer großen Finanzkrise nie eine sofortige und wirksame Regulierung der Akteure folgte. Es brauchte jedes Mal Zeit und mehrere Anläufe.

Wir müssen verstehen, worum es bei den seit 2009 ausgehandelten Regulierungen geht, damit wir die Antworten beurteilen können, die unsere Regierungen für eine der größten Finanzkrisen der Geschichte gefunden haben. Diese Beurteilung ist nicht einfach, weil die Diskussion über die Umsetzung der Finanzmarktregulierungen weitergeht und man sich noch kein zuverlässiges Bild von den neuen Regelungen machen kann. Außerdem sind Banken- und Finanzfragen oft sehr technisch und das Vokabular, die Instrumente und Diskussionen für Nichtspezialisten schwer verständlich. Die Finanzexperten tragen nach Kräften dazu bei, dieses Bild der Komplexität zu fördern: Je weniger man versteht, desto freier können sie handeln. Aber schon Tommaso Padoa-Schioppa, früherer italienischer Finanzminister und EZB-Manager, erklärte mit Nachdruck, selbst bei Finanzfragen »ist die Komplexität nie zu groß, um zur Einfachheit zurückgeführt zu werden [...], es geht dabei um Demokratie und Verantwortung«. Der Rückgriff auf die Geschichte ist auch ein pädagogisches Instrument, mit dessen Hilfe man sich mit diesem »Mysterium der Finanzoperationen« vertraut machen kann, von dem Zola in seinem Roman *Das Geld* sprach. Aber jetzt ist Zeit für eine erste Demonstration. Reisen wir in das Holland des 17. Jahrhunderts.

1. Kapitel

Die Tulpenspekulation zwischen Wahrheit und Dichtung

»Ich bin die Tulpe: Holland ist mein Vaterland,
Für meine Zwiebel zahlt der geizge Flame
Oft mehr noch als für einen Diamant,
Für ihn zählt nur mein schöner Wuchs und auch mein Name.«
Honoré de Balzac, *Verlorene Illusionen*, 1836

»Die Tulpe, Ende des 16. Jahrhunderts nach Westeuropa eingeführt, wurde bald zum Gegenstand großer Begeisterung, die sich zu kollektivem Wahn auswuchs und Mitte der 1630er-Jahre ganz Holland erfasste.«
Nicolas Baverez, *Après le déluge. La grande crise de la mondialisation*, 2009.

»Wenn die Legende Tatsache wird, druck die Legende.«
John Ford, *Der Mann, der Liberty Valance erschoss*, 1962

Der französische Historiker Fernand Braudel schreibt im dritten Band seiner meisterhaften *Sozialgeschichte des 15.–18. Jahrhunderts, Aufbruch zur Weltwirtschaft*, dass Finanzspekulationen bereits im 14. Jahrhundert in Städten wie Venedig und Antwerpen, die den Kontinent beherrschten, nicht unbekannt waren. Die Händler Genuas lösten sich im 16. Jahrhundert sogar ganz von der Realwirtschaft und konzentrierten sich auf den Finanzsektor, um den Überfluss an Liquidität besser verwalten zu können. Solange jedoch weiterführende Forschungen über diese Zeit ausstehen, beginnt die Geschichte des Spekulationswahns im Holland des 17. Jahrhunderts. Die sogenannte Tulpenmanie hat sich im öffentlichen Bewusstsein besonders eingeprägt, weil es dabei zunächst um ganz gewöhnliche Blumenzwiebeln ging.

Die Archive der großen Städte der Republik der Sieben Vereinigten Provinzen, auch Vereinigte Niederlande genannt, belegen klar, dass dort im Dezember 1636 und Januar 1637 ein Spekulationsrausch herrschte, dessen Instrumente, wie wir sehen werden, den heutigen erstaunlich ähnlich waren. Nach fast vier Jahrhunderten ist es schwierig, die Geschichte genau nachzuzeichnen. Die verlässlichsten Primärquellen, auf die man zurückgreifen kann, sind Dokumente aus den Archiven der Anwälte, die den rechtlichen Teil der Geschäfte registrierten. Das Holländisch des 17. Jahrhunderts ist unter Ökonomen aber nicht sehr verbreitet, deshalb stützen sich zahlreiche Arbeiten auf Sekundärquellen, die leider oft von dürftiger Qualität sind.

Die Pamphlete jener Zeit etwa, in denen das Verhalten der Spekulanten gegeißelt wurde, sind voller Übertreibungen und deshalb mit Vorsicht zu genießen. Daran hat es der schottische Journalist Charles Mackay aber fehlen lassen. Sein 1841 erschienenes Buch *Zeichen und Wunder. Aus den Annalen des Wahns* galt lange Zeit als Referenzwerk, bis man merkte, dass die meisten Geschichten – wie etwa die von dem Matrosen, der eine horrend teure Tulpenzwiebel aß, weil er sie für eine Gemüsezwiebel hielt – eher fragwürdig sind.

Folgenschwerer für die Wissenschaft war der Rückgriff auf die Arbeiten des holländischen Professors Nicolaas Wilhelmus Posthumus: Dieser gab sich nicht mit Texten aus zweiter Hand zufrieden, sondern durchforstete die Archive. 1926/27 verfasste er lange Artikel, die das *Journal of Economic and Business History* ab Mai 1929[1] in englischer Übersetzung veröffentlichte. Die wenigen wissenschaftlichen Arbeiten, die danach über diese Krise verfasst wurden, wie die des US-amerikanischen Ökonomen Peter Garber aus dem Jahr 2000, stützten sich weitgehend auf Posthumus' Preisstatistiken. 2007 erschien dann eine hervorragende Studie der US-amerikanischen Historikerin Anne Goldgar. Sie zeigt, dass Posthumus und seine Assistenten die historischen Dokumente fehlerhaft und unvollständig übernommen hatten und dass auch die Daten selbst nicht stimmten: Da war aus einer »175« eine »125« geworden, aus »400« »4000« und so weiter. Anne Goldgar rät deshalb allen, die zu diesem Thema arbeiten, auf die Originale zurückzugreifen.[2]

Diese falschen Fährten haben bei der Erforschung der Ereignisse und mehr noch bei der Analyse der Folgen leider Spuren hinterlassen. Anders als bislang angenommen, scheint die Krise, wenn überhaupt, nur begrenzte Auswirkungen auf das sogenannte Goldene Jahrhundert Hollands gehabt zu haben. Der Kreis der Betroffenen war beschränkt, und die Behörden entschlossen sich nur sehr träge zum Eingreifen, um die Krise zu beenden. Deshalb kann man vermuten, dass die ökonomischen Folgen eher marginal waren. Fernand Braudel, der Amsterdam in seinem Buch viele Seiten widmet und auch eine beträchtliche Anzahl längst vergessener kleiner Krisen erwähnt, verliert über die Tulpenmanie kein Wort.

Aber Legenden halten sich hartnäckig, wie das Zitat von Nicolas Baverez am Anfang des Kapitels zeigt. Der Franzose befindet sich dabei in guter Gesellschaft: Sogar der große US-amerikanische Ökonom John Kenneth Galbraith behauptet in seiner *Kurzen Geschichte der Spekulation*, dass es durch die Krise zu »einer spürbaren Depression«[3] gekommen sei – und nennt als einzige Quelle den berühmten Mackay. Wir behalten also die zweifelhafte Qualität der Quellen im Hinterkopf und erzählen nun anhand der Werke, die uns am verlässlichsten scheinen, wie es dazu kam, dass sich reiche holländische Kaufleute in einen Spekulationsrausch mit Tulpenzwiebeln stürzten.

Die Versteigerung von Alkmaar

Wer sich für die holländische Tulpenmanie interessiert, stößt unweigerlich auf den Namen Wouter Bartholomeusz Winkel, dessen Geschichte 2008 auch Gegenstand eines packenden Kriminalromans der niederländischen Autorin Daniëlle Hermans war. Das Leben meinte es nicht gut mit Wouter Winkel: Seine Frau starb früh und hinterließ ihm sieben Kinder, die er allein aufzog. Er führte eine Herberge in der Stadt Alkmaar. Noch vor dem Anstieg der Zwiebelpreise Ende 1634 begann er sich für Tulpen zu interessieren. Er wurde Tulpenzüchter.

Im 17. Jahrhundert war die Lebenserwartung in Holland nicht sehr hoch. Im Sommer 1636 starb Winkel, noch nicht vierzigjährig. Die Kinder kamen in Alkmaar in ein Waisenhaus. In dessen Archiv findet sich eine Beschreibung ihres Erbes: etwa siebzig Tulpenzwiebeln vierzig verschiedener Sorten, darunter ganz gewöhnliche, aber auch sehr seltene Exemplare.

Es ist nicht überliefert, ob die Leitung des Waisenhauses, das einen Anspruch auf 10 Prozent des Erbes hatte, nur so träge war wie andere Verwaltungen auch oder ob sie bewusst auf die Wertsteigerung der Zwiebeln spekulierte. Auf jeden Fall willigte sie erst im Dezember in den Verkauf der Tulpen ein. Die Versteigerung fand am 5. Februar 1637 statt. Der Historiker Mike Dash berichtet, dass sich ein offensichtlich sehr reicher und gut informierter Käufer vor Beginn des Verkaufs die schönsten Stücke sicherte. Insgesamt bezahlte er über 21 000 Gulden (was dem Wert von zwei großen Häusern an der Keizersgracht von Amsterdam entspricht); allein 5200 Gulden kostete ihn eine Zwiebel der äußerst begehrten Admiral van Enkhuizen[4]. Insgesamt brachte der Verkauf der Tulpenzwiebeln den Winkel-Kindern die unglaubliche Summe von 90 000 Gulden ein (das wären heute etwas mehr als 920 000 Euro).

Die Zeitgenossen waren sich der Außergewöhnlichkeit dieser Versteigerung voll und ganz bewusst: Kurz darauf wurde eine *Liste einiger Tulpen, verkauft an den Höchstbietenden am 5. Februar 1637* veröffentlicht, mit welcher der Spekulationswahnsinn angeprangert wurde. Zu diesem Zeitpunkt wusste noch niemand, dass dies die letzten Tage einer bereits seit zwei Jahren andauernden Spekulationsblase waren. Die Familie Winkel gehörte zu den Gewinnern: Wouter Winkel kaufte die Zwiebeln, als sie noch billig waren, und das Waisenhaus verkaufte sie auf dem Höchststand.

Wie aber konnte das protestantische Holland überhaupt in einen solchen Rausch verfallen?

Eine Spekulation der Reichen

Spekulationsblasen werden selten von Armen verursacht. Holland stand im 17. Jahrhundert auf dem Gipfel seines Ruhms. Es war die größte See-, Handels- und Militärmacht der Welt, und in Amsterdam schlug laut Fernand Braudel das Herz der Weltwirtschaft. Hier wurden Waren aus der ganzen Welt gelagert, verkauft und weiterverkauft. »1631 mischten fünf Sechstel der dreihundert reichsten Bürger Amsterdams im Ostindienhandel mit«, schreibt Mike Dash. »Am Standard ihrer Zeit gemessen, waren die erfolgreichsten holländischen Kaufleute mit großem Reichtum gesegnet.«[5]

Wie alle Reichen wollten auch sie ihr Geld arbeiten lassen. Neben dem Güterhandel managten die holländischen Kaufleute bald auch den Kredithandel für ganz Europa. Wie die Genuesen zwei Jahrhunderte zuvor, sollten auch sie im nachfolgenden Jahrhundert den Warenhandel ganz aufgeben und sich ausschließlich der Finanzwirtschaft widmen.

Durch ihre ökonomische und finanzielle Stärke gewannen die Kaufleute natürlich auch politische Macht. Im Gegensatz zu ihren europäischen Nachbarn, die von Königen beherrscht wurden, waren die Vereinigten Provinzen eine Republik. An der Spitze stand ein *Stadhouder*, der seit Ende des 16. Jahrhunderts aus dem Hause Oranien-Nassau stammte und von den Vertretern der Provinzen in den sogenannten Generalstaaten, dem Parlament, ernannt wurde. Jede der sieben Provinzen besaß ihre eigene Verwaltung, aber die wahre Macht lag eine Ebene tiefer bei den Stadtregenten. Braudel betont, dass diese »gleichzeitig die Städte, die Provinzen, die Generalstaaten, den Staatsrat und die Ostindienkompanie in der Hand hatten«,[6] jenes berühmte, 1602 gegründete Unternehmen, das den Welthandel dominierte. Sämtliche Gesetzentwürfe auf föderaler und nationaler Ebene mussten von den Stadtregenten bestätigt werden.

Diese Stadtregenten gehörten der reformierten Kirche an und bildeten eine eigenständige politische Elite über der Handelsbourgeoisie. Deren Vertreter waren häufig Mennoniten, die während des Unabhängigkeitskriegs aus den Habsburg-dominierten Spanischen Niederlanden geflohen waren. Diese beiden Gruppierungen bildeten die politisch-ökonomische Oligarchie. In Steuerfragen, im Rechtswesen und in Bezug auf die Organisation der Wirtschaft verfügten sie faktisch über unbegrenzte Macht, die sie in den Dienst der alles beherrschenden Handelsinteressen stellten, wie Braudel erklärt. »Dem Handel wird vollkommen freie Hand gelassen, den Kaufleuten werden keinerlei Vorschriften gemacht, sie brauchen sich nur an die Regeln zu halten, die ihnen ihr eigenes Interesse vorschreibt.«[7] Und einige Jahre hatten die Kaufleute eben großes Interesse am Tulpenhandel.

Dieser war zunächst einer bestimmten Elite vorbehalten, die die Blumen aus ästhetischen Gründen züchtete. Nachdem die Türken die Tulpe im 15. Jahrhundert nach Europa gebracht hatten, wurde sie rasch zum Inbegriff des Luxus. Am Hof Ludwigs XIII. war sie ein wichtiges Statussymbol: Sie verkörperte Reichtum und einen gewissen kosmopolitischen Geist; wer sie sich leisten konnte, hob sich vom Rest der Gesellschaft ab. Auch die reichen Kaufleute aus Amsterdam, Haarlem, Delft oder Enkhuizen entdeckten bald ihre Blumenliebe. Mit ihrem Vermögen bildeten sie in dem sozial tief gespaltenen Land eine Gesellschaft für sich. Sie hatten durchgesetzt, dass Kapital nicht besteuert wurde. Deshalb waren indirekte Steuern die wichtigsten Einnahmequellen der Städte und Provinzen. Der Reichtum war ungleich verteilt, der durchschnittliche Holländer hatte wenig Einkommen, kaum Ersparnisse und sicher kein Geld zum Spekulieren.

Mit dem Tulpenzwiebelhandel beschäftigten sich zunächst nur einige gebildete reiche Ästheten. Anne Goldgar stellt dar, wie schwierig die Unterscheidung zwischen diesen Tulpen-Liebhabern und den reinen Spekulanten war. Die Tulpenmanie beschränkte sich bis zum Schluss auf einen begrenzten Kreis von Kaufleuten und einigen wohlhabenden Handwerkern, Anwälten, Chirurgen, Doktoren und Notaren. Die Protagonisten waren familiär und religiös eng miteinander verbunden, wobei die Mennoniten offensichtlich einen herausragenden Platz einnahmen.

Die Superreichen erlagen der Versuchung umso mehr, als Geld im Überfluss vorhanden war. Der Ökonom Doug French hat Statistiken über die Geldmenge jener Zeit erstellt, die zeigen, dass die Epoche durch eine Bargeldschwemme, also durch übermäßig viele Kreditmittel, geprägt war. Und auch Braudel schreibt, dass das Kapital nach Anlagemöglichkeiten suchte. »Mit dem Überfluss an freiem Geld fällt der Zins in Amsterdam auf [...] 2 Prozent.«[8] Hinzu kam eine gewisse Risikofreude, die für den langfristigen Handel notwendig ist, und laut Anne Goldgar auch die Passion, um alles und jedes zu wetten. Für dieses Schlüsselmerkmal der holländischen Kultur jener Zeit führt sie zahlreiche Beispiele an.

Es waren also alle Voraussetzungen für eine Spekulationsblase vorhanden: Reiche, die sich durch ihr Vermögen von der Gesellschaft abhoben, eine politische Macht, die ihnen jede Freiheit ließ, Wettleidenschaft und ein Überfluss an billigen Krediten.

Der »Windhandel«

Bis 1634 blieb der Tulpenmarkt stabil. Die Blumenzüchter verkauften die Zwiebeln direkt an ihre Kunden. Es war ein Handel mit Luxusprodukten, vergleichbar mit dem Kunstmarkt. Man wählte einen Züchter, der bekannt war für seine Züchtungen und vor allem für spektakuläre neue Farben, die – mehr noch als die Form – den Wert der Pflanze ausmachten. Man bestellte im Herbst, sobald die Zwiebeln gesteckt waren, und zahlte im Sommer, wenn die Blumen blühten und sich der Kunde überzeugen konnte, dass die Ware seiner Bestellung entsprach. Wie Mike Dash darstellt, gab es auf dem Markt 1635 und 1636 mehrere Neuzüchtungen, die binnen weniger Monate einen Spekulationsrausch auslösten, der zu einer Preisexplosion führte.

Die wachsende Tulpenbegeisterung förderte neue Talente: Sogenannte Floristen traten als Vermittler zwischen Blumenzüchtern und Kunden auf. Da sie mit verschiedenen Züchtern Geschäfte machten, hatten sie ein breiteres Angebot: einige besonders wertvolle Blüten für die Reichen und größere Mengen einfacherer Arten für die weniger Begüterten, die auch nicht auf dieses Wohlstandssymbol verzichten wollten. Weil man Blumen aber nur kaufte und verkaufte, wenn sie aus der Erde kamen, war der Handel auf die Monate Juni bis September begrenzt. Zwischen dem Stecken der Zwiebel im Herbst und der Blüte im folgenden Sommer erledigte dann die Natur ihr Werk: Die Zwiebel wuchs und konnte eine Brutzwiebel ausbilden. Züchter und Floristen verkauften also eine Ware, die an Wert zunahm, ohne dass sie davon profitierten.

1635 gab es zwei Finanzinnovationen, die dem abhalfen. Die erste bezweckte eine für die Verkäufer gerechtere Preispolitik: Die Zwiebeln wurden nun nicht mehr pro Stück, sondern nach Gewicht bezahlt. Die zweite zielte darauf ab, den Markt auszuweiten: Man begann Zwiebeln zu kaufen und zu verkaufen, die noch in der Erde steckten. Der Terminkontrakt wurde eingeführt, in welchem die Merkmale der Zwiebeln und ein im Voraus ausgehandelter Preis festgehalten waren. Im folgenden Sommer wurde der Kontrakt dann eingelöst. Wenn man heute ein Produkt zu einem im Voraus festgelegten Preis für eine Lieferung in der Zukunft kauft, sprechen die Ökonomen von »Termingeschäft«, und der Kontrakt heißt »Option« – eines jener berüchtigten »Derivate«, die, wie man sieht, nicht erst heute erfunden wurden.

Danach veränderte sich der Tulpenhandel rasant: Aus einem Markt mit konkreten Produkten, der nur wenige Monate geöffnet war, wurde ein ganzjähriger Finanzmarkt, auf dem man mit Optionsscheinen handelte. Die Begeisterung für den Tulpenhandel wuchs, und die Preise zogen an. Die ersten Terminkontrakte wurden zwischen Züchtern und Floristen abgeschlossen, beide Seiten kannten die Blumen, um die es ging. Dann entwickelte sich ein sekundärer Markt mit Optionen unter Floristen sowie zwischen Floristen und Kunden, bei dem nur noch ein Blatt Papier ausgetauscht wurde. Binnen Kurzem interessierte sich niemand mehr dafür, um welche Blume es ging und von wem sie wo gepflanzt worden war. Man konzentrierte sich auf den Handel mit den Optionen, die bis zu zehn Mal am Tag den Besitzer wechselten, wobei die Preise jedes Mal stiegen. Die Holländer tauften diese Art von Geschäft »Windhandel«.

Leerverkäufe – also das Versprechen, Produkte zu kaufen und verkaufen, die man nicht besitzt, – waren in Holland damals gängige Praxis und auch im Handel mit Getreide, Gewürzen und Hering üblich. Die Spekulation durch Leerverkäufe von Aktien der Ostindiengesellschaft war bereits Anfang des 17. Jahrhunderts Gegenstand eines spektakulären Prozesses. Hauptakteur war Isaac Le Maire, ein Aktionär der Gesellschaft. Dessen Kursmanipulationen, die auf der Verbreitung von Gerüchten beruhten, sind bei Johannes G. van Dillen nachzulesen. Er erzählt, wie die anderen Aktionäre ihre politische Macht spielen ließen und im Februar 1610 ein Verbot der Leerverkäufe erwirkten. Laut Mike Dash wurde dieses Verbot im Laufe der folgenden Jahre mehrmals erneuert, auch 1636.[9] Offensichtlich blieb es aber in Bezug auf die besagten Praktiken wirkungslos, und die mit den Spekulanten eng verbundene politische Macht versuchte auch nicht, ihm Geltung zu verschaffen.

Die einzige Konsequenz aus den Verboten war, dass Streitfälle im Zusammenhang mit Leerverkäufen nicht vor Gericht geregelt werden konnten; die Vertragspartner mussten sich also untereinander einigen. So etablierte sich der Handel mit Terminkontrakten außerhalb des organisierten Markts, mit direkten Vereinbarungen zwischen Käufern und Verkäufern. Um sich zu schützen, ließen manche ihre Geschäfte notariell beurkunden. Der Markt entwickelte sich vor allem im Rahmen sogenannter Schankkollegien, Versteigerungen, die in Gaststuben stattfanden. Der Roman *Semper Augustus* von Olivier Bleys vermittelt davon eine gute Vorstellung.

Wir wissen nicht genau, wie der Markt mit Optionsscheinen organisiert war. Wie viel musste man beispielsweise anzahlen, um eine Option zu erwerben? Es gibt Hinweise, dass Einlagen in Naturalien – Werkzeuge, bewegliche Güter, Gemälde usw. – geleistet wurden. Wir wissen auch nicht, welche Rolle Kredite bei der Entwicklung des Marktes spielten. Sicherlich stammte ein Teil der liquiden Mittel aus Krediten, aber es war nicht so viel, dass die Geldgeber nach dem Zusammenbruch gefährdet gewesen wären.

Am Ende der Tulpenmanie stiegen die Preise in astronomische Höhen. Bei bestimmten Sorten verzehnfachten sie sich im Verlauf der letzten zwei Monate. Schon die 5200 Gulden, die bei der Alkmaarer Versteigerung für eine einzige Zwiebel gezahlt wurden, waren eine gewaltige Summe. Kein Gemälde jener Zeit erzielte diesen Preis. Höhepunkt aber war die Tulpensorte Semper Augustus, von der laut Mike Dash nicht einmal ein Dutzend Zwiebeln registriert waren. Der Historiker überliefert eine bemerkenswerte Beschreibung dieser Blume:

> »Jeder, der sie sah, pflichtete bei, dass es eine Pflanze von außergewöhnlicher Schönheit war. Sie hatte einen schlanken Stiel, der ihre Blüte hoch über den Blättern trug und ihre lebhaften Farben bestens zur Geltung brachte. Beginnend mit einem kräftigen Blau, wo der Stiel auf den Blütenboden traf, ging die Blumenkrone unmittelbar in reinstes Weiß über. Schlanke blutfarbene Flammen schossen im Zentrum der sechs Blütenblätter nach oben, und Flocken und Punkte in derselben kräftigen Farbe schmückten die Blütenränder.«[10]

Von 1636 bis Januar 1637, dem Höhepunkt der Spekulationsblase, stieg der Preis für eine einzige Zwiebel der Semper Augustus auf 10 000 Gulden, was heute etwa 102 000 Euro entspräche.

Sicher rechtfertigte die Seltenheit dieser Pflanze einen hohen Preis, den sie auf dem gewinnträchtigen Markt erzielen konnte. Als alleinige Begründung für diesen Höhenflug reicht das aber nicht aus. Der US-amerikanische Ökonom Peter Garber hält in einer Studie über die Anfänge der Spekulation eine solche Preisentwicklung trotzdem für normal, denn er will beweisen, dass Märkte perfekt sind und Spekulationsblasen nicht existieren. Dem erreichten Preisniveau fehlte allerdings jeder ökonomische und soziale Bezug. Mike Dash schreibt, dass man mit 3000 Gulden damals insgesamt acht fette Schweine, vier fette Ochsen, zwölf fette Schafe, 24 Tonnen Weizen, 48 Tonnen Roggen, zwei große Fässer Wein, vier Fässer Bier, zwei Tonnen Butter, tausend Pfund Käse, einen silbernen Kelch, einen Ballen Stoff, ein Bett mit Matratze und Bettzeug und ein Schiff habe kaufen können![11] Der Wettlauf um Neuzüchtungen war in vollem Gange; alle versuchten, Blumen mit seltenen Farben zu züchten. Dem Züchter einer schwarzen Tulpe winkte eine Belohnung, die den Preis der Semper Augustus wohl übertroffen hätte. Auf diese Geschichte stützte sich Alexandre Dumas in seinem Roman *Die schwarze Tulpe*.

Ein weiteres originelles Finanzinstrument tauchte in den letzten Wochen der Spekulation auf, als einige Händler zu zweifeln begannen, dass die Bäume weiterhin in den Himmel wachsen würden. Mike Dash schreibt, dass Ende Dezember 1636 ein Blumenzüchter seine Zwiebeln im Wert von 7000 Gulden erst dann verkaufen konnte, als er dem Kunden versprach, dieser könne den Kauf gegen eine Zahlung von zehn Prozent des vereinbarten Preises rückgängig machen, falls im Sommer 1637 die Preise fallen würden.[12] Anne Goldgar erzählt, dass der reiche Kaufmann Pieter Wynants aus Haarlem am 1. Februar 1637, also wenige Tage vor dem Zusammenbruch des Marktes, die Familie und einige Freunde zum Abendessen eingeladen hatte. Ein Cousin versuchte bei dieser Gelegenheit, die reiche Witwe Geertruyt Schoudt zum Kauf seiner Tulpen zu überreden. Diese willigte aber erst ein, als ein anderer Gast – der Färber Jacob de Block – anbot, ihr acht Tage lang den Preis der Tulpen zu garantieren.[13] Offenbar haben derartige Versicherungen, die den Tulpenkäufer im Fall eines Zusammenbruchs des Marktes vor Verlusten schützen sollten, die Geschäfte in den letzten Wochen vor dem Crash noch gestützt.

Der Crash und die Untätigkeit der Behörden

Niemand weiß genau, warum in einem bestimmten Moment das Vertrauen schwindet. Am Dienstag, dem 3. Februar 1637, war es so weit: In Haarlem versammelten sich Floristen zu einer Versteigerung, aber die Zwiebeln fanden keine Abnehmer mehr, nicht einmal nach einer Preissenkung um 20 Prozent. Bereits nach wenigen Stunden hatte sich die Nachricht in Haarlem herumgesprochen, innerhalb kurzer Zeit auch in den anderen Städten. Die Preise fielen in den Keller, die wenigen noch zustande gekommenen Geschäfte erfolgten mit einem Abschlag von 95 bis 99 Prozent. Der Handel mit Tulpenzwiebel war vorbei.

Aber wer sollte nun die Kosten des Preissturzes tragen? Die Züchter, die ihre Zwiebeln zum nächsten Frühjahr verkauft hatten? Oder die Floristen, die die Terminkontrakte gekauft und wieder verkauft hatten und jetzt nur noch wertloses Papier in Händen hielten? Bei Mike Dash heißt es: »In vielen Fällen hatte man die Eigentumsrechte in einer der langen und unüberschaubaren Ketten von Verkäufen und Verträgen, die während des Tulpenfiebers getätigt wurden, aus den Augen verloren. Konnte nur ein in diese Abmachungen verstrickter Florist seine Schulden nicht begleichen, so brach die ganze Kette zusammen, und die am Ende wartenden Züchter hatten nicht die geringsten Aussichten, die Restsumme zu erhalten, die ihnen für ihre Zwiebeln am Fälligkeitstag im Juni zustand.«[14] Viele Floristen sahen sich außerstande, ihre Verträge einzuhalten. Offenbar hatte es auch zahlreiche Betrugsfälle gegeben. Und wie verhielten sich diejenigen, die versichert hatten, im Fall eines Preisverfalls den Verlust auszugleichen? Jacob de Block, das wissen wir, hat das Versprechen, das er kurz vor dem Crash gegeben hatte, nie eingelöst.

Wie bei allen Spekulationskrisen mussten die Behörden eingreifen, um die Folgen abzumildern. Es gab jedoch keine finanzielle Intervention. Kein mit dem Thema befasster Autor erwähnt irgendeine finanzielle Unterstützung für die Akteure. Wahrscheinlich hielten sich die ökonomischen Folgen der Krise weitgehend in Grenzen. Anne Goldgar betont, dass Konkurse in den Archiven schlecht dokumentiert seien. Anzeichen für eine durch Zahlungsunfähigkeit ausgelöste Kettenreaktion, die das Überleben wichtiger ökonomischer Akteure gefährdet hätte, habe es jedoch nicht gegeben. Sie hat vielmehr Dokumente gefunden, die zeigen, dass mehrere reiche Händler die Krise ohne Schwierigkeiten überstanden haben. Und die Floristen profitierten von den vorteilhaften Entscheidungen der Politik.

Am 23. Februar 1637 fand eine landesweite Versammlung der Züchter statt. Dort beschloss man, dass Geschäfte, die vor der letzten Pflanzzeit im Herbst abgeschlossen worden waren, gültig bleiben sollten. Verkäufe nach dem 30. November 1636 sollten gegen eine Entschädigung von 10 Prozent des zum Zeitpunkt des Geschäfts festgesetzten Preises – also nicht des Endpreises – rückgängig gemacht werden können. Auf diesem Ohr stellten sich die Floristen und Käufer jedoch taub – sie wollten gar nichts zahlen.

Das Problem wurde daraufhin den lokalen politischen Vertretern, den Stadtregenten, unterbreitet. Diese stahlen sich aus der Verantwortung und reichten die Frage im April an die Generalstaaten, also das Parlament, weiter. Die Parlamentarier wussten aber auch nicht, wie sie entscheiden sollten, und übergaben den Fall dem obersten Gerichtshof von Holland. Der beschloss am 25. April 1637, nichts zu beschließen: Man benötige erst noch nähere Informationen über das Zustandekommen der Verträge. Das

Parlament schlug daraufhin vor, den Streit an die lokalen Gerichte zurückzuverweisen. Die Gerichte in den Städten waren aber ebenso wenig in der Lage, das Problem zu lösen, und so beschlossen Haarlem, Alkmaar und sicher noch weitere Städte im Januar 1638, also fast ein Jahr nach dem Zusammenbruch, eine gesonderte Schiedskommission für derartige Streitfälle einzurichten. Diese Verfahren waren für die Beteiligten zwar kostenlos, hatten aber keine Gesetzeskraft. Und so gingen die Auseinandersetzungen weiter, bis die Stadtregenten von Haarlem im Mai 1638 beschlossen, dass die Verträge gegen eine Entschädigung in Höhe von 3,5 Prozent der Geschäftssumme annulliert werden konnten. Die Spekulanten hatten sich gut aus der Affäre gezogen, denn ihre Schulden verringerten sich damit um 96,5 Prozent.

Das Ausbleiben einer öffentlichen finanziellen Unterstützung und die langsame Problemlösung machen deutlich, dass die ökonomische Dimension der Krise, individuell und auf die ganze Republik bezogen, eher gering war. Am Ende ihrer Studie wirft Anne Goldgar aber eine interessante Frage auf: Warum hat diese Spekulationskrise die Menschen trotzdem derart beschäftigt, dass sie in der Geschichte einen Platz unter den großen Krisen eingenommen hat und in den Niederlanden noch heute immer wieder im öffentlichen Diskurs auftaucht? Sie hat dafür zwei Antworten.

Eine Gesellschaftskrise

In einer Gesellschaft, die ihren Reichtum aus dem Handel bezieht, waren Vertrauen und Vertragstreue tragende Säulen. Die Tulpenkrise hat jedoch gezeigt, dass viele Menschen bereit waren, sich auf informelle Geschäfte einzulassen, allerdings nur so lange, wie sie persönlichen Nutzen daraus zogen. Die große Zahl gebrochener Verträge und das weitgehende Fehlen von Konsequenzen belegen, wie flüchtig Werte wie Vertrauen, Reputation und Vertragstreue angesichts der Profitgier waren. Bereits vor dem Zusammenbruch des Marktes geißelten zeitgenössische Autoren die Habgier der Spekulanten und deren Unfähigkeit, die Dinge nach ihrem wirklichen Wert zu beurteilen.

Es war für die holländische Gesellschaft auch schockierend, dass einige den sozialen Aufstieg mit Spekulationsgeschäften und nicht durch Arbeit oder Handel schaffen wollten. Laut Anne Goldgar fanden es zahlreiche Pamphletisten ungehörig, dass Floristen, die gestern noch ihre »Mistkarren« vor sich herschoben, plötzlich in »Reitermontur« und Luxuskleidern herumtänzelten. Das Gefühl dieser Epoche widerspiegelt sich auch in der übertriebenen Behauptung, dass Weber und andere Handwerker ihre ganze Ausrüstung verkauft hätten, um in den Blumenhandel einzusteigen. Ähnlich wie Monsieur Jourdain in Molières Ballettkomödie *Der Bürger als Edelmann*, der tanzen, reimen und sich kleiden will wie ein Adliger, äffte in den Augen der Zeitgenossen auch das aufstrebende Bürgertum die Aristokraten nach, unter anderem, indem es sich für Tulpen interessierte.

Schriftsteller jener Zeit überzeichneten die Geldgier gern, um das Publikum zu beeindrucken. Und auch die Malerei hielt sich nicht zurück: Die *Allegorie der Tulipomanie* von Jan Brueghel dem Jüngeren aus dem Jahr 1640 stellt die Floristen als Affen dar: Sie wiegen und verkaufen Tulpen, tafeln am reich gedeckten Tisch, lesen Kontrakte, zählen Geldsäcke und urinieren auf die wertlosen Tulpen am Boden.[15]

Die Tulpenspekulation hinterließ in den Köpfen der Holländer nachhaltige Spuren. Ein knappes Jahrhundert später, 1720, beteiligten sich zwar wieder zahlreiche holländische Investoren an dem, was die erste Börsenblase der Geschichte genannt wird, sie hatten aber weniger Verluste zu verzeichnen als andere.

2. Kapitel

John Law, ein Abenteurer im Reich der Finanzen

»Eine Banknote! So etwas hatte ich noch nie gesehen!«
Bertrand Tavernier, *Wenn das Fest beginnt…*, 1975

»Ist es Wirklichkeit? Oder eine Chimäre? Hat die Hälfte der Nation den Stein der Weisen in den Papiermühlen gefunden? Ist Lass ein Gott, ein Schelm oder ein Scharlatan, der sich mit der Droge vergiftet, die er an alle Welt verteilt? Begnügt man sich mit imaginären Reichtümern?«
Voltaire, Brief an Nicolas de la Faluère, Juli 1719

In seiner monumentalen, 1954 erschienenen *Geschichte der ökonomischen Analyse* schrieb der österreichische Ökonom Joseph A. Schumpeter, der gewiss keine leichtfertigen Komplimente machte: »Er arbeitete die ökonomischen Aspekte seines Projektes mit einer Schärfe und einer Gründlichkeit aus, die ihn in die erste Reihe der Geldtheoretiker aller Zeiten einreihen.«[1] Für Karl Marx war er hingegen »eine Mischung aus Schwindler und Prophet«.

Bis heute stößt John Law of Lauriston (1671–1729), den die Franzosen auch Lass nannten, auf Bewunderung und Ablehnung. Gelobt wird er für seine Erkenntnisse über die Mechanismen der Geldschöpfung und die Verbindungen zwischen Geld, Schulden und Wachstum. Als Law Anfang des 18. Jahrhunderts in Frankreich seine Ideen umsetzen konnte, errichtete er im Dienst der

Mächtigen ein riesiges Spekulationsunternehmen. Deshalb war er für den Historiker Niall Ferguson »der Mann, der die Spekulationsblase erfand.«

Im Unterschied zur Tulpen-Geschichte fehlt es beim »Law-System« und dessen Niedergang nicht an Quellen. Laws Zeitgenossen haben viel über ihn und die Reformen geschrieben, ebenso Ökonomen und Historiker unserer Tage; außerdem wurde er zum Roman- und Filmhelden. Wir haben also eine Vielfalt an Informationen und eine Flut an Details über sein Leben und seine Finanz-Abenteuer. Der amerikanische Professor Earl J. Hamilton verbrachte sogar so viel Zeit – über fünfzig Jahre – mit dem Auswerten von allen möglichen Quellen, dass er darüber vergaß, die Ergebnisse auch angemessen zu veröffentlichen: Er schrieb nur ein paar kleine Aufsätze über das Gebiet, auf dem er sich wohl weltweit am besten auskannte![2]

Trotz der Vielfalt an Informationen gibt es jedoch weiße Flecken. Überdies stellt jeder Autor Laws Abenteuer anders dar, je nachdem, ob er die Ansicht von Schumpeter oder von Marx teilt. Wir beschränken uns im Folgenden darauf, die Fäden der Geschichte zu entwirren, die Frankreich Anfang des 18. Jahrhunderts in die finanzielle Katastrophe führte.

Ein Duell, Spielhöllen und andere Abenteuer

John Law kam im April 1671 in Edinburgh zur Welt. Er war der Sohn eines Goldschmieds und erlernte denselben Beruf. Ein Goldschmied stellte damals nicht nur Schmuckstücke her, sondern handelte auch mit Edelmetallen: Kaufleute brachten ihm ihre Münzen und bekamen dafür eine Quittung, die als Zahlungsmittel und als Pfand für Kredite diente. Als Laws Vater starb, hatten zahlreiche schottische Adlige beträchtliche Schulden bei ihm.

Wir wissen wenig über John Laws Kindheit und Jugend: dass er eine gewisse Begabung für Mathematik und das Jeu de Paume, einen Vorläufer des Tennisspiels, zu haben schien, dass er gut aussah und gute Manieren hatte. Mehr erfahren wir erst, als er sich 1694 in London aufhielt. Antoin E. Murphy, der zweifellos das beste Buch über Law veröffentlicht hat, schreibt, dass der 23-Jährige »in der Stadt eher für amouröse Abenteuer und die Spielleidenschaft«[3] bekannt gewesen sei als für seine Kenntnisse im Bankwesen.

In jenem Jahr tötete er im Duell einen gewissen Edward »Beau« Wilson. Die Gründe für das Duell blieben im Dunkeln: War es eine Frauengeschichte, in der auch Politik ein Rolle spielte, oder hatte Law sich als Auftragsmörder dingen lassen, um Wilson aus dem Weg zu schaffen, da dessen homosexuelle Beziehung zu einem einflussreichen Lord zu stören begann?[4] In Großbritannien waren die Gesetze damals strikt. Wer jemanden aus einem Streit heraus tötete, wurde wegen fahrlässiger Tötung angeklagt. War es jedoch ein vorher vereinbartes Duell, galt die Tat als Mord. Die Geschworenen verurteilten Law zum Tode. Die Mächtigen schienen den jungen Mann jedoch zu schätzen: König William III. von England wandelte die Todesstrafe in Gefängnishaft um und verhalf ihm dann sogar zur Flucht. Die Gründe dafür wurden nie bekannt.

Im Januar 1695 verließ Law das Gefängnis und gleich darauf England. Er schiffte sich nach Holland ein und nutzte seinen Aufenthalt dort, um sich im Bankwesen umzusehen. Weitere zehn Jahre vergingen, über die uns heute wenig bekannt ist. Law war viel auf Reisen, neben Amsterdam und Den Haag besuchte er unter anderem Brüssel, Paris, Genua, Turin und Venedig. Vielleicht musste er ab und zu den Wohnsitz wechseln, um den Konsequenzen dessen zu entgehen, was seine Haupttätigkeit zu sein schien: das Spiel. Law soll einige Spieltheorien entwickelt haben, dank deren er vor allem beim Faro, einem in jener Zeit weit verbreiteten

Kartenspiel, große Gewinne einstrich. Dabei agierte er in der Rolle des Buchmachers oder Wettnehmers, gegen den die anderen Spieler setzten. In einer historischen Rekonstruktion, die 1978 im Fernsehsender France 3 ausgestrahlt wurde, erklärt John Law (gespielt von Georges Claisse) einem Partner, der sich ärgert, weil er ständig seine Würfelpartien verliert, dass »das Spiel eine Wissenschaft« sei. Der französische Historiker und Politiker Adolphe Thiers schreibt: »Er spielte Faro bei der Duclos, einer berühmten Kurtisane jener Zeit, und setzte nie weniger als 100 000 Livre. Um schneller zählen zu können, ließ er goldene Jetons im Wert von achtzehn Louisdor prägen.«[5]

Laws erste Schriften über Geld- und Bankenfragen reichen bis in die Jahre 1703/04 zurück. Später berief er sich oft auf Erkenntnisse, die er unter anderem in Amsterdam, Genua, England und Schottland gewonnen habe, um die Gesprächspartner von der Qualität seiner Analysen zu überzeugen. Law war sehr stolz und gegenüber Ministern und Händlern oft herablassend; er behauptete von sich, dass »Monsieur Law durch lange praktische Anwendung und ein wenig Genie das Wahre vom Falschen unterscheiden kann«.[6] Seine Erkenntnisse gewann er aber auch aus der Praxis, denn er vergrößerte sein Vermögen nicht nur an Spieltischen, sondern auch durch Spekulationen mit Staatsanleihen und auf dem Wechselmarkt.

Der »schöne Law«, wie man ihn in London nannte, spielte auch weiter den Herzensbrecher: In Paris verführte er eine verheiratete Frau, die am Ende alles für ihn aufgab. Die recht hagiografische, aber auf historischen Dokumenten beruhende Romanbiografie über John Law von Cendrine de Porthal beschreibt eine griesgrämige Frau, die das Genie ihres Mannes nicht verstand und einen Teil ihres Lebens damit verbrachte, ihm mit den beiden gemeinsamen Kindern von einem europäischen Land ins nächste zu folgen.

Hasardeur, Haudegen, Herzensbrecher, Spekulant und Denker – dieser Tausendsassa stieg in weniger als vier Jahren zu einem der mächtigsten Männer Frankreichs auf. Um zu verstehen, wie das möglich war, müssen wir uns der wichtigsten ökonomischen Frage zuwenden, die den mächtigen Adel unter Ludwig XIV. beschäftigte: Wie konnte man die Haushaltslöcher stopfen, die zu einem permanenten und unkontrollierbaren Anstieg der Staatsschulden führten?

Das Problem der Staatsschulden

Anfang des 18. Jahrhunderts stand die französische Monarchie vor einer riesigen Überschuldung. Ludwig XIV. schätzte den Luxus bekanntlich ebenso sehr wie den Krieg. Wer die spanische Krone kontrollierte, konnte ganz Europa beherrschen. Deshalb gab Ludwig XIV. zwischen 1688 und 1697 und erneut zwischen 1701 und 1714 ein Vermögen für die Kriege mit seinen europäischen Nachbarn um die Vorherrschaft in Spanien aus. Den riesigen Summen standen keine entsprechenden Einnahmen und Finanzierungsmöglichkeiten gegenüber. Bereits 1685 war der Sonnenkönig auf die schlechte Idee gekommen, das Toleranzedikt von Nantes zu widerrufen. Dadurch hatte er die protestantischen Händler und Bankiers mitsamt ihrem Wissen und ihren Krediten vertrieben. Das hätte der französische Staatshaushalt vielleicht noch verschmerzt, wenn das Steuersystem stabile Einnahmen gesichert hätte. Aber leider war auch das nicht der Fall.

Die Geldeinnahmen basierten auf direkten Steuern wie der Taille oder der Kopfsteuer, von denen Adel und Klerus großzügig ausgenommen waren, zudem auf indirekten Steuern wie Zöllen und der berühmten Salzsteuer sowie auf dem Verkauf öffentlicher Ämter, deren Zahl ständig wuchs, damit Geld in die leeren Kassen kam. Besonders wichtig war das Recht, Steuern einzutreiben; es wurde an »Privatunternehmen« verpachtet: Die *receveurs généraux*, die Hauptsteuereinnehmer trieben die direkten Steuern ein; die *fermiers généraux* waren als Hauptfinanzpächter für die indirekten Steuern zuständig. Sie alle zogen das ganze Jahr hindurch die Steuern ein, gaben dem König aber bereits am Anfang einen Betrag in Höhe der für das Jahr zu erwartenden Einnahmen. War das Steueraufkommen höher als erwartet, konnten sie die Differenz behalten. Sie zogen aber nicht nur daraus Profit: Sie liehen der Krone Geld und verlangten dafür etwa 5 Prozent Zinsen.

Als Ludwig XIV. 1715 starb, war »die Staatskasse absolut leer, und die gegenüber den Hauptsteuereinnehmern bestehenden Schulden sind dermaßen hoch, dass sie den königlichen Staatsschatz bis 1718 vollständig aufzehren werden«[7], stellte der Herzog von Noailles bitter fest. Er war der erste Finanzminister des Herzogs Philippe von Orléans, der nach dem Tod Ludwigs XIV. die Regentschaft übernahm, bis der designierte König Ludwig XV. alt genug war. Frankreichs Steuereinnahmen waren damals bereits für drei Jahre verpfändet. Das Staatsdefizit von 1715 wird auf 77 Millionen Livre – die französische Währung jener Zeit – geschätzt und die Verschuldung auf zwei Milliarden, das waren nach diversen Schätzungen 167 Prozent des Bruttosozialprodukts.

Obwohl die Monarchie sich bereits wiederholt durch verschiedene Tricks (Zwangsabwertung, teilweise Nichtzahlung, Jagd auf »unehrliche« Gläubiger usw.) eines Teils ihrer Schulden entledigt hatte, stand Philippe von Orléans bei Antritt seiner Regentschaft vor einem riesigen Schuldenberg. Damals gab es aber einen Mann, der den französischen Herrschern schon seit mehreren Jahren versprach, dass er die Mittel habe, um das Schuldenproblem zu lösen – man müsse nur seine Ideen umsetzen. Dieser von der Vorsehung geschickte Mann war John Law.

Laws schöne Ideen

Dem herrschenden Adel war Law kein Unbekannter. Wir wissen, dass er Anfang 1702 in Paris war, die Historiker sind sich aber nicht einig, ob er damals schon seinen Plan zur Gründung einer Bank unterbreitete. Earl Hamilton[8] meint, Law habe Madame de Maintenon, der Favoritin von Ludwig XIV., einen derartigen Plan überreichen lassen. Michel Chamillart, Finanz- und Kriegsminister, habe jedoch andere Sorgen gehabt, außerdem sei die Verachtung, die Madame de Maintenon Ausländern und Protestanten entgegenbrachte, Laws Plänen abträglich gewesen. Antoin Murphy ist der Meinung, dass in den herrschenden Kreisen damals bereits ein Papier über die Gründung einer neuen Bank kursierte, es sei aber nicht von Law gewesen – was zeige, dass er nicht der Einzige war, der sich Gedanken über die Weiterentwicklung des Finanzsystems machte.

Fest steht aber, dass Law sich wenig später an verschiedene europäische Höfe begab, um einen Monarchen zu finden, der seine Ideen umsetzte. Er wollte zunächst eine »Bodenbank« gründen, die Banknoten ausgab, zu deren Deckung der Grund und Boden in ihrem Besitz dienen sollte. Wir wissen, dass er das Projekt 1704 der englischen Regierung, 1705 dem schottischen Parlament und 1706/07 dem französischen Adel vorstellte. Erfolglos.

Im Laufe der Jahre erweiterte Law seine Kenntnisse und verfeinerte seinen Entwurf, sodass er immer umfangreicher wurde und immer verlockender klang. Law glaubte nicht an das spontane Gleichgewicht der Märkte. Er vertrat die Ansicht, dass die europäischen Ökonomien Arbeit und Kapital nicht ausreichend nutzten, was letztlich das Wachstum behindere. Mit einer dynamischeren Wirtschaftsentwicklung würden die Steuereinnahmen steigen und die Schulden sinken.

Law schlug also vor, das Schuldenproblem nicht durch Zurückhaltung bei den Ausgaben, sondern durch Ankurbelung des Wachstums zu lösen. Seiner Meinung nach krankte die Wirtschaft daran, dass es an Finanzierungsmitteln fehlte, was wiederum daran lag, dass ausschließlich Metallgeld, Gold und Silber, verwendet wurde. Diese Edelmetalle waren jedoch knapp. »Die Wirtschaft braucht mehr Geld, um mehr Arbeitskräfte einzustellen«, heißt es am Anfang seines *Premier mémoire sur les banques*.[9] Um die Beschäftigung, die Nachfrage und damit die Produktion zu fördern, müsse die Menge des im Umlauf befindlichen Geldes erhöht werden; das kurble die Wirtschaft an, ohne dass eine Inflation ausgelöst werde, weil mehr Arbeit und Anlagemöglichkeiten für das Kapital vorhanden seien. Antoin Murphy betont zu Recht, dass Law Geld in einen makroökonomischen Rahmen, in Bezug zu Arbeitsplätzen, Investitionen und Wachstum stellt. Geld ist für ihn nicht neutral, sondern beeinflusst entscheidend die Wirtschaftsaktivitäten.

Die Menge des zirkulierenden Geldes hat auch Auswirkungen auf die Wirtschaftsbeziehungen mit dem Ausland und auf die Handelsbilanz. Ein Ökonomiestudent im ersten Studienjahr würde heute erklären, dass ein Anwachsen der verfügbaren Kapitalmenge tatsächlich die Produktion und damit die Exporte steigern könne, dass aber die Ankurbelung der Binnennachfrage durch die Schaffung von Arbeitsplätzen und Investitionen auch eine Steigerung der Importe zur Folge hätte. Deshalb bleibe der Gesamteffekt auf den Saldo des Außenhandels ungewiss und hänge von der Handelspolitik, der ausländischen Nachfrage und der Abhängigkeit der Binnenwirtschaft von Importen ab. Law machte sich darüber keine Gedanken. Er war der Meinung, dass die Vergrößerung der Kapitalmenge zusätzliche Investitionen ermögliche, was die Produktion und die Exporte erhöhen und damit zu einer positiven Handelsbilanz führen werde. Den Binnenkonsum ließ er dabei außer Acht.

Dafür scheint man ihn kritisiert zu haben, denn später schrieb er, wenn der Konsum so stark wachsen sollte, dass die notwendigen Importe ein Außenhandelsungleichgewicht zur Folge hätten, müsse der Herrscher kraft seiner Autorität die Konsumausgaben oder die Importe reduzieren.

In dieser Hinsicht schien Law völlig mit den sogenannten Merkantilisten übereinzustimmen. Wie diese europäischen Wirtschaftstheoretiker, die ihre Schriften zwischen dem 16. und dem 18. Jahrhundert verfassten, glaubte auch er an die Notwendigkeit eines zentralisierten Staates als starken Akteur in der Wirtschaft. Die Merkantilisten befürworteten eine Industriepolitik, die sich vorrangig auf die Produktion von hochwertigen Gütern für den Export konzentrierte. Wenn gleichzeitig der Import von Fertigwaren beschränkt werde, müsse das zu Außenhandelsüberschüssen führen, was wiederum Edelmetalle in die Kassen der Herrscher spüle und ihre Macht festige. Die Merkantilisten forderten eine staatlich kontrollierte Niedrigzinspolitik, um die Wirtschaftstätigkeit finanziell zu sichern (was ihnen später Keynes' Zustimmung einbrachte). Billige Kredite gehörten auch zu Laws Plänen. Er aber wollte das erreichen, indem er das Land mit Bargeld überschwemmte. Wie sollte das funktionieren?

Law war ein moderner Bankier, seiner Zeit weit voraus und voller Ideen, was die Weiterentwicklung des Finanzsystems betraf. Er präsentierte immer neue Vorschläge und Methoden, zunächst, um sein System zu etablieren, am Ende, um es zu retten. Seine erste, zu jener Zeit revolutionäre Idee war, eine Bank zu gründen, die Banknoten, also Papiergeld, ausgab, und zwar zu einem viel höheren Wert als dem, den die Bank in Form von Edelmetallen in ihren Tresoren aufbewahrte. Diese Bank sollte die Wirtschaft mit den notwendigen Krediten versorgen, und sie sollte, um ihre Zahlungsfähigkeit zu garantieren, staatlich sein. Diese erste Schlacht wird

Law, wie wir noch sehen werden, mit Philippe von Orléans gewinnen. Viktor Amadeus, der Herzog von Savoyen, hatte einige Jahre zuvor seine Pläne abgelehnt, angeblich mit den Worten: »Ich bin nicht reich genug, um das Risiko einzugehen, mich zu ruinieren!«

Die Bank war aber nur ein erster Schritt. Law hatte weit ehrgeizigere Pläne. Er dachte – oder besser: er wusste –, dass er die Welt verändern würde. 1715 schrieb er in einem Brief an den französischen Regenten: »Ich werde etwas unternehmen, das ganz Europa wegen der Veränderungen, die Frankreich zum Vorteil gereichen werden, überraschen wird. Diese Veränderungen werden größer sein als diejenigen, die aus der Entdeckung Amerikas oder der Einführung des Kredits erwuchsen.«[10] In dieser Selbsteinschätzung gleicht er einem anderen bekannten Ökonomen – Keynes schrieb 1935 an seinen Freund George Bernard Shaw: »Ich glaube, ich bin dabei, ein Buch über Wirtschaftstheorie zu schreiben, das das gesamte Denken der Welt über ökonomische Probleme vielleicht nicht sofort, aber in den nächsten zehn Jahren tiefgehend revolutionieren dürfte.« War Keynes von Law beeinflusst? Ehe wir uns ansehen, wie weit Laws Ambitionen über die Erfindung und Verbreitung von Papiergeld hinausgingen, wollen wir zum ersten Schritt zurückkehren: seiner Bankgründung.

Die Gründung der Banque Générale

Law hatte sich 1714 in Frankreich niedergelassen, und im Sommer 1715 sah es bereits so aus, als würde Ludwig XIV. der Gründung einer solchen Bank zustimmen. Der Wirtschaftshistoriker Earl J. Hamilton schreibt, dass dessen Finanzminister Nicolas Desmarets das Projekt Laws jedoch abgelehnt habe, weil er keine Institution schaffen wolle, die von einem einzigen Mann dominiert würde. Zuvor hatte Desmarets auch ein ähnliches Projekt des Financiers

Samuel Bernard, eines vehementen Gegners von Law, abgelehnt.[11] Antoin Murphy schreibt, dass der Tod des Sonnenkönigs am 1. September Law zwang, sich noch ein paar Monate zu gedulden.

Ludwig XIV. hinterließ ein Testament, in dem er seinen fünfjährigen Urenkel zum König ernannte und die Regentschaft bis zu dessen Mündigkeit seinem Neffen Philippe von Orléans übertrug. Nach einem von Joseph Garnier verfassten Eintrag über John Law im *Dictionnaire de l'économie politique*, der Mitte des 19. Jahrhunderts erschien, kannte der neue Regent John Laws Ideen bereits seit 1708. Adolphe Thiers bestätigt, dass sich die beiden Männer begegnet waren, als Law des Glücksspiels wegen nach Paris kam.[12] Mit Hilfe Philippes von Orléans konnte der Schotte nun endlich sein Projekt umsetzen, das in fünfzehn Jahre herangereift war.

Anfang Mai 1716 erhielt John Law den Freibrief zur Gründung der Banque Générale, einer Privatbank ohne Staatsgarantie mit einem Grundkapital von sechs Millionen Livre, aufgeteilt in 1200 Aktien à 5000 Livre. Für den Erwerb der Aktien mussten die Investoren nur ein Viertel des Aktienwertes, also 1250 Livre, sofort bezahlen. Das ergab ein Anfangskapital von 1,5 Millionen Livre. Ein Viertel davon wiederum mussten sie in Münzen zahlen, die übrigen drei Viertel in *billets d'état*, kurzfristigen Staatsanleihen, die einem so großen Wertverlust unterlagen, dass sie auf dem Sekundärmarkt der Staatsschulden für nur 30 oder 40 Prozent ihres Wertes gehandelt wurden. Berücksichtigt man diesen Marktwert, startete die Bank also mit Einlagen von nur 825 000 Livre; davon waren 375 000 Livre Münzgeld, das den Wert der ausgegebenen Banknoten garantieren sollte. Per Gesetz war der Handlungsspielraum der Bank begrenzt. Sie durfte Einlagen von Privatkunden annehmen, Banknoten ausgeben und Wechsel diskontieren, aber keine verzinslichen Kredite gewähren oder Versicherungen für den Seehandel anbieten. Um Kunden zu gewinnen, bot die Bank auch zahlreiche Gratisdienstleistungen an und diskontierte Wechsel mit jährlich 6 Prozent, während andere Finanzmakler wie Samuel Bernard 48 Prozent verlangten.

Der Anfang war jedoch schwierig. Law musste selbst zahlreiche Aktien kaufen, damit sie Abnehmer fanden. Auch der Regent musste mehr tun, als ihn nur zu seinem Schützling zu erklären: Er musste selbst Aktionär werden und Geld anlegen, damit sich Adel und Bürgertum dafür interessierten. Laws Finanzprojekte entwickelten sich nur, weil er von der politischen Macht unterstützt wurde.

Die Archive der Bank sind leider verbrannt, aber Law scheint die Geschäfte mit eiserner Hand geführt zu haben, wobei Transparenz wohl nicht seine größte Stärke war. Den erhalten gebliebenen Dokumenten lässt sich immerhin entnehmen, dass der am 26. Mai 1716 eingebürgerte Law – ein Nicht-Franzose durfte in Frankreich keine Bank gründen – offenbar ein Anhänger der »kreativen Buchführung« war. Damit wollte er allerdings keine unerfreulichen Verluste kaschieren, sondern große Gewinne unsichtbar machen.

Wie konnte Law nun mit einer Bank, deren Aktionsfeld beschränkt war, so viel Geld verdienen? Edgar Faure sagt: indem er auf den Wechselkurs spekulierte und dem Staat heimlich Kredite gewährte.[13] Mit der Gründung der Banque Générale verfolgte Law verschiedene Ziele. Zunächst wollte er die Finanzierung der französischen Wirtschaft revolutionieren. Nach Aussage des Wissenschaftlers Paul Harsin gab die Bank in den zweieinhalb Jahren ihres Bestehens für fast 150 Millionen Livre Geldscheine aus. Die vorhandene Menge Münzgeld schätzte Law 1715 auf 550 Millionen. Um den von einer einzigen Bank herausgegebenen »Banknoten« zum Durchbruch zu verhelfen, war es ab April 1717 erlaubt, damit Steuern zu bezahlen. Die Zirkulation dieses neuen Zahlungsmittels war eine gesellschaftliche Revolution. Das zeigt auch Bertrand

Taverniers Film *Wenn das Fest beginnt…*, der zur Zeit der Regentschaft spielt und das Law'sche Finanzsystem illustriert. Im Mittelpunkt des Films steht der mittellose Marquis de Pontcallec (gespielt von Jean-Pierre Marielle), der zum Regenten reisen will, um die Unabhängigkeit der Bretagne zu fordern. Er bittet seine Freunde, die Reise zu finanzieren, und er bekommt von ihnen viele Münzen. Dann streckt ihm jemand eine Banknote entgegen, die ihm den am Kapitelanfang zitierten Ausruf entlockt.

Wenn man Laws drittem *Brief über die Banken*[14] an den Regenten Glauben schenkt, hatte dieser ihn gewarnt, dass es schwierig sein würde, die Banknoten beim französischen Volk durchzusetzen. Das war jedoch überhaupt kein Problem. In seiner umfangreichen Geschichte der Finanzwelt unter der Herrschaft Ludwigs XIV. hebt der Wissenschaftler Daniel Dessert hervor, dass in Geschäftskreisen damals bereits Banknoten zirkulierten und dass der Boden für Laws Experiment bereits bestens vorbereitet gewesen sei.[15] Law griff aber auch in die Verwaltung der Staatsschulden ein: Er bot, wie oben erklärt, Aktien der Bank im Tausch gegen Staatsanleihen an. Und bei jedem Schritt zur Etablierung des Systems bereicherten sich der Regent, seine Entourage und Law selbst gehörig. Murphy zufolge lag die Rendite ihrer Anlagen bei der Banque Générale in zweieinhalb Jahren bei etwa 535 Prozent. Dieses Projekt bescherte Frankreich, den Herrschenden und dem Urheber Law gute Profite. Es wäre schade gewesen, auf halbem Weg stehen zu bleiben.

Anfang und Umsetzung des Systems

Als sich Law als Bankier etabliert hatte, stabilisierte er sein System auf zwei Wegen: Erstens wandelte er die Banque Générale in eine öffentliche Institution um. Zweitens gründete er – eine weitere

Finanzinnovation – eine Handelsgesellschaft, deren eigentliches Ziel nichts Geringeres war als der Aufkauf der gesamten Staatsschulden Frankreichs.

Die Umwandlung der Banque Générale in die Banque Royale wurde am 4. Dezember 1718 vollzogen. Diesmal beteiligte sich der Staat und gewährte eine direkte Bürgschaft für die von der Bank ausgegebenen Noten. Dafür wurden die Kredite, die die Bank dem Staat zuvor heimlich gewährt hatte, nun offiziell vergeben. Und Philippe von Orléans brauchte bald sehr viel Geld, denn am 2. Januar 1719 erklärte der Regentschaftsrat Spanien den Krieg. Edgar Faure schreibt, die Banque Royale sei »mit dem Krieg und für den Krieg geboren« worden. Die neue Bank erhielt die Genehmigung, Filialen in Amiens, La Rochelle, Lyon, Orléans und Tours zu eröffnen, um die Verwendung der Banknoten auch in der Provinz zu fördern. Außerdem durften alle großen Geschäfte mit einem Betrag über 600 Livre fortan nur noch in Gold oder Banknoten beglichen werden. Das Vorhaben, Münzen durch Papiergeld zu ersetzen, machte Fortschritte.

Die Investoren, die mit ihrem Kapital die Banque Générale finanziert hatten, wurden nun vollständig ausgezahlt. Der in Münzen eingezahlte Teil wurde in Münzen zurückerstattet, der in Staatsanleihen eingezahlte Teil wurde in Aktien einer neuen Handelsgesellschaft umgewandelt. Diese neue Gesellschaft war die Compagnie d'Occident, der John Law als Direktor vorstand. Sie bekam das Handelsmonopol in den französischen Kolonien entlang des Mississippi übertragen, weshalb sie unter dem Namen Mississippi-Gesellschaft bekannt wurde, sowie im Norden der französischen Kolonien das Monopol für den Biberfellhandel.

Law hatte große Pläne: Das neue Unternehmen war bereits im August 1717 mit einem Anfangskapital von 100 Millionen Livre, aufgeteilt in 200 000 Aktien à 500 Livre, gegründet worden. Wie bei der Banque Générale konnten die Investoren ihre Aktien in Staatsanleihen bezahlen. »Da man die Aktien jedoch nur mit Staatsanleihen erwerben konnte, deren Wertverlust damals rund 70 Prozent betrug, schwankte der Kurs zwischen 140 und 160 Livre«[16], schreibt Antoin Murphy. Als Gegenleistung für das Handelsmonopol kaufte Law somit einen Teil der Staatsschulden auf, für die er geringere Zinsen akzeptierte, als sie den ursprünglichen Schuldnern versprochen waren.

Das Jahr 1718 begann schlecht für den Schotten, denn seine Macht verärgerte das Parlament. Ein großer Teil des Jahres verging mit politischen Kämpfen zwischen dem Regenten und Law auf der einen und einem Teil des Adels auf der anderen Seite, am Ende zogen die aufsässigen Adligen den Kürzeren. Zudem bekam er Konkurrenz von den vier Pâris-Brüdern, Gläubigern des Königreichs, die vor Laws Auftauchen großzügig vom Staat profitiert hatten. Sie erwarben als *fermiers généraux* die Vereinten Steuerpachten – also das Recht, Steuern einzunehmen – und gründeten mit diesen Einnahmen eine Gesellschaft, die den Investoren Aktien im Wert von ebenfalls 100 Millionen Livre anbot. Im Gegensatz zu Laws unsicheren Gewinnen aus den französischen Kolonien in Nordamerika verfügten die Brüder Pâris also über Steuereinnahmen als Garantie für das Prosperieren ihres Unternehmens. Und tatsächlich lockten sie die Investoren in Scharen an und bildeten die Vorhut dessen, was man bald das Antisystem nannte.

Im September 1718 erwarb die Mississippi-Gesellschaft das Tabakmonopol. Im Dezember schluckte sie die Senegalkompanie, kurze später die Ostindien- und die Chinakompanie und wurde zur Compagnie des Indes, Indienkompanie. Zudem erwarb John Law im Mai 1719 das Münzprägeprivileg, für Edgar Faure ein glänzender Werbecoup: Jemandem, der eine staatliche Bank leitet, Münzen prägt, Banknoten ausgibt und an den Staatseinnahmen beteiligt ist, musste man einfach vertrauen! Aber wir sind noch immer nicht bei Laws eigentlicher Großtat angelangt.

Ab Sommer 1719 entwickelte sich das Unternehmen in rasantem Tempo. Hatte Law 1717 noch große Schwierigkeiten gehabt, die Aktien seiner Gesellschaft an den Mann zu bringen, war das Unternehmen inzwischen gut aufgestellt, und die Aktienkurse stiegen. Am 15. Mai 1719 emittierte er ein zweites Aktienpaket im Wert von 25 Millionen Livre und kurze Zeit später ein drittes in gleicher Höhe. Die Eigentümer der allerersten Aktien, »Mutteraktien« genannt, durften sich bevorzugt an der Kapitalerhöhung beteiligen: Mit vier Mutteraktien konnte man eine »Tochter« kaufen und mit vier Mutteraktien und einer Tochteraktie eine »Enkelin« der dritten Emission. Die neuen Aktien wurden als einträgliche Anlage bewertet, weil man auf den Kursanstieg vertraute und John Law für das Jahr 1720 eine Dividende von 12 Prozent versprochen hatte. Und so gab es einen Run auf die Mutteraktien, um die neuen Aktien kaufen zu können. Der Kurs stieg, und bald waren die Aktien der Gesellschaft Gegenstand einer Spekulationsblase.

Da man die Aktien mit Staatsanleihen bezahlen konnte, hielt Law bald 100 Millionen Livre dieser Anleihen in seiner Bank. Er verfolgte aber noch ganz andere Ziele, und im August 1719 landete er die beiden nächsten genialen Coups.

Zum einen überzeugte er den Regenten, einen Kredit von 1,2 Milliarden Livre von der Mississippi-Gesellschaft anzunehmen, der kurze Zeit später auf 1,6 Milliarden erhöht wurde. Damit übernahm die Gesellschaft fast die gesamten langfristigen Staatsschulden Frankreichs. Law bot den Gläubigern dieser Staatsschulden im Austausch Aktien der Gesellschaft an. Im September und Oktober erfolgten drei weitere Emissionen im Gesamtumfang von 324 000 zusätzlichen Aktien, von denen 300 000 für einen Stückpreis von 5000 Livre öffentlich verkauft wurden. Bei der ersten Emission im

August 1717 stand der Kurs noch bei 140 Livre. Law hätte also theoretisch 1,5 Milliarden Livre eingenommen. Nie um Innovationen verlegen, erlaubte er jedoch, dass die Interessenten zunächst nur 500 Livre als Subskriptionsgebühr anzahlten und die Restzahlungen über mehrere Quartale streckten, und er emittierte Inhaberaktien, die die Anonymität der Investoren gewährleisteten.

Law verlangte zudem, dass man ihm die Gesamtheit der direkten und indirekten Steuern übertrug, sodass er der einzige Steuereinnehmer Frankreichs wurde. Law verlieh seinem System damit eine neue wirtschaftliche und politische Dimension. Nach Faure hatte er aber noch einen anderen guten Grund, dieses Privileg zu erwerben: Die Bank gab weiterhin Noten aus, die für die Bezahlung von Steuern akzeptiert wurden. Sollten die bisherigen Inhaber der Vereinten Steuerpachten, die Brüder Pâris, auf den Gedanken kommen, all ihre Noten gegen Münzen zu tauschen, wäre das für die Banque Royale fatal gewesen. Nun waren sie ausgeschaltet, und das lukrative Steuergeschäft steigerte die Profite seiner Gesellschaft.

Ende 1719 herrschte Law also über ein Kolonialreich, eine Bank, die Steuereinnahmen und die Staatsschulden Frankreichs. Laws Entscheidungen hatten nun mehr Gewicht als die des Finanzministers. Und es kam, wie es kommen musste: Am 5. Januar 1720 wurde John Law – er musste dafür zum Katholizismus konvertieren – Generalkontrolleur der Finanzen. Am 22. Februar fusionierten seine Handelsgesellschaft und die Banque Royale, Law wurde Generalinspektor des Königs für beide Unternehmen. Einige Wochen später wurde er zum Oberintendanten der Finanzen ernannt. Dieser Titel war 1661 nach der Verhaftung von Nicolas Fouquet, dem mächtigen Finanzminister Ludwigs XIV., abgeschafft worden.

Nun zeichnete sich bereits die Maßlosigkeit von Laws Plänen ab: Eine Handelsgesellschaft sichert sich das internationale Handelsmonopol, dann wird sie durch eine sicherere Finanzquelle –

die Steuern – gestärkt. Das stützt den Wert der Aktien, und die Kurse steigen. Durch den Umtausch gegen Aktien übernimmt die Bank die französischen Staatsschulden, der Staat ist im Gegenzug Garant für das Kapital der Bank. Die Bank soll das französische Wachstum ankurbeln, indem sie durch den Übergang von Metallmünzen zum Papiergeld zusätzliche Liquidität schafft. Nach Meinung des Historikers Niall Ferguson hätte John Law in Anlehnung an den Ausspruch Ludwigs XIV., »Der Staat bin ich!«, durchaus verkünden können: »Die Ökonomie bin ich!«

Vor- und Nachteile der Spekulation

Zunächst kam der Kursanstieg der Aktien Laws Zielen sehr gelegen und beförderte die Spekulation in der Pariser Rue Quincampoix, einer Börse unter freiem Himmel. Hier drängten sich Adlige, Dienstboten, Bürger und Räuber, und alle waren von dem Rausch ergriffen, Geldscheine gegen Aktien und Aktien gegen Geldscheine zu tauschen, um Gewinne einzustreichen. Die Auszahlung nach Fälligkeit und die anonymen Inhabertitel gehörten zu Laws Tricks, um die Investoren anzulocken. Kindleberger schreibt, dass der französische Adel Geld, das er zuvor in der Schweiz und in Holland angelegt hatte, nun wieder in Frankreich investierte. »30 000 Ausländer, darunter auch britische Adlige, strömten nach Paris, um persönlich zu zeichnen.« Er berichtet auch, dass die Holländer – vermutlich noch unter dem Eindruck der Tulpengeschichte – »ihre Anteile an der Compagnie des Indes im psychologisch richtigen Moment verkauft hatten und beim Crash wenig verloren«.[17]

Law führte ein neues Verfahren ein: Mit einer Aktie der Handelsgesellschaft als Sicherheit bekam man bei der Banque Royale einen Kredit über 2500 Livre, mit dem man sich neue Aktien, also neue Sicherheiten, für weitere Kredite kaufen konnte und so fort. Dabei hatte Law im *Premier mémoire sur les banques* selbst geschrieben, dass »ein gut gesicherter und geführter Kredit große Vorteile bietet; wenn es aber Mängel bei seiner Gewährung gibt oder er schlecht geführt wird, kann er großen Schaden anrichten«.[18] Er hatte seine eigene Lektion nicht gelernt. Von 400 Millionen im Juli 1719 wuchs die Geldmenge auf eine Milliarde im Dezember an. Nach seiner Ernennung zum Generalkontrolleur der Finanzen übersprang die Aktie seiner Handelsgesellschaft den Preis von 10 000 Livre, und am Terminmarkt war sie für März 1720 zwischen 12 000 und 14 000 Livre notiert, ein Zeichen für die Erwartung einer kontinuierlichen Hausse. Der Höhenflug der Aktien dieser Gesellschaft war jedoch durch nichts gerechtfertigt: Ihre Profite im Ausland waren Chimären, wie Jean-Christian Petitfils in seiner Biografie über den Regenten Philippe von Orléans schreibt: »Law war kein Kolonisator oder Erbauer eines Imperiums. Das entsprach weder seinem Wunsch noch seiner Berufung.«[19] Die Zunahme der Liquidität hatte zwar die Geschäftstätigkeit befördert, die französische Wirtschaft erlebte aber keinen wirklichen Aufschwung.

Die Hausse des Aktienkurses garantierte zwar das Funktionieren des Systems, aber Law sah sehr wohl, dass eine allzu umfangreiche Emission von Banknoten das Vertrauen untergraben könnte. Er ermutigte also die Spekulation, wollte sie aber gleichzeitig kontrollieren. Am 31. Dezember 1719 eröffnete er in der Bank ein An- und Verkaufsbüro für Aktien. Der Kurs wurde jeden Morgen von der Bank festgelegt, um den Markt in der Rue Quincampoix wieder in den Griff zu bekommen. Durch den Ankauf von Aktien stützte er den Kurs, wenn es ihm nötig erschien, und reduzierte gleichzeitig die Zahl der Aktieninhaber, wodurch er auch größere Dividenden pro Aktie auszahlen konnte.

Am 9. Januar 1720 erfand er noch ein weiteres Finanzinstrument, die *Primes*. Wer 1000 Livre einzahlte, erhielt das Recht, in sechs Monaten eine Aktie für 10 000 Livre, also für insgesamt 11 000 Livre zu erwerben. Law wollte damit demonstrieren, dass er als Gründer der Gesellschaft nicht damit rechnete, dass die Aktie weit über die 10 000 Livre steigen würde, die sie zu diesem Zeitpunkt wert war, und dass es nicht vernünftig war, weiter zu kaufen und von einem höheren Kurs zu träumen. Die Investoren aber waren vom Gegenteil überzeugt und verschuldeten sich, um massenhaft *Primes* zu kaufen. Sie waren glücklich über den garantierten Kaufpreis von 10 000 Livre, weil sie damit rechneten, ihre Aktien danach viel teurer verkaufen zu können, wenn sie in der Rue Quincampoix bei 18 000 oder 20 000 Livre stehen sollten. Sein Ziel erreichte Law trotzdem: Man verkaufte Aktien, um *Primes* zu kaufen, die man für einträglicher hielt. Dadurch sank der Aktienkurs etwas. »So führte der neue Markt für die *Primes* zu dem paradoxen Ergebnis, dass gerade in dem Moment, als die höchsten Erwartungen in Bezug auf die Kursentwicklung herrschten, die alten Aktien und Zeichnungen im Wert fielen«,[20] erklärt Antoin Murphy.

Bei jeder Spekulationsblase kommt ein Moment, in dem das Vertrauen kippt. Einige Männer wie Voltaire, der Herzog von Saint-Simon, der Schriftsteller Daniel Defoe, der sich sehr für Finanzfragen interessierte, oder der Ökonom, Financier und Unternehmer Richard Cantillon hatten ihre Zeitgenossen vor der Instabilität des Systems gewarnt. Cantillon spekulierte sogar auf seinen Zusammenbruch, was ihm viel Geld einbrachte. Aber während eine Spekulationsblase wächst, hört niemand auf Spielverderber. Anfang 1720 gab es erste Anzeichen für einen Crash, im Juni wurde das System infrage gestellt, und im Dezember war das Spiel aus.

Abb. 1: **Die erste Börsenblase der Geschichte**

Aktienkurs der Mississippi-Gesellschaft vom 9. August 1719 bis zum 25. September 1720 (in Livre)

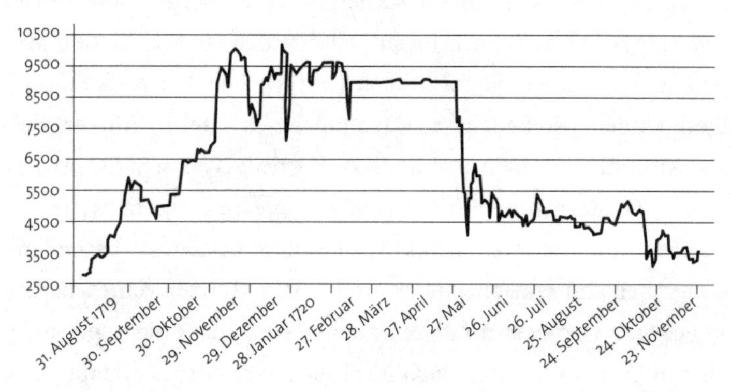

Obwohl es im März 1720 keinen Kurs gab, garantierte die Gesellschaft einen Aktienpreis von 9000 Livre.

Quelle: Antoin Murphy[21]

Der Zusammenbruch

Am 22. Februar 1720 gab es neben der Fusion von Bank und Mississippi-Gesellschaft noch ein weiteres bedeutendes Ereignis. Philippe von Orléans verkaufte 100 000 seiner Aktien (für die er 15 Millionen bezahlt hatte) und erhielt dafür 900 Millionen Livre, also 9000 Livre pro Aktie, was knapp unter dem Höchstpreis lag. 300 Millionen bekam er sofort, den Rest über zehn Jahre verteilt in Monatsraten à 5 Millionen Livre. Bei seinem Tod 1723 fand man bei ihm 91 Millionen in bar.[22] Solange das System funktionierte und Geld abwarf, unterstützte die machthabende Elite Law bereitwillig. Vielleicht war es Zufall, dass das System gerade dann ins Stottern geriet, als der Regent ausgezahlt wurde. Auf jeden Fall gelangte es an seine Grenzen.

Noch am selben Tag wurde das Büro, das die Aktien der Gesellschaft gekauft und den Kurs gestützt hatte, geschlossen. Das sollte die Öffentlichkeit über den Zustand der Bank beruhigen, weil deren Aktionäre ahnten, dass sie eine Unmenge von Banknoten ausgegeben hatte, um die Aktien zurückzukaufen. Vom 30. Dezember 1719 bis zum 22. Februar 1720 wurden tatsächlich 800 Millionen Livre für rund 85 000 Aktien ausgegeben. Die Aufkäufe der Bank trugen also bedeutend dazu bei, einen Titel zu stützen, dessen Kurs hochschnellte, ohne dass die reale Wirtschaftsentwicklung des Unternehmens dies irgendwie gerechtfertigt hätte.

Um die Banknoten attraktiv zu halten, hatte man bereits im Dezember Transaktionen über 500 Livre in Münzen verboten. Am 27. Februar 1720 bestimmte dann ein Gesetz, dass niemand mehr als 500 Livre in Münzen auch nur besitzen durfte; es erlaubte den Ordnungskräften sogar Durchsuchungen.

Antoin Murphy zufolge waren die Adligen um den Regenten jedoch unzufrieden, dass die Kurse der Gesellschaft nicht mehr künstlich gestützt wurden, denn wenn sie fielen, verloren sie Geld. Und so wurde die Entscheidung am 5. März 1720 per Dekret zurückgenommen: Law eröffnete erneut ein Büro, das einen Kaufpreis von 9000 Livre pro Aktie garantierte. Eine schöne Sicherheit für jeden Investor, der zu einem niedrigeren Preis gekauft hatte. Law wusste, dass seine Bank dem Zustrom von Banknoten nicht standhalten könnte, wenn ihre Eigentümer sie in Münzen umtauschen würden. Er opferte mit dieser Entscheidung also die Banknote den Aktien und die Glaubwürdigkeit der Bank dem Profit der Gesellschaft. Denn die Entscheidung, für den Aktienkauf die Geldpresse anzuwerfen, bedeutete, dass die Geldmenge unkontrollierbar wurde. Laut Murphy verdoppelte sich zwischen Februar und dem 22. Mai 1720 die Geldmenge in Banknoten und erreichte das Vierfache der Gold- und Silberreserven. Am 22. März versuchte Law noch einmal, den Wert seiner Banknoten zu stützen, indem er für Juni eine allmähliche Außerkurssetzung des Goldes ankündigte, das nicht mehr für Geschäfte akzeptiert wurde, außerdem eine partielle Entwertung des Silbers.

Doch die Situation war unhaltbar. Am 21. Mai 1720 verkündete Law, dass der Preis der Aktien in den kommenden Monaten per Erlass von 9000 auf 5000 Livre gesenkt und der Wert der im Umlauf befindlichen Banknoten halbiert würden. Alle Prinzipien, die er bisher vertreten hatte, wurden über Bord geworfen. Obwohl er versichert hatte, dass der Wert der Banknoten im Unterschied zu dem der Münzen unveränderlich bleiben würde, wurden sie abgewertet. Das Gleiche galt für die Aktien, die eigentlich die verfügbare Geldmenge steuern sollten: Man verkauft sie, um die zu viel gedruckten Banknoten zurückzuholen, und man kauft sie, wenn es der Wirtschaft an liquiden Mitteln fehlt. Laws Erlass inspirierte den Herzog von Saint-Simon zu der Äußerung: »Das führte zu dem, was man in Sachen Finanzen und Bankrott *den blanken Hintern zeigen* nennt.«[23]

Die Entscheidung löste im Volk heftige Proteste aus, die Fensterscheiben der Bank wurden eingeworfen, und das Parlament, das Law ohnehin feindlich gesinnt war, protestierte energisch. Der Regent musste nachgeben. Am 27. Mai 1720 nahm man die zuletzt erlassenen Maßnahmen zurück, zwei Tage später kam Law unter Hausarrest. Finanzexperten überprüften die Bücher der Banque Royale und stellten fest, dass wesentlich mehr Banknoten emittiert worden waren als angegeben. Zu einigen heimlichen Emissionen hatte der Regent seine Zustimmung gegeben, zu anderen nicht. Man brach die Überprüfung schließlich ab, damit nicht an die Öffentlichkeit gelangte, wie wenig der Staat die Dinge unter Kontrolle hatte.

Laws System war jedoch ein so komplexes Geflecht von Finanzinnovationen, dass keiner es durchschaute. Und so musste man ihn noch im Mai 1720 zurückholen, damit er das Knäuel entwirrte –

wie heute die modernen Trader, die hochriskante Finanzprodukte erfinden und nach der Katastrophe exorbitante Boni bekommen, damit sie rückgängig machen, was sie selbst angerichtet haben.

Am 1. Juni wurde das Verbot, Münzen zu besitzen, aufgehoben. Am 2. Juni übernahm Law wieder die Geschäftsführung, und der Aktienkurs stieg noch eine Zeit lang. Am 3. Juni erfolgte die Rückkehr der Rentenpapiere mit einem Zinssatz von 2,5 Prozent – zur großen Freude der Rentiers, die lieber wieder garantierte Zinsen wollten als Aktien einer Gesellschaft, deren Dividendenquote vom Staat festgelegt wurde. Am 10. Oktober genehmigte man dann auch wieder die Bezahlung wirtschaftlicher Transaktionen mit Edelmetall. Gleichzeitig fielen die Aktien der Mississippi-Gesellschaft über mehrere Monate hinweg unter 4000 Livre. Am 17. Oktober, so Jean-Christian Petitfils, »wurde in einem Eisenkäfig von zehn mal acht Fuß im Hof des Hôtel de Nevers alles verbrannt: [...] die Konten der Banque Royale, die alten außer Wert gesetzten Papiere. Die Chronik erzählt, dass die Flammen so heiß brannten, dass sich die Eisenstangen bogen.«

»So endete das riesige Glücksspiel, das ein unbekannter Ausländer eine ganze Nation hatte spielen lassen«, schreibt Voltaire in seinem *Précis du siècle de Louis XV*.

Laws letzte Jahre

Nach seinem Sturz führte Law kein angenehmes Leben. Diejenigen, die falsch gewettet hatten, machten ihn für ihr Pech verantwortlich. Law zog sich im Dezember 1720 aus Paris auf eins seiner zahlreichen Güter zurück und verließ kurze Zeit später Frankreich in Richtung Brüssel. Die Financiers, Rentiers und Politiker, deren Privilegien und Einnahmen er beschnitten hatte, gewannen ihren Einfluss beim Regenten zurück.

Am 20. Oktober 1721 kehrte Law nach England zurück. Zuvor hatte er Angebote des russischen Zaren und des Königs von Dänemark abgelehnt, bei ihnen sein System zu installieren. Er durchlebte eine schwierige Zeit. Sein ganzes französisches Vermögen war beschlagnahmt worden, und man machte ihn persönlich für die Schulden haftbar, die er im Namen Frankreichs verursacht hatte. Die Gläubiger saßen ihm im Nacken, und so bat Law den neuen französischen Ministerpräsidenten, den Herzog von Bourbon, zu seinen Gunsten zu intervenieren.[24] Edgar Faure schreibt, dass Law zwar fähig und intelligent genug gewesen wäre, sich ein Einkommen zu sichern, er habe der französischen Öffentlichkeit aber zeigen wollen, dass er sich nicht auf ihre Kosten bereichert und Vermögen im Ausland versteckt habe, da er nach Frankreich zurückkehren wollte.

Als Ludwig XV. mit dreizehn Jahren mündig wurde, übernahm zunächst Kardinal Guillaume »Abbé« Dubois, dann Philippe von Orléans das Amt des Ministerpräsidenten. Law sah bereits die Stunde seiner Rückkehr gekommen: Philippe hatte ihm signalisiert, dass er ihn rufen werde. Doch der Herzog starb im Dezember 1723. In den folgenden Jahren übernahm Law verschiedene kleinere diplomatische Spionageaufträge für die britische Krone, vermutlich aber nur, um seine Zeit und die Brieftasche zu füllen. 1725 lebte er ein Jahr in Bayern, Anfang 1726 ging er nach Venedig. Montesquieu, der ihn dort besuchte, schrieb: »Er war noch derselbe, den Geist immer voller Pläne, den Kopf immer voller Berechnungen, Nennwerte und Dividenden. Obwohl sein Vermögen winzig war, spielte er noch ein großes Spiel.« John Law starb am 21. März 1729 an einer Lungenentzündung. Die Botschafter Frankreichs und Englands, die den Staatsgeheimnisträger stets überwacht hatten, überzeugten sich persönlich, dass er keinerlei kompromittierende Schriften hinterlassen hatte. Sie waren der Meinung, dass Law ohne einen Heller gestorben sei. Zwar hatte er tatsächlich einen Teil seiner Gemälde verkaufen müssen, um seinen Lebensunterhalt in London zu finanzieren, eine später bekannt gewordene Inventarliste zeigte jedoch, dass er noch immer Skulpturen, Musikinstrumente, Möbelstücke und 488 Gemälde besaß, darunter Werke von Tizian, Raffael, Rubens, Tintoretto, Michelangelo und Leonardo da Vinci. Law hatte sich also sehr wohl bereichert; seine zahlreichen Grundstücke in Paris und außerhalb hatte er nur verloren, weil nach seiner Flucht seine Feinde an die Macht zurückkehrten.

Es gab einige Profiteure von Laws Finanzsystem: Philippe von Orléans und dessen Entourage – wie zum Beispiel der Herzog de Bourbon, der seinen Grundbesitz und seine Reitställe in Chantilly vergrößern konnte –, außerdem Spekulanten, Financiers und auch einfache Leute, die im richtigen Moment gekauft und verkauft hatten und für die man damals das Wort »Millionär« erfand. Die Luxusgüter, die Paris überschwemmten, hatte Law als Beweis gesehen, dass dank ihm die Wirtschaft florierte. Andere blieben skeptisch, wie Saint-Simon, der in Law »einen großen Spieler und Rechenkünstler« sah. Für Edgar Faure zählt auch der Staat zu den Gewinnern: Da Law dafür sorgte, dass die Zinsen sanken, verringerte sich die Staatsschuldenlast. Außerdem stiegen die Preise – »durch dein verdammtes Papiergeld haben sich die Preise verdoppelt«, beklagt sich eine Prostituierte in *Wenn das Fest beginnt* –, und auch von der Entwertung der Banknoten profitierte der Staat. Letztendlich hatte Law die Mission erfüllt, die er sich selbst auferlegt hatte, aber das Ergebnis war dürftiger als erhofft, die französische Wirtschaft wurde nicht dauerhaft angekurbelt. Dennoch ist für Edgar Faure der Saldo des Systems »zwar kaum zu berechnen, aber eindeutig positiv«.

Antoin Murphy, ein großer Bewunderer von Laws visionärem Charakter, schreibt jedoch: »Auf lange Sicht forderte das System einen hohen Preis, weil das Vertrauen, dieses zarteste Pflänzchen des Finanzwesens, zerstört war. [...] Der Kollaps des Systems hinterließ jedoch eine Abneigung gegen fiskalische Experimente, stellte die Herrschaft der Financiersschicht sogar verstärkt wieder her und ließ die französische Wirtschaft bis zur Revolution unter ihre Kuratel geraten.«[25] In einem Artikel für die Zeitschrift *L'Économie politique* ergänzt er: »Überdies lag die Finanzinnovation, die die Gründung von Gesellschaften mit beschränkter Haftung ermöglichte, bis zum ersten Drittel des 19. Jahrhunderts auf Eis. Gleichzeitig gab es eine tiefe Feindseligkeit gegen Banken, Kredite und Papiergeld. Frankreich übertrieb es nun mit Finanzkonservatismus.«[26]

Unter den Schriftstellern tobte eine wahre Schlacht um die Bewertung des Law-Systems. 1720 schrieb Charles de Montesquieu seine *Persischen Briefe*. Kein Wort war ihm hart genug für Law, den er in Brief 142 als Verkäufer von Wind und eingebildetem Reichtum beschrieb: »Glaubt mir, verlasst das Land der wertlosen Metalle und kommt ins Reich der Fantasie und ich verspreche Euch Reichtümer, die Euch selbst erstaunen werden.«[27] In Brief 24 hatte er den Regenten bereits zum »großen Zauberer« erklärt: Er müsse seinen Untergebenen »nur die Vorstellung in den Kopf setzen, ein Stück Papier sei Geld, und sie sind sofort davon überzeugt«[28]. Mehrfach prangert er an, dass sich die Domestiken durch die Spekulation bereichert und die sozialen Hierarchien umgestürzt hätten. Auch Voltaire verurteilte den Spekulationsgeist, den Law in die französische Gesellschaft eingepflanzt habe. »Die Gier, die er in allen Schichten – vom einfachsten Volk bis zu den Beamten, Bischöfen und Fürsten – weckte, brachte alle von der Sorge um das Gemeinwohl, von jedem politischen und ehrgeizigen Gedanken ab, weil er sie mit der Furcht zu verlieren und dem Verlangen zu gewinnen erfüllte.«[29] Man muss aber festhalten, dass Voltaire einen Teil seines Vermögens dank der Brüder Pâris erworben hatte, die erklärte Gegner von John Law waren. Montesquieu kam später in seinem Buch *Vom Geist der Gesetze* auf das Thema zurück und wütete gegen die Attacken, die regelmäßig gegen das Parlament geritten wurden, und gegen die autoritären Maßnahmen, die Law ergriffen hatte, »einer der größten Förderer des Despotismus, den man je in Europa erlebt hat«.[30]

Erik Leborgne, der über die Darstellung des Law-Systems in der Literatur gearbeitet hat, weist darauf hin, dass Montesquieu die grundlegende Neuerung nicht verstanden habe, die die Banknote damals darstellte. Er sei auch dem Irrglauben aufgesessen, die Armen hätten als Erste von dem System profitiert. Wie die Arbeiten von Daniel Dessert zeigen, besaßen Domestiken dazu gar nicht das notwendige finanzielle und soziale Kapital: Um gewinnen zu können, musste man Geld haben und zu den Insidern gehören, beides Privilegien des Adels. Die spekulative Dimension des Systems hatte Montesquieu aber bestens erfasst.

Die Verteidigung Laws übernahm in dem 1724 erschienenen Roman *Les Aventures de Pomponius, chevalier romain* der französische Schriftsteller Abbé Prévost. In Kapitel 25 ist die Rede von der Gründung einer »Banque Royale, deren System ich Ihnen nicht darstellen werde, weil niemand es je durchschaut hat, nicht mal ihr Direktor selbst«. Law wird in dem Werk als Neuerer dargestellt, der das Ende des Geldhortens erzwingt, um die Wirtschaft in Bewegung zu bringen, und der am Ende Opfer neidischer Intriganten wird. Die spekulative Seite bleibt diesmal ungenannt.

Hinsichtlich der Finanzstabilität hat sich das Law-System keine Lorbeeren verdient. Immer neue Innovationen schufen ein unkontrollierbares Monstrum, und erneut entstand durch überbordende Kredite eine Börsenblase. Diese Innovationen waren möglich, weil Politik und Finanzelite Einfluss nahmen, um sich zu bereichern, und weil sie die zunehmende Anfälligkeit der beiden Institutionen – der Mississippi-Gesellschaft und der Bank – verschleierten.

Frankreich wurde zum Experimentierfeld eines ebenso leidenschaftlichen wie unverbesserlichen Spielers. Niall Ferguson erinnert daran, dass Law im März 1719 beispielsweise mit dem Herzog von Bourbon um 1000 Louisdor gewettet hatte, es werde in diesem Winter kein Glatteis mehr geben (er verlor). Und mit dem britischen Händler Thomas Pitt wettete er, dass der Aktienkurs der Britischen Ostindien-Kompanie fallen würde. Der stieg aber infolge einer Börsenblase, die sich mit der in Frankreich vergleichen ließ und die auch die gleichen Ursachen hatte: die Gründung eines Unternehmens – der South Sea Company –, das die englischen Staatsschulden aufkaufen sollte und dessen Crash als »Südseeblase« in Erinnerung geblieben ist. Diese Geschichte ist durch die Arbeiten von Nesrine Bentemesseck Kahia gut belegt.

1720 veröffentlichte der holländische Dichter und Theaterautor Pieter Langendijk zwei kleine Stücke, *Der Windhandel und die Rue Quincampoix* und *Harlekin als Aktionär.* Auf dem Kupferstich des Einbands hebt ein Harlekin einen Vorhang, hinter dem auf einer Empore Adlige John Law mit Münzen füttern. Law scheidet dafür Banknoten und Aktien der Mississippi-Gesellschaft aus, um die sich in der Rue Quincampoix eine wild gewordene Menge prügelt.[31] Ein Mann mit Blasebalg bläst derweil Wind in den Kopf eines Gefangenen, der in einem Käfig sitzt – ein Verweis auf den »Windhandel«, die holländische Tulpenspekulation. Die Künstler hatten schneller als die Ökonomen die Verbindungen zwischen den beiden Episoden gezogen.

3. Kapitel

Die Panik von 1907

Die Panik von 1907 wird als außerordentlich heftig in die Wirtschaftsgeschichte der Zukunft eingehen.
Alexander D. Noyes, »A Year after the Panic of 1907«, 1909

»Er ist ein kühner Spekulant.«
»Ein Spekulant? Ich glaubte, er sei Bankdirektor?«
»Sind Sie eine Zeitlang in New York gewesen, […] so werden Sie wissen, dass diese beiden Dinge nicht unvereinbar sind.«
Upton Sinclair, *Die Wechsler*, 1908

1903 veröffentlichte der US-amerikanische Schriftsteller Frank Norris den Roman *Die Getreidebörse*. Norris erzählt darin von der Liebe zwischen Laura Dearborn und Curtis Jadwin, einem reich gewordenen Spekulanten, der sich zur Ruhe setzt, um das Leben zu genießen.

Jadwin erliegt jedoch der Versuchung, ein letztes Mal zu spekulieren. »J«, wie ihn seine Freunde nennen, wagt einen Coup, der Ende des 19. Jahrhunderts sehr beliebt war, das *Cornering*. Das Prinzip dieser Spekulationsstrategie ist einfach: In Erwartung einer großen Nachfrage kauft Jadwin vor der Ernte so viel Weizen wie möglich auf. Er will den Markt beherrschen und hofft, den Preis diktieren zu können, wenn die Nachfrage steigt. Je länger die Spekulation andauert, desto höher treibt die Nachfrage den Preis, und desto teurer wird das Spiel. Die Risiken sind also gewaltig. Norris beschreibt die Mechanismen und die Anspannung der Spekulation sehr genau. Er lässt Jadwin erklären:

»Wenn du zu operieren verstehst und ein bisschen weiter vorauszusehen vermagst als die andern, wenn du was wagst, was sonst niemand riskiert – wenn du geplant und manövriert hast, und es kommt schließlich genau so, wie du's schon lange vorausgesehen hast, ja, ich muss sagen, da hat man für nichts anderes Sinn! [...] Das ist ein Sport für einen reichen Mann. Und selbst dann macht's keinen Spaß, wenn man nicht mehr wagt, als man verlieren kann.«[1]

Zur literarischen Qualität des Romans von Norris und der Präzision seiner Beschreibung der Spekulation an der Börse von Chicago kommt eine verblüffende Vorahnung! Auslöser der Panik, die die USA vier Jahre später ergriff, war nämlich ein anderes verpatztes *Cornering,* diesmal mit den Aktien eines Kupferunternehmens.

Die Finanzkatastrophe traf die USA in einer Zeit großer sozialer Ungleichheit. Da es noch keine Einkommenssteuer gab, verfügen wir für diese Periode über keine genauen Angaben. Wir können jedoch auf die Analysen der Historiker und die Beschreibungen der US-amerikanischen Gesellschaft in der Literatur zurückgreifen. Kevin Phillips zeigt in seiner beachtenswerten politischen Geschichte der US-Geldaristokratie, dass »Amerika im ersten Jahrzehnt des 20. Jahrhunderts für die Reichen ein großer Spaziergang« war. Auch der Historiker Gustavus Myers verweist in seiner 1907 erschienenen *Geschichte der großen amerikanischen Vermögen* auf die Konzentration des Reichtums, und der Wirtschaftsnobelpreisträger Paul Krugman stellt fest, dass die Einkommensverhältnisse in den USA um 1900 äußerst ungerecht waren.[2] Der Ökonom Hugh Rockoff zeigt anhand verschiedener Daten, dass diese Periode durch einen beträchtlichen Anstieg des Einkommensanteils der Reichsten gekennzeichnet war, die ihr Vermögen meistens in der Industrie erworben hatten und es durch Börsen- und Immobiliengeschäfte beachtlich vergrößerten.

Auch die US-amerikanische Literatur jener Zeit spiegelt diesen Zustand der Gesellschaft wider. *Das Haus der Freude* von Edith Wharton (1905) beschreibt wunderbar, wie die New Yorker Elite Anfang des 20. Jahrhunderts davon träumt, es der alten europäischen Aristokratie gleichzutun. Nur widerwillig akzeptiert man die Neureichen, die an der Börse und mit Immobilienanlagen zu ihrem Vermögen gekommen sind. Auf der anderen Seite schildert Jack London in seinem Roman *Die eiserne Ferse* (1908) den Überlebenskampf der Arbeiterklasse und ihre Hoffnungen auf eine Revolution.

Der schwedische Ökonom Knut Wicksell schließlich beschreibt den Anfang des 20. Jahrhunderts in den USA als Beginn einer Phase der »Überspekulation«[3]. Zeitzeugen wie der Ökonom Oliver M. W. Sprague verleihen den Aussagen, in denen aufgrund der »unzähligen Enthüllungen der vorangegangenen Jahre über die Gier der Unternehmen, ihr schlechtes Management und den wild wuchernden Finanzsektor«[4] ein tiefes Misstrauen gegenüber den Banken zum Ausdruck kommt, zusätzliche Glaubwürdigkeit. Ungleichheit, Gier, Krise – dieses während der Subprime-Krise so oft kritisierte Trio hat hier einen historischen Vorläufer. Einen idealen Nährboden für zweifelhafte Finanzjongleure hat es also früher schon gegeben.

Finanzpiraten: die Heinze-Brüder

Als 1907 der letzte Überlebende der berühmten Dalton-Brüder begnadigt wurde, hielten gerade andere Geschwister die USA in Atem: die Heinze-Brüder. Angeführt wurden sie von Fritz Augustus Heinze, dem absoluten Antihelden dieser Geschichte. Die US-amerikanischen Ökonomen Robert F. Bruner und Sean D. Carr, Autoren des bis heute einzigen Buches über die Krise von 1907, erzählen seinen Werdegang.[5] Fritz Augustus war deutscher Abstammung und kam als Zwanzigjähriger nach Butte, Montana, um die dortigen Kupferminen auszubeuten. Er hatte eine wissenschaftliche Ausbildung und erfand einige erfolgreiche neue Bergbau- und Schmelztechniken. Weil er auf diese Weise aber nicht schnell genug zum ersehnten Reichtum kam, sah er sich nach einer anderen Einkommensquelle um. Nach einem in Montana geltenden Gesetz hatte ein Grundeigentümer, auf dessen Terrain eine Erzader an die Oberfläche kam, das Recht, diese allein auszubeuten, auch wenn sie unterirdisch unter dem Grundbesitz des Nachbarn verläuft. Man kann sich vorstellen, zu welchen Konflikten dieses Gesetz führte. Um sich die Kontrolle und das Monopol über möglichst viele Ausbeutungsrechte zu sichern, führte Heinze mit einem Heer von 37 Anwälten bis zu 133 Prozesse gleichzeitig.

Zur selben Zeit versuchte auch ein anderer Unternehmer, diesen Sektor zu dominieren: John D. Rockefeller mit seiner Standard Oil Company. Einige seiner Manager hatten gemeinsam mit Bankern wie James Stillman von der National City Bank die Amalgamated Copper Company gegründet, um den Kupferabbau zu kontrollieren. Der Mächtigere gewann die Schlacht: Nach jahrelangen juristischen Auseinandersetzungen kaufte die Amalgamated Copper Company Anfang 1906 die Mehrheit von Heinzes Minen. Dafür bekam Fritz Augustus Heinze die hübsche Summe von 12,5 Millionen Dollar bar auf die Hand und einen ebenso großen Betrag in Aktien des Kupferunternehmens. Das Geld investierte er sogleich in den Bankensektor der Wall Street.

Heinzes Geschäftspartner Charles W. Morse war Bankier und ein Spezialist des sogenannten *chain banking*: Mithilfe eines Kredits kauft man die Aktien einer Bank, bis man die Kontrolle über sie hat; das Kapital dieser Bank dient dann als Garantie für einen größeren Kredit, mit dem man die nächste Bank übernehmen kann, was wiederum weitere Kredite ermöglicht usw. Heinze folgte Morses Rat, kaufte mit einem Teil seines Gewinns die Mercantile National Bank und wurde im Februar 1907 deren Präsident. Er beteiligte sich weiter an Morses Spiel und investierte in sechs nationale Banken, ein Dutzend Lokalbanken, fünf oder sechs Geschäftsbanken und vier Versicherungsgesellschaften. Gleichzeitig fasste er den Rest seiner Minenanteile in der United Copper Company zusammen, die er mit seinen beiden Brüdern Otto und Arthur leitete; beiden besorgte er zudem Posten als Makler an der New Yorker Börse.

In der Logik des *chain banking* war die United Copper Company das Schlüsselunternehmen: Ihr Kapital diente als Garantie für die Kredite, mit denen die Heinze-Brüder in zahlreiche US-amerikanische Finanzinstitute investieren konnten. Deshalb war es vor allem wichtig, den Wert der United-Aktien stabil zu halten. Dafür kauften die Heinze-Brüder im Verlauf des Jahres 1907 sogar selbst Aktien ihres Unternehmens. Der Kauf dieser Aktien erfolgte »auf Einschuss«: Nur ein kleiner Teil der Kaufsumme wird bar bezahlt, der Rest beim Vermittler, dem Broker, geliehen. Solange der Kredit nicht zurückgezahlt oder die Aktien nicht weiterverkauft werden, behält der Broker diese Aktien in seinem Portfolio. Damit sie ihm Gewinne einbringen, verleiht er sie an die Trader, die damit investieren oder spekulieren.

Mitte Oktober 1907 waren die Heinze-Brüder überzeugt, dass eine beträchtliche Anzahl von Tradern an einer *Naked-Short-Selling*-Operation, einem ungedeckten Leerverkauf, gegen die United beteiligt war. Dieses Spekulationsinstrument war 2008 in den Tagen nach dem Zusammenbruch der Bank Lehman Brothers und im Frühsommer 2010 bei der Spekulation gegen Staatsschuldentitel mehrerer Euro-Länder hochaktuell. Das Verfahren besteht darin, eine Aktie für ein paar Stunden oder ein paar Tage zu leihen und schnell weiterzu»verkaufen«, wobei man darauf setzt, dass ihr

Preis sinkt. Ist der Preis gesunken, »kauft« man die Aktie zum niedrigeren Preis zurück und gibt sie demjenigen zurück, von dem man sie geliehen hat. Die Differenz streicht man ein. Durch solche Manöver fällt der Preis dieser Aktien in den Keller.

Dieser Tendenz wollten die Heinze-Brüder unbedingt entgegenwirken. Sie beschlossen deshalb, die größtmögliche Zahl United-Aktien selbst zurückzukaufen, um den Spielraum für Spekulation zu begrenzen, ihr potenzielle Munition zu entziehen. Damit hofften sie, den Markt zu *cornern*[6]: Wenn die Spekulanten die Aktien zurückkaufen wollten, die sie geliehen und verkauft hatten, um sie nach dem Einkassieren der Gewinne zurückzugeben, würden sie auf dem Markt keine mehr finden. Pech für die Heinze-Brüder: Ihr massiver Aktienaufkauf löste eine Kurssteigerung aus. Die Broker hatten die Aktien nämlich gar nicht an Spekulanten verliehen, es hatte gar keine organisierte Spekulation gegen die United gegeben. Dafür wollten jetzt alle von der Kurssteigerung profitieren und verkauften – was den Kurs sogleich wieder sinken ließ. Weil die Broker fürchteten, dass die Heinze-Brüder ihnen den Aktienkauf nicht vergüten würden – und so war es tatsächlich –, verkauften sie ebenfalls. Und am Ende verkauften auch die Heinze-Brüder, als sie den Wert der Aktien, die sie gerade erworben hatten, schwinden sahen. Der Kurs brach komplett ein.

Der Dominoeffekt

Der darauf folgende Dominoeffekt riss einige kleinere Bergbauunternehmen mit und löste eine finanzielle Erschütterung aus, die allerdings bald überstanden schien. Als Erstes musste das Maklerbüro Gross & Kleeberg schließen, weil es im Auftrag der Heinze-Brüder 6000 Aktien gekauft hatte, die diese nicht bezahlten. Unter der Last ging dann auch Otto Heinze Konkurs.

Die Finanzinstitute, an denen die Heinze-Brüder beteiligt waren, verloren das Vertrauen der Kunden. Die State Saving Bank, eine von ihnen kontrollierte Sparkasse in Montana, musste nach Massenabhebungen der Anleger Bankrott anmelden. Noch schwieriger wurde es, als Fritz Augustus' Mercantile National Bank ebenfalls Opfer eines *bank run,* eines Ansturms auf die Bank, wurde, der sich schon in den Monaten zuvor abgezeichnet hatte. Damals gab es in den USA noch keine Zentralbank, die hätte eingreifen können, wenn Banken von einer gewissen Bedeutung vor solchen Problemen standen. Deshalb schlossen sich Banken zu einer Clearinggesellschaft zusammen, um gemeinsam für deren Einlagen zu garantieren. Am 17. Oktober 1907 gewährten neun in einer solchen Clearinggesellschaft zusammengeschlossene Banken der Mercantile-Bank eine Garantie in Höhe von 1,8 Millionen Dollar. Die Hilfe hatte allerdings ihren Preis: Die Bankdirektoren mussten gehen.

Das war das Aus für Fritz Augustus und seinen Bankiersfreund Charles Morse. Damit war die Krise aber nicht überstanden. Die Institutionen, an denen Morse beteiligt war, wurden nun ebenfalls angegriffen, die Krise weitete sich aus. Die New Yorker Clearinggesellschaft entschloss sich zu einem radikalen Schritt: Sie untersagte Heinze und Morse jede weitere Banktätigkeit. Am 21. Oktober schien die Krise gebannt.

In den Diskussionen nach der Subprime-Krise ab 2007 ging es vor allem um Institute, die *too big to fail* waren – zu groß, um zu scheitern. Ein wesentlicher Faktor für die Instabilität des US-Bankensystems, so der Ökonom Oliver Sprague, habe 1907 darin bestanden, dass die Banken zu klein gewesen seien. Das Verbot für Finanzinstitute, in anderen Bundesstaaten Filialen zu eröffnen, habe zu einer Vervielfachung der Bankenanzahl geführt – Sprague spricht von fast 16 000, ohne die Sparkassen mitzuzählen. Daraus ergeben sich für ihn zwei Probleme: Keine Bank war damals groß genug, dass ihre Aktionäre eine wirksame Kontrolle hätten ausüben können, und ihr beschränktes Kapital lieferte sie gewissenlosen Geschäftemachern aus.[7] So hat jede Epoche ihre Probleme …

Ein ungünstiges Umfeld

Die Krise hätte hier enden können, doch die ersten Turbulenzen hatten in einem Kontext stattgefunden, der sie noch verstärkte. In den USA war das Bankensystem auf mehreren Ebenen organisiert: Es gab die kleinen Banken auf dem Land, die die lokalen Ersparnisse verwalteten und damit ihre lokalen Aktivitäten finanzierten. Überschüssige Reserven legten sie bei den Banken in der nächstgrößeren Stadt an. Die städtischen Banken wiederum deponierten ihre Reserven bei den Banken der großen Finanzzentren des Landes, das größte war New York. Solange dieses vielgliedrige, hierarchische System funktionierte, gewährleistete es eine optimale Nutzung der verfügbaren Ersparnisse, die je nach Kreditbedarf im Land zirkulieren konnten. Sobald aber an einem Ende der Kette ein Problem auftrat, war schnell das gesamte System betroffen.

Die Jahre vor der Krise waren international durch einen chronischen Liquiditätsmangel gekennzeichnet, das zeigt eine 1909 erschienene Studie des Finanzjournalisten Alexander D. Noyes. Die Realwirtschaft zahlreicher Länder benötigte dringend Mittel für den Bau von Häfen, Fabriken, Eisenbahnlinien und anderem. Hinzu kam die Finanzspekulation. Zahlreiche Ökonomen jener Zeit haben den Liquiditätsmangel analysiert, darunter der Franzose Paul Leroy-Beaulieu, der im März 1907 in einem Artikel im *Économiste français* erklärte, dass »der Entwicklung der Industrie durch das verfügbare Kapitalangebot und grundsätzlicher durch die Gesamtsumme der Ersparnisse Grenzen gesetzt sind«.[8] Die angespannte Lage auf dem Geldmarkt äußerte sich zwischen 1904 und 1907 auch im Anstieg der Zinsen – in Berlin, Paris, Wien, Genf und vor allem im Zentrum der Weltfinanzen, London.

Der britische Finanzplatz spielte zu jener Zeit eine wichtige Rolle für die Finanzierung des ländlichen Amerika. Im Sommer gaben die US-amerikanischen Bankinstitute in London Anleihepapiere mit kurzer Laufzeit in Pfund Sterling aus; die Devisen tauschten sie in Gold um, das sie in die USA transportierten, um mit Krediten die Ernten der Farmer vorzufinanzieren. Nach der Ernte wurde ein Teil der landwirtschaftlichen Erzeugnisse nach England exportiert, wo die US-Finanzinstitute in Pfund Sterling bezahlt wurden; mit dem Geld konnten sie wiederum ihre britischen Gläubiger bezahlen. Angesichts des großen Liquiditätsengpasses beschloss die Bank of England jedoch, ihren Diskontsatz von 4 Prozent (1905) auf 6 Prozent (1906) und 7 Prozent (1907) zu erhöhen, um den Goldexport zu beschränken. Außerdem wies sie die britischen Geldinstitute an, nicht länger US-amerikanische Kurzzeitanleihen zu finanzieren. Die Wirkung war sofort spürbar: Zwischen April und September 1907 sank der Kreditumfang von 400 Millionen auf 30 Millionen Dollar. Auf der Suche nach ertragreichen Anlagen setzten nun auch die britischen Finanzhäuser auf Gold: Zwischen Mai und August 1907 gingen ungefähr 10 Prozent des in den USA vorhandenen Goldes nach England. Der Finanzierungsstrom kehrte sich also um. Auf den US-amerikanischen Finanzmärkten nahmen die Spannungen zu. Überdies hatte das Erdbeben in San Francisco im April 1906 Schäden in Höhe von bis zu 1,7 Prozent des Bruttoinlandsprodukts der USA angerichtet und einen zusätzlichen Finanzierungsbedarf geweckt.

Der weltweite Mangel an Ersparnissen für alle Investitionsvorhaben – ob real oder spekulativ – äußerte sich in mehreren Ländern durch kurzzeitige Finanzkrisen: Ägypten und Japan waren bereits Anfang 1907 betroffen, im Oktober folgten Chile und die USA. In diesem extrem angespannten finanziellen Kontext kam es zu einem Ereignis, das die Turbulenzen im Oktober in eine richtige Krise verwandelte.

Eine schlecht regulierte Innovation: die Trusts

Die Krise entstand durch Trusts. Trusts sind Universalunternehmen, die sich als Einlagen- und Kreditbanken betätigen, aber auch als Vermögensverwalter und Spekulanten auf den Finanzmärkten. Diese Finanzinstitute, die von Jon R. Moen und Ellis W. Tallman treffend analysiert wurden,[9] waren damals neu. In den 1890er-Jahren entstanden, verwalteten sie bereits 1907 fast ebenso viele Aktiva wie die Banken (1,2 Milliarden gegenüber 1,4 Milliarden Dollar). Ihre rasante Entwicklung – sie steigerten ihre Bilanzsumme zwischen 1896 und 1907 um durchschnittlich 10 Prozent pro Jahr, im Vergleich zu 7,5 Prozent bei den Banken – lässt sich mit der Vielseitigkeit ihrer Geschäftstätigkeit erklären.

Anfang der 1890er-Jahre glichen die Trusts eher kleinen Schweizer Privatbanken, die ein paar große Vermögen und Immobilienbesitz verwalteten. Dann entwickelten sie sich zu Geschäftsbanken: Sie dienten den großen Unternehmen als Garant bei der Ausgabe von Aktien, das heißt, sie traten als Aktienkäufer auf, wenn sich keine anderen Abnehmer fanden, das diente vor allem dem Eisenbahnsektor, einem damals aufstrebenden Wirtschaftszweig. Gleichzeitig organisierten sie große Kredite für die Finanzierung von Fusionen und Übernahmen. Die Trusts traten auch als Spekulationsfonds, die auf dem Aktienmarkt investierten, und als Immobilienbesitzer auf; dieser Bereich machte aber höchstens 15 Prozent ihrer Aktivitäten aus. Sie waren auch im traditionellen Bankenbereich tätig, verwalteten Geldeinlagen und vergaben Kredite, wobei die Kunden die Trusts eher als Investitions- denn als Kontenverwalter ansahen.

Wie in anderen Finanzinstituten bewirkte fehlendes Vertrauen aber auch hier schnell eine Anlegerflucht. Für die schlecht kontrollierten Trusts gab es damals kaum Regulierungen, was sich durch die geringen Risiken zu Beginn ihrer Geschäftstätigkeit erklären lässt. Man verlangte von ihnen eine kleinere Kapitaldeckung als von den Banken und weniger Reserven. Daran änderte sich auch nichts, als die Trusts sich auf riskantere Unternehmungen einließen. Sie nutzten es aus, dass sie einen größeren Spielraum hatten, und machten den traditionellen Banken Konkurrenz, indem sie höhere Renditen anboten.

Die größten Trusts in New York genossen den Schutz der Clearinggesellschaft der Stadt. 1903 beschloss diese jedoch, die Trusts stärker zu regulieren, und verpflichtete sie, vom folgenden Jahr an 10 Prozent ihrer Einlagen als Reserve zu halten. Das lehnten die Trusts ab und verließen die Clearinggesellschaft: Der Vorteil einer Hilfe in der Krise wog für sie die Kosten dieses Schutzes nicht auf.

Wie in jeder Finanzeuphorie war man absolut blind gegenüber der drohenden Katastrophe. Frank Norris hat diesen Moment der Hoffnung auf das schnelle Geld, der allen Krisen vorausgeht, in seinem *Epos des Weizens* sehr schön beschrieben. Für einen anderen Autor, Upton Sinclair, dessen Roman *Die Wechsler* kurz nach der Krise entstand und die Wirrnisse sehr wirklichkeitsnah darstellt, sind an die Stelle der traditionellen Bankiers Spekulanten getreten. Alexander D. Noyes schreibt, in den Jahren vor 1907 habe man geglaubt, man befinde sich jetzt in einer anderen wirtschaftlichen Situation, Wirtschafts- und Finanzpaniken wie die der Jahre 1857, 1873 und 1893 seien nicht mehr möglich.[10] Die 2000er-Jahre waren also nicht das einzige Jahrzehnt, in dem man an die »große Mäßigung«, an das Ende von Wirtschaftszyklen und Finanzkrisen glaubte.

Schon 1903 hatten die Experten der Clearinggesellschaften auf die ungenügende Regulierung der Trusts hingewiesen, jedoch nichts unternommen, um das zu ändern. Als der Druck der Banken auf die unfaire Konkurrenz 1906 zunahm, wurden die Trusts per Gesetz gezwungen, ihre Liquiditätsreserven auf 15 Prozent der Einlagen zu erhöhen. Davon mussten sie aber nur ein Drittel als sofort verfügbares liquides Kapital in ihren Tresoren haben, der Rest durfte aus Guthaben bei anderen Banken oder Finanztiteln bestehen, die am Markt verkauft werden konnten. Banken mussten zu dieser Zeit über Mindestreserven in Höhe von 25 Prozent ihrer Geschäftstätigkeit verfügen, und zwar in Form von Banknoten oder Edelmetallen – was wesentlich höhere Kosten verursachte. Einige Banken umgingen das Problem, indem sie im Rahmen von Finanzholdings eigene Trusts gründeten.

Die Knickerbocker Trust Company war 1907 einer der größten Trusts des Landes und mit 18 000 Anlegern der drittgrößte in New York. Sein Sturz markierte den Schritt von den Oktober-Turbulenzen in eine echte Krise.

Die Panik bricht aus

Charles T. Barney war damals bereits seit zehn Jahren Präsident der Knickerbocker Company und geschäftlich eng mit Charles Morse verbunden. Nachdem die Clearinggesellschaft Morse im Zuge der Heinze-Pleite die Fortsetzung seiner Tätigkeit untersagt hatte, wuchs das Misstrauen: Mehrere Tage lang war die Knickerbocker Company Opfer eines *bank run*. Am 21. Oktober 1907, einem Montag, entschloss sich der Verwaltungsrat endlich zum Handeln: Barney wurde seines Amtes enthoben, und die Direktoren versuchten, den Run durch beschwichtigende Erklärungen aufzuhalten, was jedoch nicht gelang. Am Dienstag verstärkte sich die Anlegerflucht, und der Trust stoppte – wie hundert Jahre später einige Fonds während der Subprime-Krise – sämtliche Auszahlungen an die Kunden, während er nach einer Lösung für sein Liquiditätsproblem suchte.

Die Clearinggesellschaft war nicht bereit, dem großen Trust zu helfen. Barneys Amtsführung war intransparent gewesen, er hatte den Verwaltungsrat nur selten einberufen und sehr wenige Informationen über die Geschäftstätigkeit veröffentlicht. Deshalb war die Unsicherheit nun groß: Litt der Trust lediglich an einem vorübergehenden Liquiditätsengpass, oder war er wegen falscher Investitionen tatsächlich zahlungsunfähig? Der Ökonom Knut Wicksell, der schon im Februar 1908 einen Artikel über die Krise veröffentlichte, wies damals darauf hin, dass sich diese Frage anhand der Profite und Dividenden beantworten lasse: Seien diese im Verhältnis zum Kapital zu hoch, dann sei das ein Zeichen, dass ein Finanzinstitut in sehr riskante Operationen verwickelt sei. Knickerbocker, so schrieb Wicksell, habe seinen Aktionären wenige Monate vor dem Untergang eine Rendite von 50 Prozent angeboten!

Und hier kam nun, wie immer bei heiklen Finanzangelegenheiten, der Pate der New Yorker Finanzwelt ins Spiel: John Pierpont »J. P.« Morgan. Er ließ die Bücher des Trusts von seinem Assistenten Benjamin Strong prüfen, der später der erste Direktor der Federal Reserve Bank of New York und ein einflussreicher Bankier der Zwischenkriegszeit wurde. Strongs Urteil ließ keine Zweifel offen: Knickerbocker war zahlungsunfähig, und deshalb half man dem Unternehmen nicht. Upton Sinclair machte sich in seinem Roman *Die Wechsler* den Spaß, den Sturz des Knickerbocker-Chefs damit zu erklären, dass Morgan sich wegen einer Liebesgeschichte an diesem rächen wollte. Die Weigerung, Knickerbocker zu helfen, hatte im Oktober 1907 die gleichen Folgen wie 2008 die Entscheidung der US-Regierung, Lehman Brothers fallen zu lassen: Panik brach aus. Nun wurden auch die anderen Trusts Opfer des Misstrauens ihrer Anleger. Die Finanzinstitute trauten auch einander nicht mehr: Die Banken auf dem Land zogen ihre bei den städtischen Banken angelegten Reserven zurück, und diese taten das Gleiche bei den New Yorker Banken. Daraufhin versuchten die Trusts, ihre Liquidität wiederzuerlangen, indem sie ihre Aktiva verkauften, und ließen damit die Börse einbrechen. Die Vertrauenskrise erschütterte die Finanzwelt auf allen Ebenen.

Zum Teil hatte aber auch die falsche Reaktion der Politik Schuld daran, dass es zu einer Panik kam, wie Robert F. Bruner und Sean D. Carr erzählen.[11]

J. P. Morgan übernimmt das Ruder

Nach der Weigerung vom 21. Oktober 1907, Knickerbocker unter die Arme zu greifen, bat der einflussreiche Privatfinanzier J. P. Morgan anderntags den US-amerikanischen Finanzminister George B. Cortelyou zu einer Konferenz nach New York, um ihm die Situation zu erklären. Dieser verkündete daraufhin, die Regierung sei bereit, den Banken in New York 25 Millionen Dollar zur Verfügung zu stellen, um die Situation zu beruhigen. Am 23. Oktober weckte Morgan seinen Assistenten Strong um zwei Uhr früh und schickte ihn los, um die Bücher der Trust Company of America zu prüfen. Das große Unternehmen war auf dem besten Weg, das gleiche Schicksal wie Knickerbocker zu erleiden. Um 13 Uhr kehrte Strong mit der Überzeugung zurück, dass dieses Unternehmen, langfristig gesehen, zahlungsfähig sei. Daraufhin bestellte Morgan die Präsidenten der größten Trusts ein und verlangte von ihnen, die Brieftaschen zu öffnen. Diese weigerten sich. Nun wandte er sich an James Stillman, den Präsidenten der National City Bank, und an George F. Baker, den Präsidenten der First National Bank of New York – und es begann ein denkwürdiges Ballett: Oakleigh Thorne, Präsident der Trust Company of America, schickte Morgan alle Wertpapiere, die er besaß. Diese wurden umgehend geschätzt, und die Bankiers ließen im Gegenzug Säcke mit Münzen und Geldscheinen zum Trust bringen, sodass dieser die Forderungen seiner Kunden befriedigen konnte. Erneut wurden die Trust-Chefs einbestellt, und diesmal rang ihnen Morgan 10 Millionen Dollar ab.

Doch die Vertrauenskrise weitete sich aus. Auch die anderen großen Trusts gerieten in Schwierigkeiten. Der Börse ging es schlecht, und ihr Präsident teilte Morgan mit, dass er den Handel einstellen müsse, wenn sich die Zustände nicht schleunigst normalisierten. Am 24. Oktober mobilisierte Morgan mithilfe eines Pools von Banken noch einmal rund 25 Millionen Dollar, danach erneut etwa 10 Millionen. Ein Komitee aus Bankenvertretern wurde gebildet, um die Öffentlichkeitsarbeit zu organisieren und die Rettungsanstrengungen bekannt zu machen. Selbst zum Klerus nahm man Kontakt auf, damit die Priester von der Kanzel herab ihre Schäfchen beruhigten. Schließlich griffen die Bankiers zum letzten Mittel der Krisenbekämpfung: Am 28. Oktober gab die Clearinggesellschaft von New York für 100 Millionen Dollar Zertifikate aus und sorgte damit für den überlebenswichtigen Liquiditätszuwachs. Insgesamt wurden 250 Millionen Zertifikate ausgestellt, das entsprach etwa 15 Prozent des im Umlauf befindlichen Bargelds.

Wie funktioniert nun dieser sogenannte Kreditgeber der letzten Instanz, der dann einspringt, wenn niemand mehr Kredite gewähren will? Da es keine Zentralbank gab, war die Emission von Zertifikaten durch die Clearinggesellschaften seit den 1860er-Jahren das Mittel, mit dem die Bankiers in Krisenzeiten auf fehlende Liquidität reagierten: Die Clearinggesellschaft gab Zertifikate aus, die die in Schwierigkeiten geratene Bank im Tausch gegen Wertpapiere erhielt. Die Bank erwarb diese Zertifikate für 75 Prozent des Werts der hinterlegten Titel. Bei der Krise 1907 waren drei Viertel dieser Wertpapiere von den Unternehmen ausgegebene kurzfristige Geldmarktpapiere *(commercial papers)* und das letzte Viertel Aktien und Obligationen, die vor allem von den Eisenbahngesellschaften ausgegeben wurden. Die Zertifikate wurden mit 6 Prozent verzinst. Sie waren für Geschäfte zwischen den Banken bestimmt und ersetzten den Austausch von Bargeld zwischen den Finanzinstituten; diese konnten so mit ihren liquiden Mitteln ihre Kunden zufriedenstellen, die die Einlagen zurückverlangten. Die Zertifikate durften nicht für private Geschäfte verwendet werden. Obwohl auch Unternehmen keine halten konnten, verteilten einige lokale Clearinggesellschaften während der Krise kleine Mengen an private Akteure.

Tallman und Moen zufolge, die die Intervention der Clearinggesellschaften unter die Lupe genommen haben,[12] lag der Gesamtwert der Zertifikatsemissionen weit über dem Bedarf der Banken. Darin erkennen sie die Absicht, die Probleme des Finanzsektors über die Banken hinaus zu lösen; es ging vor allem um die Beschaffung von Barmitteln, die die Börse von New York und damit die Interessen der großen Investoren stützen sollten.

Diese Maßnahme auf dem Höhepunkt der Krise trug etwas zur Entspannung der Situation bei. Am 6. November 1907 verkündeten die Trustmanager in einer gemeinsamen Erklärung die Garantie für das Kapital zweier großer Unternehmen, die in Schwierigkeiten geraten waren. Ruhe kehrte aber erst im Januar 1908 wieder ein. Wie dramatisch die Wochen davor waren, zeigte der Selbstmord von Charles T. Barney, dem ehemaligen Präsidenten der Knickerbocker Company. Er stand keineswegs vor dem finanziellen Ruin, sondern wurde vermutlich durch die Mauer der Ablehnung, auf die er plötzlich stieß, in den Tod getrieben.

Vier goldene Federn für eine Zentralbank

Die Politiker wollten damals den Eindruck erwecken, dass sie schnell auf die Krise reagierten. Schon Anfang 1908 präsentierte der republikanische Abgeordnete von New Jersey Charles N. Fowler einen Gesetzentwurf, der einen Ausnahmemechanismus im Fall einer Kreditvergabe der letzten Instanz einführen sollte. Dieser bestand darin, rasch Barmittel zur Verfügung zu stellen im Austausch für hochwertige Sicherheiten, deren Definition jedoch offen blieb. Fowler verlangte zudem die Einführung einer Steuer auf Bankdepots in Höhe von 5 Prozent, die in einen Krisenfonds fließen sollte.[13]

Die New Yorker Banken sahen die dunklen Wolken der Regulierung am Horizont aufziehen: Um diese nicht einfach auferlegt zu bekommen, beteiligten sie sich an der Debatte und stimmten der Notwendigkeit neuer Vorschriften grundsätzlich zu. Dann aber mobilisierten sie ihre Kontakte zur Politik: Senator Nelson Aldrich von Rhode Island und der New Yorker Abgeordnete Edward Vreeland, beides Republikaner, die den Finanzkreisen nahestanden, reichten einen Gegenvorschlag ein, den der Kongress bereits am 30. Mai 1908 – nur sieben Monate nach der Panik – annahm. Dieses Gesetz schuf lediglich einen Rahmen für die Aktivitäten des Kreditgebers der letzten Instanz, ohne den Banken neue Zwänge aufzuerlegen. Das Gesetz sollte bis Juni 1915 gelten, danach wollte man neu verhandeln. Bis dahin sollte eine von Senator Nelson Aldrich geleitete Finanzkommission die weltweiten Zentralbanksysteme begutachten. Deren umfangreicher Bericht erschien 1912.

Die Banken hatten also genug Zeit für ihren Gegenangriff, der im November 1910 während einer Geheimsitzung auf Jekyll Island vorbereitet wurde. Mit von der Partie waren Abram Piatt Andrew vom Finanzministerium und fünf Privatbanker: Paul Warburg von der Geschäftsbank Kuhn, Loeb & Co.; Frank A. Vanderlip, Präsident der National City Bank; Henry P. Davison, ein Vertrauter von J. P. Morgan; Charles D. Norton, Präsident der First National Bank of New York, sowie Benjamin Strong, früherer Gefolgsmann von Morgan und inzwischen Präsident des Bankers Trusts. Auch ihr politischer Wortführer, Senator Nelson Aldrich, und dessen Assistent Arthur Shelton waren anwesend.

Diese acht Männer verfassten einen Gesetzentwurf, der zur Gründung der Zentralbank der USA hätte führen sollen. Ihr Pech war jedoch, dass im November 1912 der Demokrat Thomas Woodrow Wilson zum Präsidenten gewählt wurde. Er übergab nun Carter Glass, einem demokratischen Abgeordneten aus Virginia, den Auftrag, die neue Zentralbank zu gründen. Die Vorlagen waren sich so ähnlich, dass manche US-Ökonomen Nelson Aldrich als politischen Urheber des Projekts sehen. Glass und seine Fürsprecher betonten aber immer wieder, dass es bedeutsame Unterschiede zwischen ihrem Projekt und dem der Vorgänger gebe: Bei Nelson Aldrich sollte das Organ, das über den Mechanismus zur Krisenbewältigung entschied, zentralisiert sein und von den Privatbanken dominiert werden, deren Beteiligung an der Rettung freiwillig war. Glass dagegen sah einen dezentralisierten Mechanismus mit regionalen Zentralbanken unter der Leitung von staatlichen Behörden vor; die Beteiligung der Banken war obligatorisch.

Carter Glass entwickelte sein Projekt in völligem Einvernehmen mit Präsident Wilson. Nur in einem waren sich die beiden uneins: Welches politische Gewicht sollten die Privatbanken in der neuen Institution haben? Wilson plädierte dafür, ihnen gar keinen Einfluss einzuräumen. Glass wollte ihnen zwar auch nicht allzu viel Mitspracherecht gewähren, fürchtete jedoch, dass sie dann zum Angriff blasen und das Gesetz ganz zu Fall bringen würden. Er war um einen Kompromiss bemüht und lud eine Delegation von Bankdirektoren zum Präsidenten ein. Nachdem sie ihre Forderungen vorgetragen hatten, fragte dieser: »Wer von Ihnen, meine Herren, kann mir sagen, welches zivilisierte Land der Welt Kontrollkommissionen hat, in denen die privaten Interessen vertreten wären?« Damit war das Treffen beendet. Der Präsident der National City Bank, Frank A. Vanderlip, versuchte später noch, den Präsidenten zu treffen, um Einfluss auf den Inhalt des künftigen Gesetzes zu nehmen, aber Wilson weigerte sich schlicht, ihn zu empfangen.

Nach dem Wahlsieg der Demokraten wurde auch eine parlamentarische Kommission unter der Leitung von Arsène Pujo eingesetzt, die 1912/13 tätig war und die Macht des Finanzsektors aufzeigen sollte. Alle großen Financiers des Landes mussten sich den Fragen von Sam Untermeyer, dem Ermittler dieses Committee on Banking and Currency, stellen, der später den großen Einfluss der Investitionsbanken auf die Industrie und den Bankensektor kritisierte. Der US-amerikanische Jurist Louis D. Brandeis schreibt in seinem 1914 erschienenen Buch *Das Geld der Anderen: wie die Banker uns ausnehmen:* »Das dominierende Element unserer Finanzoligarchie ist der Investmentbanker.«[14] Namentlich kritisiert werden darin unter anderem die Bankhäuser J. P. Morgan, Kidder & Peabody und Kuhn & Loeb.

Brandeis hatte seinen ganzen Einfluss bei Präsident Wilson geltend gemacht, um ihn zu einer entschlossenen Haltung gegenüber den Privatbanken zu bewegen. Er war damals schon der Meinung, dass die Geschäftsbereiche nicht vermischt werden sollten, dass eine Bank, die Kredite vergibt, nicht auch als Investmentbank tätig sein sollte[15] – eine Position, die erst in den 1930er-Jahren Allgemeingut wurde. Nach dem positiven Votum des Repräsentantenhauses und einem weiteren des Senats – beide mit Unterstützung republikanischer Abgeordneter – wurde das neue Gesetz zur Schaffung eines US-Zentralbanksystems, der Federal Reserve, beschlossen und am 23. Dezember 1913 vom Präsidenten unterzeichnet. Als Wilson dieses historische Gesetz unterschrieb, verwendete er vier goldene Füllfederhalter, die er danach verteilte: den ersten an Carter Glass, den zweiten an den Präsidenten des einige Monate zuvor im Senat gegründeten ersten Komitees für Bankenfragen, Robert D. Owen, den dritten an Finanzminister William Gibbs McAdoo und den letzten an Senator William Edwin Chilton, der die Federhalter besorgt hatte.[16]

Nach Einschätzung von Simon Johnson, einem früheren Chefökonomen des Internationalen Währungsfonds (IWF), und seinem Koautor James Kwak, ehemals Manager im Privatsektor, hatten die Banken zwar nicht alles bekommen, was sie wollten, aber doch das Wichtigste: eine Institution, die sie im Fall einer Finanzkrise mit staatlichem Geld retten konnte.[17] Diese Rettungsgarantie wäre akzeptabel gewesen, wenn es im Gegenzug eine verstärkte staatliche Aufsicht über die Finanzpraktiken gegeben hätte, um übermäßige Risiken zu verhindern. Das war aber nicht der Fall: Die Federal Reserve verfügte über keine Regulierungsgewalt, ihre Kompetenzen beschränkten sich auf die Handelsbanken, nicht auf die Geschäftsbanken, und nirgends stand, was sie im Fall einer Bankenpanik tun sollte, wie die US-Ökonomen Michael D. Bordo und David C. Wheelock betonen.[18] Die dezentrale Struktur dieses Zentralbanksystems, auf der Glass bestanden hatte, um eine Machtkonzentration in Washington zu verhindern, gab vor allem der regionalen Federal Reserve Bank von New York große Macht. Deren erster Direktor war kein anderer als Benjamin Strong.

Die neue Zentralbank Fed »hatte die Macht, eine Rettung zu organisieren, nicht aber, die riskanten Aktivitäten zu bremsen, die diese Rettung notwendig machen konnten«, schlussfolgern Johnson und Kwak.[19] Die zunehmenden Risiken in den 1920er-Jahren, die in den Börsenkrach vom Oktober 1929 mündeten, gaben ihnen Recht.

4. Kapitel

Die Krise von 1929: Ein Wendepunkt der Finanzgeschichte

»Die Geldwechsler sind von ihren Hochsitzen im Tempel der Zivilisation geflohen.«
Franklin Delano Roosevelt, 4. März 1933[1]

»Am Anfang des New Deal nannten sie es Revolution. Dann sagten sie, es sei keine Revolution gewesen. Unsere Institutionen wurden aufpoliert und bestanden weiter. Tatsächlich war es eine Revolution des Standpunkts.«
Gardiner C. Means, Ökonom in der Roosevelt-Regierung[2]

Mit der Krise, die ab 1929 erst die USA und dann den Rest der Welt erschütterte, nähern wir uns vertrauterem Terrain. Daher rührt die zweifache Schwierigkeit, dieses Geschichtskapitel erneut aufzuschlagen: Einerseits wurden schon Millionen Seiten über das Thema geschrieben; andererseits, so stellt der französische Ökonom und Historiker Pierre-Cyrille Hautcœur fest, gibt es auf diesen Millionen Seiten »nichts oder fast nichts, worin sich die damaligen Beobachter oder spätere Analytiker einig wären«[3]. Wir werden also nicht versuchen, die Geschichte der Großen Depression neu zu schreiben oder zu bewerten. Stattdessen wollen wir den Ursachen der Finanzturbulenzen in den 1920er-Jahren nachgehen, die zum Börsenkrach von 1929 und zu einer Reihe von Bankenkrisen Anfang der 1930er-Jahre führten und die denen, die wir in den vorangegangenen Kapiteln herausgearbeitet haben, zum Verwechseln ähnlich sind. Insofern ist die Krise von 1929 trotz ihrer besonderen historischen Dimension nichts Neues. Die Besonderheit liegt in der Art und Weise, wie die Roosevelt-Regierung mit ihr umging. Wie bereits nach der Krise von 1907 brauchte man Zeit, um neue Regeln zu definieren. Diesmal aber wurden sie nach einer intensiven politischen Diskussion über den gesellschaftlichen Nutzen des Finanzsektors tatsächlich festgelegt und veränderten dessen Funktionsweise radikal, was zu einer langen Periode der Stabilität führte.

Der Drang zur Spekulation

Durch die Arbeiten der französischen Ökonomen Thomas Piketty und Emmanuel Saez wissen wir, dass die Zeit nach dem Ersten Weltkrieg in den USA von einer stark zunehmenden sozialen Ungleichheit geprägt war, die 1928 ihren Höhepunkt erreichte. In jenem Jahr verfügten die reichsten 10 Prozent der Bevölkerung etwa über die Hälfte aller Einkommen, und das eine Prozent der Allerreichsten sicherte sich ein Viertel (s. Abbildung 3, Kapitel 5). Für John K. Galbraith, dessen Werk über die Krise von 1929 zum Klassiker geworden ist, hatte diese Ungleichheit vor allem zur Folge, dass das Wirtschaftswachstum von der Bereitschaft zum Luxuskonsum und von den Investitionen der Reichen abhing. Eine interessante Analyse, aber sie greift für unsere Betrachtung zu kurz, weil sich damit noch keine Verbindung zwischen der Entwicklung der Ungleichheit und dem Ausbruch der Finanzkrise ableiten lässt. Kann man eine solche Verbindung in den 1920er-Jahren herstellen? Wir meinen ja, sogar auf zweifache Weise.

Die Anhäufung von Reichtum in der Hand einiger weniger ging mit einer engen Verflechtung von Politik und Finanzwelt einher. Die Amtszeit von Calvin Coolidge – von 1921 bis 1923 US-Vizepräsident, von 1923 bis 1929 US-Präsident – war durch seine Nähe zur Geschäftswelt geprägt. Er setzte immer neue Maßnahmen zur Deregulierung der Wirtschaft durch, um den Märkten mehr Platz einzuräumen. Herbert Hoover, der am 4. März 1929 Präsident wurde, versuchte nach dem Beginn der Krise zwar einzugreifen, stand aber auch weitgehend aufseiten des Finanzsektors und der Unternehmer.

Beide Präsidenten beschäftigten dafür denselben Finanzminister, den früheren Bankier und Ultraliberalen Andrew W. Mellon. Mellons wichtigste politische Überzeugung lautete, dass man jede steuerliche Umverteilung reduzieren müsse. Deshalb forcierte er Steuersenkungen für Immobilien, Dividenden und Einkommen. Der Spitzensteuersatz der obersten Einkommen sank zwischen 1918 und 1925 von 77 auf 24 Prozent. Joseph Thorndike, einer der besten Kenner der US-amerikanischen Steuergeschichte, weist darauf hin, dass die Mellon-Epoche durch eine extreme Vetternwirtschaft gekennzeichnet war. Die Parlamentarier beschlossen Steuersenkungen, um für diesen oder jenen persönlichen Freund die Steuerlast zu reduzieren, und der Fiskus akzeptierte, dass die großen, der Macht nahestehenden Unternehmen die Höhe ihrer Besteuerung individuell aushandelten. Als treuer Anhänger des Wirtschaftsdarwinismus war Mellon der Ansicht, man müsse Krisen bis zum Ende durchstehen, um die Wirtschaft von ihren schwächsten Elementen zu »reinigen«. Er ist noch heute berüchtigt für den Rat, den er Präsident Hoover 1929 nach Ausbruch der Krise gab: »Arbeitsplätze liquidieren, Kapital liquidieren, Farmer liquidieren, Immobilien liquidieren.«

Die Konzentration des Reichtums scheint auch die Neigung zur Spekulation zu begünstigen. Der Schriftsteller Paul Claudel, zu jener Zeit französischer Botschafter in Washington, schrieb am 4. Dezember 1928, nach Aussage von Experten dienten 10 bis

20 Prozent der damaligen Börsenbewegungen gesunden Anlagen, während 80 bis 90 Prozent spekulativ seien und einzig auf der Erwartung fußten, dass die Hausse eine Hausse hervorbringe. Sie entbehrten, so Claudel, jedes Bezugs zur realen Situation der Unternehmen und der Staaten, die auf den US-amerikanischen Finanzmärkten Aktien oder Obligationen emittierten. Galbraith ergänzt, dass diese Perioden intensiver Spekulation von einem »wohlerworbenen Recht auf Euphorie« gekennzeichnet seien, »das Männer und Frauen, Einzelpersonen und Institutionen glauben lässt, dass die Zukunft rosig sei, dass sie nur reicher werden könnten, wobei sie alles, was dieser Überzeugung widerspricht, als falsche Denkweise zurückweisen«. Diese Einschätzung teilt auch John Moody, der Gründer der gleichnamigen Ratingagentur. Er sagte 1927, dass »niemand den Zustand der Wirtschaft und der Finanzen in Amerika in den letzten fünf Jahren Revue passieren lassen kann, ohne zu erkennen, dass wir eine neue Ära erleben«.[4] In seiner 1934 erschienenen Analyse der Krise bestätigt der liberale britische Ökonom Lionel Robbins diesen allgemeinen Glauben an eine »neue Ökonomie«: »Es war eine Epoche, in der man behauptete, die Konjunkturzyklen seien tot«,[5] ergänzt Robbins – eine verblüffende Parallele zur herrschenden Wirtschaftstheorie der 1990er- und 2000er-Jahre, die zum selben Schluss kam und es nicht für nötig erachtete, über die Möglichkeit künftiger Krisen auch nur nachzudenken (siehe Kapitel 5).

Heute haben die Ökonomen in den Augen der Öffentlichkeit ihre Legitimation verloren, weil sich viele von ihnen in den Dienst der Finanzwirtschaft gestellt haben. Ihre Kollegen in den 1930er-Jahren hatten die gleichen Sorgen. Galbraith weist darauf hin, dass es in den 1920er-Jahren bei den Investmentgesellschaften geradezu ein Muss war, »seinen eigenen Wirtschaftsberater zu besitzen«[6]. So findet man neben längst vergessenen Kollegen auch einige Ökonomen, die für Finanzunternehmen arbeiteten und dort ihre Spuren hinterließen, wie Edwin W. Kemmerer, Bernard Baruch oder der berühmte Professor Irving Fisher, der einige Wochen vor dem Börsenkrach von 1929 erklärte: »Die Aktienwerte haben jetzt anscheinend ein beständiges hohes Niveau erreicht.«[7]

Auch die Journalisten kamen an den Pranger, weil sie einem risikolosen Finanzsystem das Wort geredet hatten, das ewiges Glück versprach. Die US-amerikanische Historikerin Maury Klein bezeichnet in ihrem Buch über den Börsenkrach das *Wall Street Journal* jener Zeit als »offizielles Sprachrohr des Hausse-Markts«. Die Wissenschaftler Gordon Thomas und Max Morgan-Witts erinnern daran, dass die Presse damals im Allgemeinen der Spekulation ein freundliches Antlitz gab und dass einige Journalisten gekauft waren, um »günstige Berichte über zweifelhafte Unternehmen zu schreiben«.[8] Unter den großen Tageszeitungen hat allein die *New York Times* – allen voran deren Chronist Alexander D. Noyes, der bereits die Krise von 1907 sehr genau beobachtet hatte – immer wieder betont, dass die dauerhaft erfolgreiche Spekulation eine Illusion sei. Laut Galbraith standen auch die Ratingagenturen – die damals noch Wirtschaftsdienste hießen – spekulativen Entwicklungen meist kritisch gegenüber, Poor's ebenso wie die Standard Statistics Company[9] (beide Unternehmen fusionierten 1941 zu Standard and Poor's). Aber was konnte man schon machen, fragen sich Thomas und Witts, deren Untersuchung voller Anekdoten steckt, wenn sogar die berühmteste Astrologin jener Zeit, Evangeline Adams, von der Hausse profitierte, indem sie sich auf Börsenprognosen spezialisierte? Es bedurfte des Konservatismus eines Al Capone, um der allgemeinen Hochstimmung zu entgehen. Er erklärte den Journalisten, dass er keine Notwendigkeit sehe, an der Börse zu spielen; der Markt sei viel zu unbeständig für einen Menschen wie ihn, der sein Geld nur mit großer Vorsicht anlege.

Die Euphorie wurde natürlich von den größten Profiteuren, den Banken und Finanzjongleuren, angeheizt; sie wollten immer mehr Ersparnisse an die Börse locken, um die Hausse so lange wie möglich zu halten.[10] Alle kannten den Optimismus von Charles E. Mitchell, »Sunshine Charlie« genannt. Er war der Präsident der City Bank, der größten und mächtigsten Bank jener Zeit (sie war die Vorläuferin der heutigen Citigroup). Wie wir gleich sehen werden, waren die Aufdeckung von Mitchells zweifelhaften Praktiken und sein Sturz 1933 für die Regulierungspolitik Roosevelts sehr hilfreich.

Betrüger vor Gericht, 1. Akt: Ponzi betritt die Bühne

»In guten Zeiten, wenn die Leute entspannt und vertrauensvoll sind, wächst die Höhe der Unterschlagungen«, stellt John K. Galbraith zutreffend fest. Ähnliches sagt auch der britische Ökonom Lionel Robbins über derartige Spekulationsperioden.[11] Tatsächlich gab es in den USA in den 1920er-Jahren mehrere spektakuläre Betrugsaffären. Der berühmteste Betrüger dieses Jahrzehnts war Charles Ponzi. Seine Geschichte wurde oft erzählt, wenn auch – glauben wir dem Ponzi-Biografen Mitchell Zuckoff – nicht immer ganz wahrheitsgetreu.

Der Italiener Carlo Ponzi war mit 21 Jahren in die USA gekommen, wo aus Carlo Charles wurde. Er lebte zunächst von Gelegenheitsjobs und ging dann nach Kanada, wo er in Montreal eine Finanzkarriere startete. Er fand Anstellung in einer kleinen Bank für italienische Immigranten und wurde – vom Eigentümer (und dessen Tochter) geschätzt – Direktor dieser Bank. Das bekam ihm jedoch schlecht, denn eben dieser Eigentümer brannte mit der Kasse durch. Wie viel Ponzi vor dessen überstürzter Flucht von den Unterschlagungen bekannt war, wissen wir nicht. Kurze Zeit später wurde jedenfalls auch er verhaftet und zu drei Jahren Gefängnis verurteilt. Nach zwanzig Monaten wegen guter Führung entlassen, kehrte er in die USA zurück – allerdings in Begleitung von fünf italienischen Immigranten, die keine Papiere bei sich hatten, worauf er als Schleuser zu zwei Jahren Haft verurteilt wurde. Hinter Gittern freundete er sich mit dem Bankier Charles W. Morse an, den wir bereits aus dem letzten Kapitel kennen und dessen zweifelhafte Geschäftspraktiken die Krise von 1907 mitausgelöst hatten.

Wieder in Freiheit, arbeitete Ponzi mal hier, mal dort, bis ihm der Zufall einen Internationalen Antwortcoupon in die Hände spielte. Derartige Coupons gab es bereits seit 1906; sie dienten im internationalen Postverkehr als Zahlungsmittel: Schickte zum Beispiel ein Franzose einen Brief in die USA und legte einen Antwortcoupon bei, dann konnte der Empfänger diesen im Postamt gegen Geld eintauschen und dafür Briefmarken für den Antwortbrief kaufen. Die Mitgliedsstaaten des 1874 gegründeten Weltpostvereins hatten bei der Einführung der Coupons den Umtauschkurs so festgelegt, dass ein Franc einen Dollar wert war und man so auf beiden Seiten des Atlantiks für die Coupons genau die gleiche Anzahl Briefmarken kaufen konnte. Durch den Ersten Weltkrieg verloren die europäischen Währungen gegenüber dem Dollar jedoch stark an Wert. Deshalb konnte man 1920 zum Beispiel einen Dollar in Francs tauschen und davon in Frankreich eine bestimmte Anzahl von Coupons kaufen, die dann in den USA mehr als einen Dollar wert waren. Ein sicheres Geschäft und zudem noch völlig legal!

Im Dezember 1919 gründete Ponzi die Securities Exchange Company, die einen Gewinn von 50 Prozent in neunzig Tagen versprach. In sieben Monaten fand Ponzi 30 000 Anleger, die ihm 9,6 Millionen Dollar anvertrauten (das entspräche heute über

100 Millionen Dollar). Auf die Frage, wie er eine solche Rendite anbieten könne, verwies er auf die Internationalen Antwortcoupons. In Wirklichkeit bezahlte Ponzi die ersten Investoren aber mit dem Geld aus, das er von den nächsten erhielt. Als sich das Vertrauen gefestigt hatte, ließen die Anleger ihr Geld länger als neunzig Tagen liegen, im festen Glauben, es habe sich tatsächlich um 50 Prozent vermehrt. Bernard Madoff hat später mit einem ähnlichen System mehrere Jahre durchgehalten; Journalisten und Strafermittler kamen Ponzi bereits nach sieben oder acht Monaten auf die Schliche. Im November 1920 erklärte er sich für schuldig und wurde zu fünf Jahren verurteilt. Nach seiner Entlassung führten weitere Klagen zu weiteren Prozessen, sodass er bis 1934 im Gefängnis saß. Danach wurde er nach Italien abgeschoben, da er nie die US-Staatsbürgerschaft erworben hatte. 1949 starb er verarmt und krank. Ponzi war zwar nicht der Erste, der mit dieser Methode sein Glück versucht hatte, er ist damit aber berühmt geworden: Noch heute nennt man in den USA dieses Betrugsmodell »Ponzipyramide« oder »Ponzitrick«.

Aus heutiger Sicht mutet der Name von Ponzis Unternehmen, der Securities Exchange Company, etwas ironisch an, denn etwa fünfzehn Jahre später gründete Präsident Roosevelt mit der Securities and Exchange Commission eine ähnlich lautende Institution. Diese war jedoch mit der Regulierung des US-amerikanischen Börsenmarkts betraut.

Betrüger vor Gericht, 2. Akt: Kreuger, der Zündholzkönig

Dank der Biografie *Der Zündholzkönig* von Frank Partnoy kennen wir die Geschichte eines anderen großen Betrügers jener Zeit, Ivar Kreuger, ziemlich genau. Im Unterschied zu Ponzi und Madoff kam der schwedische Geschäftsmann aus der Industrie. Er hatte in zahlreichen Ländern das Zündholz-Monopol und war daneben Direktor eines Bauunternehmens und Filmproduzent; er spielte auch eine wichtige Rolle für eine schöne junge Schwedin namens Greta Gustafsson, bekannter unter dem Namen Greta Garbo, die er liebte und deren Karriere er förderte. Die Besonderheit seiner Firmenholding war, dass sie den Investoren eine Jahresdividende von 25 Prozent auszahlte. Sogar noch 1929. Obwohl die industriellen Aktivitäten ihm wirkliche Gewinne einbrachten, bediente sich der Geschäftsmann ebenfalls eines Pyramidensystems: Er bezahlte die älteren Aktionären mit dem Geld neuer Investoren.

Bis 1922 beschränkte sich sein Spielfeld auf Europa. Dann machte er sich auf zur Eroberung Amerikas. Mit Erfolg. Er bereitete jede geschäftliche Besprechung sorgfältig vor, lernte die Wirtschafts- und Finanzdaten eines Landes auswendig und lenkte das Gespräch auf dieses Thema. Dann konnte er aus dem Gedächtnis präzise und überprüfbare Angaben zitieren und so seine Weltmarkt-Kenntnisse demonstrieren. Viele ließen sich davon blenden. Kreuger war aber auch ein einfallsreiches Finanzgenie, er erfand zum Beispiel Aktien ohne Stimmrecht –ein gutes Mittel, um an Geld zu kommen, ohne Macht zu verlieren – und in Aktien konvertierbare Obligationen. Dank seinem Verführungs- und Innovationstalent mobilisierte Kreuger in den USA enorme Geldmengen. Und dank seines Einfallsreichtums war er zudem einer der ersten Betrüger, die Steueroasen nutzten.

Sobald er das Geld mobilisiert hatte, schaffte er es auf undurchsichtigen Wegen aus den USA heraus, um dann damit zu machen, was ihm beliebte. Er brachte das Geld zuerst in die Schweiz, dann – nachdem sein Bruder mit dem dortigen Finanzminister verhandelt hatte – nach Liechtenstein. Das war 1923. »Als das Geld erst mal in Vaduz war, verschwand es in einem schwarzen Loch«, schreibt sein Biograf Partnoy.

Kreuger war auch ein Anhänger von Außerbilanzgeschäften wie der Devisenspekulation und trat für neue Buchführungsnormen ein: In einer Phase der Börseneuphorie machte er geltend, dass sein Unternehmen nach dem Marktpreis *(fair value)* bewertet werden müsse, also mehr wert sei als das, was die traditionelle Buchführung angab – ganz so, wie in den 2000ern!

Die Krise 1929 setzte dem ein Ende. Die Investoren investierten nicht mehr, und Kreugers »kreative« Buchführung flößte kein Vertrauen mehr ein. Am Ende stellte sich auch noch heraus, dass er italienische Staatsanleihen gefälscht hatte. Im März 1932 nahm sich Ivar Kreuger das Leben, wenngleich noch immer Zweifel bestehen, ob es sich bei der Leiche, die damals in einem Pariser Nobelviertel gefunden wurde, tatsächlich um Kreuger handelte. Die Leichtigkeit, mit der Kreuger so lange so viel Geld mobilisieren konnte, fasziniert bis heute. Es brauchte schon ein gehöriges Maß an Wohlwollen vonseiten der Investoren und Rechnungsprüfer gegenüber einem Finanzjongleur, der derart hohe Gewinne präsentierte. Seine Machenschaften flogen erst auf, als die Krise bereits globale Ausmaße angenommen hatte, was Galbraiths Meinung bestätigt, dass die größten und geschicktesten Betrüger erst im letzten Moment entdeckt werden. Untersuchungen haben überdies gezeigt, dass in den 1920er-Jahren nicht nur diese echten Banditen an den Börsen und auf den Immobilienmärkten so agierten, sondern auch viele nicht weniger skrupellose Bankmanager und Finanzjongleure.

Ehe wir zu den Finanzmechanismen der Krise kommen, möchten wir auf einen letzten Punkt hinweisen. Börseneuphorie und Spekulationslust griffen zwar in den 1920er-Jahren weit um sich, aber nicht alle Amerikaner legten ihre Ersparnisse an. Verbürgt ist die Geschichte von Pat Bologna, dem Schuhputzer der Wall Street, der so oft mit den Finanzmächtigen sprach, bis er selbst seine Ersparnisse an der Börse einsetzte (und verlor). Grundsätzlich profitierten von den Finanzmarktspekulationen aber vor allem die Wohlhabenden. Groucho Marx, der seine ganze Familie zum Spekulieren überredete, war eines der bekanntesten Opfer, während Chaplin einen besseren Riecher hatte und 1928 alles verkaufte.

Eine Untersuchungskommission des US-Senats fand heraus, dass Ende der 1920er-Jahre bei einer Gesamtbevölkerung von 120 Millionen US-Amerikanern nur 1,5 Millionen, also rund 1,2 Prozent, direkt an der Börse spekulierten. Von diesen wiederum ließen sich nur 600 000 auf komplizierte Finanzoperationen ein, die anderen kauften und verkauften nur in bar. Der französische Ökonom Isaac Joshua weist darauf hin, dass 1929 5 Prozent der Bevölkerung mehr als 80 Prozent der ausgezahlten Dividenden erhielten. Auch wenn man oft vom Zorn des durch die Krise ruinierten Durchschnittsamerikaners liest, so waren der Börsenkrach 1929 und die Bankenkrisen der 1930er-Jahre doch vor allem eine Krise der Reichen, allerdings mit katastrophalen Folgen für den Rest der Bevölkerung.

Der Preis der Innovationen

Wie die zuvor dargestellten Krisen hatten auch die Finanzturbulenzen der 1920er-Jahren ihren Ursprung in neuen, unbeherrschbaren Finanzinstrumenten. Diese wurden gleichzeitig auf den Aktien- und den Immobilienmärkten eingeführt.

Galbraith verweist auf die Entstehung von Investmentgesellschaften wie Goldman Sachs. Hinter dieser allgemeinen Bezeichnung verbergen sich zahlreiche Firmen, die sich auf den spekulativen Kauf und Verkauf von Unternehmensaktien, Staatsanleihen oder Obligationen spezialisieren. Sie sollten die Ersparnisse der Bevölkerung an die Finanzmärkte locken, damit weiter Aktien gekauft wurden und die Hausse anhielt. Große Investmentbanken wie J.P. Morgan, Spezialisten für solche Aktivitäten, gründeten überall neue Niederlassungen.

Nach Galbraith gab es Ende 1926 etwa 160 dieser Investmentgesellschaften, 1927 kamen 140 dazu, 1928 weitere 186, und 1929 wurden gleich 265 derartige Gesellschaften gegründet.[12] Die Gesamtmenge der von diesen Unternehmen verwalteten Aktiva stieg zwischen 1927 und 1929 um das Elffache. Betrachten wir einen anderen Indikator. Nach der bemerkenswerten, 1938 erschienenen Studie von Professor George W. Edwards über den Aufstieg des Finanzkapitalismus, den er als »Wertpapierkapitalismus« *(security capitalism)* bezeichnet, hatte die Vereinigung der Investmentbanken in den USA 1912 277 Mitglieder, 1920 waren es 688, 1929 schließlich 1902 Mitglieder. Edwards verweist auch darauf, dass zwischen 1927 und 1929 die Geschäftsbanken mit ihren Aktienabteilungen und spezialisierten Filialen zu den Hauptakteuren der US-amerikanischen Finanzmärkte wurden.

Es herrschte ein Klima schärfster Konkurrenz. Jeder wollte von den Provisionen für die Aktienverkäufe an Privatpersonen profitieren und versprach Gewinne, die in den Himmel wachsen sollten. Das verleitete die Finanzinstitute dazu, die Ausgabe von Unternehmensaktien, Staatsanleihen oder Obligationen zu erleichtern, ohne die Rückzahlungsfähigkeit der Emittenten zu überprüfen. Laut Edwards konnten von 1914 bis 1919 10,1 Prozent der Emittenten von Obligationen ihre Schulden nicht bezahlen. 1925/26 waren es bereits 21,6, 1929 sogar 31,1 Prozent.

Die unkontrollierten und destabilisierenden Finanzinnovationen auf dem Immobilienmarkt hat der US-Ökonom Kenneth A. Snowden analysiert. Wie an der Börse nahmen auch hier neue Akteure mit riskanteren Praktiken immer mehr Raum ein. Die Building & Loan Associations, eine Art auf Immobilien spezialisierte Sparkassen, entstanden zwar schon Ende des 19. Jahrhunderts, setzten sich jedoch erst in den 1920er-Jahren bei der Immobilienfinanzierung durch. Sie verlangten für Immobilienkredite weniger Sicherheiten als die Konkurrenz. Von 1919 bis zum Höhepunkt 1927 stieg die Zahl dieser Institute von 8000 auf 13 000, und die Kundenzahl verdreifachte sich auf 12 Millionen.

Es entstanden auch neue Immobilienfinanzprodukte. Unternehmen für Immobilienbürgschaften entwickelten einen Markt für Kreditversicherungen, die gegen eine Prämie für säumige Schuldner einsprangen. 1921 boten zwölf New Yorker Unternehmen diese Dienstleistung an, 1930 waren es fünfzig. Sie gewährten auch Immobilienkredite, die sie anschließend verbrieften und an Investoren weiterverkauften – dieses Verbriefungsverfahren spielte später bei der Subprime-Krise eine tragende Rolle. Ein Teil der verbrieften Immobilienkredite wurde zudem als Aktiva in »Spezialgesellschaften«, einer Art kleine Banken, angelegt, die »Investmentzertifikate« emittierten, um neues Kapital zu gewinnen. Einige Zertifikate wurden für große Einzelimmobiliendarlehen emittiert, andere setzten sich aus unterschiedlichen Darlehen zusammen; diese Methode wurde während der Subprime-Krise als CDO, *Collateralized Debt Obligation,* bekannt. Schon vor achtzig Jahren nutzte man also derartige Techniken, um Risiken zu streuen. Sie hatten damals nicht ganz so gravierende, aber ebenso destabilisierende Auswirkungen auf die Börsenmärkte.

Die Verschuldung explodiert

Vom Ultraliberalen Lionel Robbins bis zum Marxisten Isaac Joshua sind sich alle Autoren einig: Der Zusammenbruch, der 1929 begann, erreichte deshalb so katastrophale Ausmaße, weil die Börsen- und Immobilienspekulation der vorangegangenen Jahren von einer Verschuldungsexplosion begleitet war. Der explosive Mix aus schlecht kontrollierten, riskanten Finanzinnovationen und einer Vervielfachung der Spekulationskredite ließ höchst gefährliche Blasen entstehen, deren Platzen das gesamte Bankensystem und damit die Finanzierung der Realwirtschaft ins Wanken brachte.

Wie Edwards und Joshua zeigen, waren die Banken zweifach an den Spekulationen beteiligt. Zum einen stieg der Anteil der Aktien von Privatunternehmen zwischen 1923 und 1928 von 44 Prozent aller Anlagen auf 52 Prozent, weil die Banken stets nach noch höheren Gewinnen strebten, solange die Hausse an der Börse anhielt. Zum anderen wuchsen die Darlehen für den Kauf von Aktien von 22,5 Prozent der Gesamtanlagen im Jahr 1921 auf 38 Prozent im Oktober 1929. Von 1921 bis 1930 wuchs in den USA das Volumen der Lombardkredite – das sind kurz- bis mittelfristige Darlehen mit Wertpapieren als Sicherheit – um 98 Prozent, mit Spitzen in einzelnen Regionen wie San Francisco (133 Prozent) und Chicago (129 Prozent). Die Investoren profitierten von den Lombardkrediten entweder direkt oder durch ihre Broker, die an der Börse agierten, und mussten für die Aktien nur 20 bis 50 Prozent des Kaufpreises bar bezahlen. Am Ende, hebt Joshua hervor, lag »das Handelsvolumen an der New Yorker Börse 1923 bei 236 Millionen Aktien, 1926 bei 452 Millionen und 1929 bei 1,1 Milliarden. Das Volumen hat sich also zwischen Oktober 1926 und August 1929 mehr als verdoppelt.«[13]

Die spekulativen Kredite erreichten auch den Immobilienmarkt. Nach den von Kenneth Snowden zusammengetragenen Daten wuchs das Volumen der Immobilienkredite zwischen 1921 und 1929 inflationsbereinigt um das Dreifache. Es war das Jahrzehnt des 20. Jahrhunderts mit dem größten Wachstum. Auch Konsumkredite für Gebrauchsgüter, vor allem Autos, erlebten in dieser Periode ein starkes Wachstum, und zwar ohne dass dadurch die US-amerikanische Wirtschaft durch Finanzrisiken in Gefahr geriet. Das zeigt erneut, dass nicht jede Form der Kreditexpansion risikobehaftet sein muss.

So wie die US-amerikanischen Ökonomen Barry Eichengreen und Kris Michener die Krise interpretieren, war gerade der Mix aus Finanzinnovationen und »einem Kreditboom mit schlechtem Ende« Ausgangspunkt für die Turbulenzen der 1920er-Jahre, was Kenneth Snowden auch für den Immobilienmarkt bestätigt. Das erkannte auch der französische Schriftsteller und Botschafter Paul Claudel, der im Januar 1929 schrieb: »Die aktuelle Situation weist einige besorgniserregende Symptome auf: einerseits den Missbrauch von Krediten (für die Spekulation) [...], andererseits die beständige Neigung der Öffentlichkeit zur Spekulation.«[14]

Eine Krise des globalisierten Finanzsystems

Der 24. Oktober 1929, der sogenannte Schwarze Donnerstag, läutete das Ende der Finanzeuphorie der 1920er-Jahre ein. Winston Churchill, der gerade in den USA zu Besuch war und das Verschwinden seiner Ersparnisse live miterlebte, war fassungslos. Innerhalb weniger Tage – von Donnerstag bis zum nachfolgenden Dienstag – brach die New Yorker Börse zusammen. Anders als häufig angenommen, blieben die US-amerikanischen Finanzbehörden keineswegs untätig. Isaac Joshua verweist auf die sofortige Intervention der Fed, die zum 1. November 1929 eine erste Zinssenkung veranlasste; bis Juni 1930 folgten weitere Schritte. Insgesamt sanken die Zinsen von 6 auf 2,5 Prozent. Gleichzeitig verschaffte die Fed dem Markt frisches Geld, indem sie den Rhythmus ihrer Ankäufe von Staatsobligationen beschleunigte. Michael D. Bordo und David C. Wheelock zeigen jedoch anhand von Beispielen, wie sehr die dezentrale Struktur der Fed zur schlechten Bewältigung der Krise betrug.

Die Fed konnte auch nicht verhindern, dass die Banken Ende 1930 in große Schwierigkeiten gerieten. Es kam zu einer ersten Pleitewelle. Die Ausweitung der Krise war eine Folge der Finanzglobalisierung, die bereits damals das internationale Finanzsystem prägte. Zunächst griffen die Turbulenzen auf Österreich über.

Das österreichische Bankensystem war zu jener Zeit um die Creditanstalt herum organisiert, die so viel Gewicht hatte, dass sie das Finanzsystem des ganzen Landes in Mitleidenschaft zog, wenn sie in Schwierigkeiten geriet. Anfang 1931 hielt sie die Hälfte der Einlagen der großen Wiener Banken und durch Beteiligungen ungefähr 60 Prozent des Kapitals der heimischen Industrie. Am 11. Mai 1931 veröffentlichte sie ihre Geschäftsergebnisse für 1930, aus denen hervorging, dass die Verluste fast das gesamte Kapital aufgefressen hatten. Daraufhin stürmten die Anleger im ganzen Land die Banken. Die Panik steckte Deutschland an: Am 13. Juli stellte die zweitgrößte Bank, die Darmstädter und Nationalbank (Danat Bank), ihre Arbeit ein, tags darauf mussten alle anderen Banken schließen.

Wie die von Joshua zusammengetragenen Fakten zeigen, war das deutsche Bankensystem zu jener Zeit stark vom Ausland abhängig. Deutschland hatte den Weg zurück auf die internationalen Finanzmärkte erst ab 1924 gefunden, nachdem es mit den Alliierten eine Erleichterung der Reparationszahlungen für den Ersten Weltkrieg ausgehandelt hatte (Dawes-Plan). Davon profitierten nun die deutschen Unternehmen: 1930 kamen 70 Prozent ihrer Anleihen auf den Finanzmärkten aus dem Ausland. 1929 waren 44 Prozent der Einlagen der großen Banken in Berlin ausländisches Geld; 1926 waren es erst 25 Prozent. Es waren kurzfristige Anleihen über ein bis drei Monate und meistens in Devisen, denn die Erinnerung an die deutsche Hyperinflation Anfang der 1920er-Jahre war noch sehr frisch. Die ersten Monate nach dem Krach

1929 waren für Deutschland günstig, weil die Investoren nach Alternativen zu den USA suchten. Als die Krise andauerte, holten sie jedoch ihre Anlagen zurück, um Verluste auszugleichen oder im allgemeinen Baisse-Klima weitere Verluste zu vermeiden. Wie die Schwellenländer der 1990er-Jahre, erlebte Deutschland nun eine Kapitalflucht der ausländischen Investoren.

Was man bei den US-Ökonomen und Historikern Michael D. Bordo und Harold James über die damalige Reaktion des österreichischen und des deutschen Staates auf die Bankenkrisen erfährt, kommt allen, die den Absturz von Lehman Brothers miterlebt haben, nur allzu vertraut vor. In Deutschland rekapitalisierte die Regierung die Danat Bank (die danach mit der Dresdner Bank fusionieren musste) sowie das übrige Bankensystem mit einem Betrag in Höhe von 9 bis 10 Prozent des Bruttoinlandsprodukts. In der Bevölkerung gab es heftige Proteste gegen die Bankenrettung, zumal ein Teil des Geldes in dunkle Kanäle floss – ein gefundenes Fressen für die NSDAP. Die deutsche Regierung übernahm die Garantie für Kredite auf dem Interbankenmarkt, damit die Banken einander wieder Geld liehen. Sie rekapitalisierte also die Banken mit Staatsgeldern und gründete sogar eine *Bad Bank*, die die faulen Forderungen aus dem System nehmen sollte. Schließlich griffen die Probleme auch auf die englischen Banken über, die, wie Lionel Robbins feststellt, ihre Guthaben weniger schnell aus Deutschland abgezogen hatten als ihre französischen und US-amerikanischen Kollegen.

Zur Bankenkrise gesellte sich bald schon eine Devisenkrise: Der Absturz des österreichischen Schilling zog den der deutschen Reichsmark nach sich, der wiederum den Absturz des Pfund Sterling verursachte, sodass in Großbritannien am 21. September 1931 die Goldkonvertibilität aufgehoben werden musste. Der Zusammenbruch dieser Leitwährung im internationalen Währungssystem löste zusätzliche Panik aus. Zahlreiche Staaten, darunter Frankreich und die USA, versuchten dem entgegenzuwirken, indem sie ihre Währungen gegenüber dem Gold vorerst nicht abwerteten. Diese Maßnahme diente der Durchsetzung einer restriktiven Wirtschaftspolitik, mit der der Bedarf an ausländischem Kapital eingeschränkt werden sollte, auch wenn dadurch das Wachstum einbrach. Im April 1933 lösten sich die USA vom Goldstandard; 1936 folgte Frankreich. Die Länder, die den Goldstandard aufgaben, gerieten nun in einen Abwertungsstrudel, denn der kurzzeitige Marktvorteil ging verloren, sobald auch andere Währungen abgewertet wurden. Letztendlich, fasst Isaac Joshua zusammen, gab es damals »für die Weltwirtschaft zwei Todesarten, und keine von beiden ist besonders angenehm: am Goldstandard festhalten und den Preis dafür in Form abnehmender Wirtschaftstätigkeit bezahlen oder beim Abwertungswettrennen mitmachen und den schwarzen Peter seinem Nachbarn zuschieben, [...] in einer endlosen Abwärtsspirale, die die ganze Welt an den Rand des Abgrunds zieht«.[15]

Wie ein Bumerang kamen die Probleme Europas schließlich wieder in die USA zurück und lösten dort ab März 1931 eine zweite Welle von Bankenkrisen aus. Eine dritte Welle Ende 1932, Anfang 1933 veranlasste den neu gewählten US-Präsidenten Franklin D. Roosevelt schließlich, am 9. März die Schließung aller Banken anzuordnen; damit bestätigte er offiziell einen Zustand, der de facto bereits seit mehreren Wochen herrschte. Auf die Bankenkrisen folgte schließlich die Große Depression, die die USA erst mit dem Zweiten Weltkrieg überwanden. Die neue demokratische US-Regierung zeigte sich der historischen Krise jedoch gewachsen. Sie gestaltete das US-amerikanische Finanzsystem radikal um und erreichte damit mehr Stabilität.

Wir wollen jetzt erklären, wie Roosevelt mit viel politischem

Geschick das günstige Umfeld nutzte und Kompromisse in Gesetzesform goss, die an die Stelle ideologischer Grabenkämpfe – hier die Verfechter der Selbstregulierungskräfte des Marktes, dort die Befürworter eines regulierten Kapitalismus – traten.

Die Pecora-Kommission

Angesichts des Zusammenbruchs des US-amerikanischen Finanzmarkts und der Wirtschaft hatte Roosevelts Vorgänger Hoover, obwohl er der Geschäftswelt sehr nahe stand, nach einem Sündenbock für die Schwierigkeiten des Landes gesucht. Anfang 1932 stellte Hoover deshalb das *short selling* (Leerverkäufe) an den Pranger, das wir bereits aus den letzten Kapiteln kennen: Es besteht darin, Geld zu leihen, um Wertpapiere wie etwa Aktien zu kaufen, diese sofort zu verkaufen und sie dann zurückzukaufen, wenn der Preis – so die Hoffnung – gefallen ist, und die Differenz einzustecken. Mit dieser Methode können Spekulanten einen Moment der Unsicherheit oder den Beginn einer Baisse in einen richtiggehenden Absturz derjenigen Titel verwandeln, die sie verkaufen. Nach dem Untergang von Lehman Brothers 2008 und beim Angriff auf die Staatsanleihen der griechischen Regierung 2010 haben die Politiker das *short selling* zwar heftig attackiert, aber ebenso wenig reguliert wie in den 1930er-Jahren.

Im Februar 1932 bat Präsident Hoover einen Vertrauten im US-Senat, Frederic Walcott, eine Untersuchungskommission zu diesen Praktiken zu gründen. Er ahnte nicht, dass er damit eine Zeitbombe gegen den Finanzmarkt scharf machte, die ein Jahr später explodierte. Diese Geschichte erzählt der US-amerikanische Rechtsprofessor Michael Perino sehr anschaulich.

Anfänglich erinnerte das Projekt eher an einen feucht gewordenen Silvesterknaller. Walcott, ein ultrakonservativer ehemaliger

Geschäftsbankier, ließ sich Zeit mit der Untersuchung, und Richard Whitney, Präsident der New Yorker Börse, leugnete hartnäckig, dass Spekulationsgeschäfte irgendeinen Einfluss auf die Krise hätten. Im März 1932 übernahm der republikanische Senator Peter Norbeck den Vorsitz der Kommission, aus der er ein politisches Werkzeug machen wollte, um die Macht des Finanzsektors kritisch unter die Lupe zu nehmen. Damit wollte er zwar nach einem Jahr fertig sein, bis Januar 1933 hatte er aber noch nichts zustande gebracht: Norbeck kannte sich mit der Materie nicht aus und hatte immer wieder Pech mit den Juristen, die er mit der Untersuchung beauftragte. Schließlich wurde ihm ein 51-jähriger Anwalt empfohlen, der in der Privatwirtschaft bei Geschäftsstreitfällen schlichtete: Ferdinand Pecora.

Pecora war sizilianischer Abstammung und musste bereits mit zehn Jahren neben der Schule arbeiten, um seine Familie zu unterstützen. Später wurde er Mitglied der Demokratischen Partei, und beinahe wäre er zum Staatsanwalt gewählt worden, hätte er nicht wegen eines innerparteilichen Machtkampfs jemand anderem den Vortritt lassen müssen. Als Peter Norbeck ihn am 22. Januar 1932 fragte, sagte er auf der Stelle zu.

Laut Michael Perino hatte Pecora sofort ein politisches Programm vor Augen: Wenn er nachweisen konnte, dass Spekulation und zweifelhaftes Geschäftsgebaren in der Finanzwirtschaft weit verbreitet und keineswegs nur Verfehlungen einiger weniger waren, würde er den Weg für eine ernsthafte Regulierungspolitik bahnen. Er hatte allerdings wenig Zeit, und so wählte er eine Person im Finanzsektor aus, gegen die er stellvertretend für die anderen Betrüger vorgehen wollte: Charles Mitchell, den Präsidenten der City Bank.

Mitchell war das ideale Feindbild, die Verkörperung des arroganten Bankiers. Der Chef der größten Bank des Landes stellte seinen Reichtum gern zur Schau; politisch engagierte er sich als Ultrakonservativer und saß abends bei Coolidge und Hoover am Tisch, um ihnen die Vorzüge der Selbstregulierung der Märkte und die Schädlichkeit staatlicher Eingriffe in die Wirtschaft zu predigen. Als Pecora ihn vorlud, wollte er gerade nach Europa aufbrechen, da Mussolini seinen Rat in Sachen Wechselkurse verlangte. Pecora hatte nicht nur wenig Zeit, sondern auch ein kleines Budget, um die Bank und ihre Investmentfiliale unter die Lupe zu nehmen. Mehrere Tage und Nächte arbeitete er sich durch die Verwaltungsratsberichte der letzten fünf Jahre und bat auch die Steuerbehörden um Informationen über Mitchell. Mit diesem mageren Wissen trat er dem damals mächtigsten Bankdirektor der USA entgegen, der sich mit einem Heer von Beratern umgab.

Der Kampf wurde am 21. Februar 1933 in Zimmer 301 des US-Senats eröffnet. Pecora begann vorsichtig mit einigen grundlegenden Fragen über die Organisation der Bank, und Mitchell, der den linkischen kleinen Beamten zutiefst verachtete, antwortete maßlos überheblich. Damit tappte er in eine Falle, denn Pecora wollte genau so einen harmlosen Eindruck hinterlassen. Nun konnte er die beiden Angriffe starten, die er vorbereitet hatte.

Als Erstes thematisierte er das von Mitchell eingeführte Bonus-System. Von diesem profitierten die Verantwortlichen in den Banken, die mit sehr hohen Risiken sehr schnelles Geld machten: Zweimal im Jahr steckten sie Boni für ihre Gewinne ein, noch bevor die Aktionäre bedient wurden.

Der zweite Angriff galt dem Bankdirektor persönlich. Mitchell rühmte sich, nach dem Börsenkrach im Oktober 1929 mit eigenem Geld Aktien seines Unternehmens gekauft zu haben, um den Kurs zu stützen und die »Aktionäre zu schützen«. Als Pecora ihn fragte, ob er auch Aktien verkauft habe, geriet Mitchell ins Schleudern und musste schließlich zugeben, dass er tatsächlich einige »persönliche Transaktionen« vorgenommen habe. Als Pecora um etwas mehr Details bat, stellte sich heraus, dass Mitchell Ende 1929 18 300 Aktien an seine Frau verkauft hatte. Anfang 1930 kaufte er sie dann zum gleichen Preis zurück. Dank dieser kleinen List war Mitchell, der 1929 1,1 Millionen Dollar an Gehalt und Boni kassiert hatte (das wären heute rund 14 Millionen Dollar), nicht steuerpflichtig.

Bereits am Ende des ersten Tags war das Vertrauen in die City Bank und ihren Präsidenten ernsthaft erschüttert. Niemand konnte ihm mehr helfen, fasst Michael Perino zusammen, »weder die Aktionäre, die über die von den Bankmanagern angehäuften Beträge im Dunkeln gelassen wurden, noch die Kunden, die der Institution vertrauten und sich darauf verließen, zuverlässige Finanzratschläge zu erhalten, und erst recht nicht die Regierung, der man mit ein paar Buchhaltertricks mühelos die Steuern vorenthalten hatte«.[16] Die folgenden Tage vervollständigten das Bild. Pecora erklärte, wie die Händler die Sparer drängten, Aktien der Banken zu kaufen, die als risikolose Investitionen ausgegeben wurden; wie man ihnen, wenn sie Aktionäre geworden waren, weitere Risikoprodukte verkaufte; wie das Unternehmen die Börsennotierung aufgab, um den Hausse-Kurs besser manipulieren zu können (und das vor allem im eigenen Interesse, denn Mitchell schuldete J. P. Morgan Geld und musste unbedingt zeigen, dass er über ein ausreichendes Vermögen verfügte); und wie Investorenpools organisiert wurden, um die Aktienkurse hochzutreiben …

Die Auseinandersetzung zwischen Pecora und Mitchell beherrschten die Titelseiten der Zeitungen. Während eine Bank nach der anderen in die Krise geriet, scheute Pecora sich nicht, die größte von allen an den Pranger zu stellen. Seine Anschuldigungen blieben nicht ohne Folgen. Am 26. Februar 1933 trat Mitchell zurück, drei Wochen später wurde er wegen Steuerbetrugs verhaftet. Der anschließende Prozess dauerte sechs Wochen, Mitchell ließ sich von einem der berühmtesten Anwälte jener Zeit verteidigen, der von einer Hetzjagd gegen seinen Klienten und von »Massenpsychose« sprach. Mitchell wurde freigesprochen. Danach strengte die Regierung einen Zivilprozess gegen ihn an, und der Oberste Gerichtshof verurteilte ihn 1938 zur Zahlung von 1,1 Millionen Dollar. Mit J. P. Morgan einigte sich Mitchell außergerichtlich und übertrug ihm mehrere Immobilien, dann gründete er seine eigene Investmentbank und starb 1955 als reicher Mann.

Die Pecora-Kommission hatte damals nicht nur rechtliche Folgen, sondern trug auch politische Früchte. Dem Juristen war es gelungen, die Schandtaten der Wall Street und die dringende Notwendigkeit einer Regulierung aufzuzeigen. Roosevelt war begeistert. Er beauftragte Pecora, seine Untersuchungen fortzusetzen, um den Druck auf die Finanzhaie aufrechtzuerhalten, die ihn am Weitermachen hindern wollten. Als Pecora im Frühsommer 1933 J. P. Morgan vorlud, feierte er weitere Erfolge, die allerdings nicht an Mitchells Sturz heranreichten.

Ferdinand Pecora hätte später gern die Leitung der Securities and Exchange Commission (SEC) übernommen, die der US-Präsident 1934 zur Börsenregulierung gründete. Man zog ihm jedoch Joseph P. Kennedy vor, den Vater des späteren US-Präsidenten, dessen Vermögen zum Teil aus den von Pecora angeprangerten Finanzmanipulationen stammte. Pecora wurde zwar Mitglied der SEC, trat jedoch nach sechs Monaten zurück, um Richter am Obersten Gerichtshof von New York zu werden. 1950 bewarb er sich vergeblich um das Bürgermeisteramt in New York, kehrte darauf in sein Anwaltsleben zurück und starb 1971. Die mehr als 12 000 Seiten umfassenden Untersuchungsprotokolle samt Abschlussbericht der Pecora-Kommission sind bis heute ein sehr lehrreiches und fesselndes Zeugnis der Turbulenzen in der US-amerikanischen Finanzwelt der 1920er-Jahre.[17]

Der Ruf nach Regulierung

Als Roosevelt im März 1933 Präsident wurde, bestärkten die wiederholten Bankenkrisen die Auffassung, dass der Finanzsektor instabil sei und die Wirtschaft und die Gesellschaft gefährde. Die Pecora-Kommission hatte das Verhalten der Bankmanager ans Licht gebracht, einer »organisierten Minderheit«, deren Ziel darin bestehe – so heißt es in dem Kommissions-Abschlussbericht im Juni 1934 –, sich den Reichtum der Nation anzueignen, und deren Praktiken »dunkle Gedanken über das ethische Niveau der Bankerbrüderschaft« auslösten. Der Bericht kritisierte auch die Haltung der Börsen, die jegliche Regulierung mit dem Argument ablehnten, dass ihre Akteure durchaus zu Selbstdisziplin imstande seien:

> »Während der Spekulationsorgien der Jahre 1928 und 1929 haben die Börsenverantwortlichen keinerlei Anstrengung unternommen, die Aktivitäten auf ihren Märkten zu bremsen. Im Gegenteil, sie fühlten sich nicht dafür verantwortlich, sich einer übermäßigen Spekulation entgegenzustellen und die Öffentlichkeit zu warnen, wenn der Wert der Aktien über Gebühr gestiegen war.«[18]

Der Ruf nach einer Regulierung der Banken und Märkte wurde in der Öffentlichkeit, der Presse und unter den Parlamentariern immer lauter.

Aber Roosevelt musste sich zunächst einmal um die akuten Probleme kümmern. Am Donnerstag, dem 2. März 1933, zwei Tage vor seinem Amtsantritt, hatten schon 21 US-Bundesstaaten ihre Banken geschlossen, um eine Pleite abzuwenden. Die anderen Staaten, selbst das größte Finanzzentrum, New York, standen kurz davor. Hätte der noch amtierende Präsident Hoover auf Bundesebene eingreifen dürfen, um der Panik zu begegnen? Es gab damals eine große juristische Debatte, ob er auf Grundlage der Sondervollmachten, die der Präsident 1917 bei Kriegseintritt erhalten hatte und die im Prinzip immer noch in Kraft waren, das Recht dazu hatte. Helen M. Burns, leitende Dokumentalistin der Rechtsbibliothek der Fed von New York, hat 1974 ein spannendes Werk zur Analyse der juristischen und politischen Kämpfe veröffentlicht. Darin erzählt sie, wie Hoover seinen Nachfolger Roosevelt ins Weiße Haus einlud, um über dieses Thema zu sprechen. Roosevelt sagte dort laut Burns, dass auch er sich gefragt habe, ob es möglich sei, auf diese alten Vollmachten zurückzugreifen, dass er Hoovers Entscheidung aber nicht beeinflussen wollte: »Mister President, ich werde in meinem Hotel abwarten, wie Sie entscheiden.«[19] Doch die Ereignisse überstürzten sich. Am 4. März, Roosevelts Amtsantritt, waren alle Banken sämtlicher Bundesstaaten geschlossen und der US-amerikanische Finanzsektor gelähmt.

Die neue Regierung handelte schnell. Schon am 5. März wurden (nun auch offiziell) alle Banken des Landes für drei Tage geschlossen. Da die Direktoren aber keine Vorschläge zur Problemlösung vorlegten, wurde die Schließung bis zum 13. März verlängert. Danach öffneten die Institute in den Großstädten nacheinander wieder ihre Türen. Die größte politische und wirtschaftliche Macht der Welt hatte über eine Woche ohne Banken existiert! Das in dieser Woche, am 9. März, beschlossene Emergency-Banking-Gesetz übertrug der Regierung das Recht, die Banken zu kontrollieren und über Schließung und Wiederöffnung zu entscheiden. Das Gesetz wurde innerhalb von nur zwei Stunden diskutiert, von Senat und Repräsentantenhaus gebilligt und vom Präsidenten unterschrieben.

Nach diesem ersten Schritt wandte sich Roosevelt dem tiefer liegenden Problem zu: der Veränderung der Spielregeln für die Finanzwirtschaft. Diese Phase wird heute von denen, die nach einer starken staatlichen Kontrolle des Finanzsektors rufen, oft als Beginn des Goldenen Zeitalters gewertet. Tatsächlich war es ein heftiger Kampf durch alle Instanzen. Um sein Ziel zu erreichen, zeigte Präsident Roosevelt beachtliches politisches Geschick, auch gegenüber seinen eigenen Leuten. Er wollte die Finanzmacht nicht in die Knie zwingen, sondern Kompromisse finden, die eine größere Stabilität bewirkten, ohne die Rentabilität der Banken zu gefährden. Sein wichtigstes Ziel war, einen guten Modus für die Finanzierung des US-amerikanischen Wachstums zu finden. Es war also eher ein Reform- als ein Revolutionsprogramm. Dennoch veränderte es die Ausgangslage radikal, weil es die Idee der Selbstregulierungsfähigkeit des Finanzsektors infrage stellte und seine praktische Wirksamkeit dadurch bewies, dass es danach mehrere Jahrzehnte hindurch für Stabilität sorgte.

Vier Jahre politischer Kampf

Zwischen 1913, als das Federal Reserve Board, die Zentralbank Fed, gegründet wurde, und 1933 hatten die USA ihr Regulierungsinstrumentarium im Finanzbereich praktisch nicht weiterentwickelt – abgesehen vom McFadden-Gesetz von 1927. Es verbot den Banken, sich in mehreren Staaten gleichzeitig niederzulassen (was zu einer Vervielfachung der kleinen Lokalbanken führte, die die 1930er-Jahre meist nicht überlebten), und es gestattete den nationalen Geschäftsbanken, Investmentbanken als Filialen zu eröffnen (was sie vorher schon in einer juristischen Grauzone getan hatten).

Angesichts des Zusammenbruchs der Börse hatte Präsident Hoover im Dezember 1929 erklärt, es sei »wünschenswert, dass der Kongress über eine Revision eines Teils der Bankengesetze nachdenke«. Im Frühjahr 1930 debattierte man darüber im Kongress und im Senat, aber bis Ende 1931 beschränkte man sich auf einige Krisen-Notmaßnahmen, ohne in Sachen Regulierung weiterzukommen. Und so konnte Hoover im Dezember 1931 erneut verkünden: »Ich empfehle eine rasche Verbesserung der Bankengesetze«, ohne seinen Worten politische Taten folgen zu lassen.

Im Januar 1932 legte der Demokrat Carter Glass, der 1913 mit Präsident Wilson die Zentralbank gegründet hatte, dem Senat einen Gesetzentwurf auf den Tisch, der drei Ziele verfolgte: Erstens sollte die Zentralbank Druck auf die Banken ausüben können, damit diese die spekulativen Kredite und die Höhe der Kredite begrenzten, die die regionalen Feds den Banken gegen Wertpapiere als Sicherheit gewähren konnten. Zweitens sollte das Gesetz den Banken erlauben, sich in jedem Bundesstaat niederzulassen, und drittens die Geschäftsbanken zwingen, sich von ihren Investmentfilialen zu trennen. Im April legte der demokratische Abgeordnete Henry Steagall dann noch einen Gesetzentwurf vor, der die Einlagen der Bankkunden schützen sollte.

Gegen diese Vorschläge liefen die Privatbanken sofort Sturm. Helen Burns beschreibt detailliert, wie sie die Krise leugneten, die sich real vor ihren Augen abspielte, und versicherten, sie seien durchaus in der Lage, sich selbst zu regulieren, man dürfe die Spekulation nicht per Gesetz abschaffen, eine Zentralbank könne nicht über die Höhe des lokalen Finanzierungsbedarfs entscheiden, die Geschäftsbanken müssten ihre Investementfilialen behalten, um eine gute Unternehmensfinanzierung sichern zu können, und so weiter. Selbst die Idee einer Einlagensicherung löste heftige Kritik aus: Damit würde man der Öffentlichkeit das Gefühl geben, die Banken könnten ihre Kunden nicht auszahlen, was die Panik nur verschärfe. Am Ende müssten die Großbanken, die sich stärker an der Finanzierung des Fonds beteiligen würden, für die kleineren, schlechter geführten Banken die Zeche zahlen. Bei den Anhörungen im Senat und im Repräsentantenhaus ging es hoch her, ebenso in der Presse, wobei die Privatbanken immer auf dieselben drei Argumente zurückgriffen: Selbstregulierung funktioniert;

jede Zentralisierung der Regulierungsmacht ist schädlich; man darf nicht während der Krise die Spielregeln verändern.

Es gab noch zwei weitere Widerstandsherde. Der populistische Senator Huey Long blockierte die Beratung von Glass' Entwürfen Anfang 1933 mit einem Filibuster – das ist die berüchtigte Geheimwaffe der US-Politik, die es einem Abgeordneten erlaubt, unendlich lange Reden zu halten, um eine Abstimmung zu verzögern oder zu verhindern. Eine filmische Illustration dieser parlamentarischen Verschleppungstaktik findet sich in Frank Capras berühmtem Film *Mr. Smith geht nach Washington,* in dem ein vom jungen James Stewart gespielter Senator sein Filibuster bis zur völligen Erschöpfung treibt. Gegenwind kam auch von den regionalen Feds, die sich, angeführt von der New Yorker Fed, gegen eine Zentralisierung der Macht in den Händen der Zentralbank wehrten.

Erst mit Roosevelts Machtantritt kam der entscheidende politische Impuls, der schließlich 1933, 1934 und 1935 mit der Verabschiedung neuer Gesetze zum Erfolg führte.

Der steinige Weg zum Bankengesetz

Nachdem Präsident Roosevelt erste Notmaßnahmen zur unmittelbaren Rettung des Bankensystems ergriffen hatte, machte er sich Mitte März 1933 an die Regulierung. Dank der Pecora-Kommission lag das erste Gesetz, der *Securities Act,* schon im Mai vor. Der Präsident der New Yorker Börse, Charles Whitney, versuchte zum Aufstand zu blasen, allerdings ohne Erfolg. Zwar berief er sich auf die Selbstregulierungsfähigkeit der Märkte, aber vielleicht hatte er auch persönliche Motive: 1938 fand die Justiz heraus, dass er Geld unterschlagen hatte, um seine wachsenden Verluste an der Börse zu kompensieren. Er wanderte im April 1938 ins Gefängnis Sing Sing und wurde 1941 wegen guter Führung entlassen.

Das Gesetz von 1933 beschränkt sich darauf, die Registrierung der Finanzprodukte anzuordnen und bessere Informationen für die Kunden zu verlangen, damit die Banken ihnen nicht mehr wie in den 1920er-Jahren alles Mögliche aufschwatzen konnten, nur um Provisionen zu kassieren. Pecoras Abschlussbericht enthält unzählige Beispiele dafür, wie die Banken gegen ihre Kunden spielten – vor allem mit Schuldtiteln, die in lateinamerikanischen Ländern wie Brasilien, Chile, Kuba und Peru ausgegeben wurden. Erst im Juni 1934 schuf man mit einem weiteren Securities-Exchange-Gesetz eine Kontrollinstitution für die Märkte, die SEC. Sie hatte die Aufgabe, Kursmanipulationen zu verhindern, Mindestregeln für die Bilanzberichte der börsennotierten Unternehmen festzulegen, die Gewinnmargen und die Verwendung von Krediten bei Finanztransaktionen zu kontrollieren.

Am 10. Mai 1933 legte Senator Glass einen neuen Gesetzentwurf zur Finanzmarktregulierung vor, kurze Zeit später brachte der Abgeordnete Steagall ihn im Repräsentantenhaus ein, und bereits am 16. Juni konnte Roosevelt sein Bankengesetz unterschreiben, das im Wesentlichen drei Punkte enthielt:

Zunächst die Trennung von Geschäfts- und Investmentbanken: Geschäftsbanken durften keine von privaten Emittenten ausgegebenen Titel mehr zeichnen, um sie weiterzuverkaufen, und bekamen ein Jahr Zeit, um sich entweder von ihrem Investmentbereich zu trennen oder reine Investmentbanken zu werden. Der neue Präsident der City Bank hatte bereits im März 1933 angekündigt, dass sich die Bank von ihrem Investmentbereich trennen werde, jetzt folgte auch die Chase National Bank.

Als Zweites wurde ein Mechanismus zur Einlagensicherung festgelegt, um die Anleger bei einer Bankenpleite zu schützen. Er sah einen im Verhältnis zur Höhe der Einlagen degressiven Einlegerschutz vor und stand unter der Verantwortung der Federal

Deposit Insurance Corporation (FDIC). Außerdem sollten die Banken in einen Fonds einzahlen, der im Fall einer Krise die Folgekosten deckte.

Und schließlich wurden die Befugnisse der Zentralbank im Verhältnis zu den regionalen Federal Reserve Banks erweitert, um eine bessere Koordinierung der Liquiditätsbeschaffung für das Finanzsystem durch die Zentralbank zu ermöglichen.

Wie bei den Märkten musste sich die Roosevelt-Regierung auch mit der Regulierung des Bankensystems zweimal befassen. Der Präsident setzte das Thema im Herbst 1934 erneut auf die Tagesordnung, was zu einem weiteren Gesetzentwurf im Februar 1935 führte. Dieser enthielt drei Punkte, von denen der erste und der dritte die Bankiers zufriedenstellen sollten, damit sie den zweiten akzeptierten. Der erste Teil weichte die Forderungen des FDIC auf. Der dritte Teil verlängerte die Gnadenfrist für die Bankmanager, die das Gesetz von 1933 verpflichtet hatte, persönliche Kredite, die sie von ihrem Unternehmen erhalten hatten, bis zum 1. Juli 1935 zurückzuzahlen oder zurückzutreten. Viele hatten diese Bedingung noch nicht erfüllt. Das Entscheidende aber stand im Mittelteil des Gesetzentwurfs: Darin sollten die Kompetenzen der Zentralbank erweitert werden, indem man ihr die vollständige Kontrolle über die Liquiditätszufuhr für Banken und sogar für Nichtbanken übertrug. Der entsprechende Paragraf 13.3. wurde nach der Subprime-Krise berühmt, weil die Zentralbank ihn nutzte, um den in Schwierigkeiten geratenen Investmentbanken zu helfen. Außerdem sollte das Gesetz der Zentralbank erlauben, die *Governors,* Gouverneure, zu bestätigen oder abzulehnen, die die Mitglieder der regionalen Fed-Banken ins Federal Reserve Board entsandten.

Die Zentralisierung der Macht, mit der die Zentralbank ihrem Namen endlich gerecht werden sollte, ließ die Banken aufheulen. Die Finanzpresse wurde aktiv. *Business Week* schrieb zum Beispiel, dass »die Regierung dabei ist, durch ein einfaches Verfahren, das darin besteht, die gesamte Kontrolle über unser Banken- und Kreditsystem zu übernehmen, in diesem Land eine Wirtschaftsdiktatur zu errichten«. Winthrop Aldrich, Direktor der Chase Bank, bezeichnete das Gesetz als »Instrument einer despotischen Autorität«, und James H. Perkins, der Mitchell an der Spitze der City Bank abgelöst hatte, behauptete, es lege »in die Hände eines Rates die Macht, die Geldpolitik des Landes auf willkürliche Art durchzusetzen«.[20] Die Banken scheuten weder Mühe noch Kosten, ihre Kunden und Aktionäre gegen diese Entwicklung in Stellung zu bringen.

Dass die Zentralbank die Geldpolitik bestimmt, indem sie das Zinsniveau und das Volumen der liquiden Mittel, die sie den Banken zu leihen bereit ist, festlegt, erscheint heute so selbstverständlich, dass man sich wundert, mit welcher Vehemenz die Privatbanken der 1930er-Jahre dagegen Sturm liefen. Sie hatten keinen Erfolg. Nach zahllosen Debatten im Senat und im Repräsentantenhaus unterzeichnete Roosevelt am 25. August 1935 ein neues Bankengesetz.[21] Seither wird die Zentralbank der USA von einem Gouverneursrat aus sieben Mitgliedern geleitet, die vom US-Präsidenten ernannt und vom Senat bestätigt werden; der Finanzminister gehört ihm nicht mehr an. Die Geldpolitik wird zentral von einem Federal Open Market Committee bestimmt, das aus den Gouverneuren und fünf Delegierten der zwölf regionalen Feds besteht, die im Wechsel vertreten sind. Diese Struktur besteht noch heute.

Wie Roosevelt Carter Glass ausmanövriert

Zwar waren die ersten Vorschläge zur Finanzmarktregulierung 1932 schon recht weit vorangekommen, aber die Verabschiedung der Gesetze von 1933, 1934 und 1935 war nur durch Roosevelts Präsidentschaft möglich. Es dauerte nach dem Krach von 1929 also sechs Jahre, neue Spielregeln für die US-amerikanische Finanzwirtschaft festzulegen und umzusetzen. Roosevelt kümmerte sich persönlich um die Gesetzentwürfe, gab die notwendigen politischen Impulse und schuf vor allem ein günstiges politisches Klima. Von Helen Burns erfahren wir, dass er Gerüchte über eine mögliche Verstaatlichung des Bankensektors kursieren ließ (die er selbst nicht unterstützte), um den Druck auf den Finanzsektor aufrechtzuerhalten. 1933 erklärte Albert C. Agnew, Jurist bei der Fed von San Francisco: »Entweder sehen die Banker in unserem Land ein, dass sie die Hüter des Geldes sind, das man ihnen anvertraut hat, und verhalten sich entsprechend, oder das Bankwesen wird aufhören, eine private Tätigkeit zu sein und rein hoheitlich gelenkt werden.«

Roosevelt ermutigte auch Pecora, seine Arbeit fortzusetzen. Nach seinem Amtsantritt wurden das Mandat der Kommission ausgeweitet, die Anhörungen fortgesetzt und im Juni 1934 der Abschlussbericht erstellt. Die Presse berichtete regelmäßig von den Debatten und half so mit, das dubiose Verhalten der Bankmanager an die Öffentlichkeit zu bringen. Geschickt gab Roosevelt der Finanzwelt aber immer wieder auch positive Signale, vor allem – wie wir noch sehen werden – mit der Besetzung einiger Schlüsselpositionen. Roosevelt wusste auch mit dem Parteikollegen umzugehen, der ihm bei seinen Vorhaben hätte schaden können: den alten Senator Carter Glass. Zwar trägt ein Gesetz zur Finanzmarktregulierung seinen Namen, aber Glass gehörte zu den konservativen Demokraten, die großen Wert auf eine Dezentralisierung der Macht und die Beschränkung staatlicher Eingriffe legten. Wie Helen Burns schreibt, war er »als Vater des Federal-Reserve-Gesetzes, als Initiator einer korrigierenden Gesetzgebung, die im Kongress diskutiert wurde, als früherer Finanzminister von Woodrow Wilson und führender Kopf der Demokratischen Partei in Bankenfragen [...] der logische Kandidat für das Amt des Finanzministers«. Roosevelt bot ihm den Posten Anfang 1933 auch tatsächlich an. Er wollte Glass damit nicht nur in die künftigen Entscheidungen der Regierung einbinden, sondern durch dessen Nominierung auch einen Platz für einen seiner Gefolgsleute im Senat freimachen. Zudem wollte er die Geschäftswelt beruhigen: Glass hatte sich immer für einen ausgeglichenen Haushalt und für den Kampf gegen Inflation eingesetzt. Damit erzürnt Roosevelt allerdings einen Teil seiner Vertrauten, die dem Anhänger einer deflationistischen Politik mehr als skeptisch gegenüberstanden, zumal dieser Roosevelt bei den Vorwahlen nicht unterstützt hatte.

Glass zögerte, das Amt anzunehmen. Er war 75 und gesundheitlich angeschlagen. Er fühlte sich nicht wohl neben diesem Präsidenten, dessen Politik ihm schwer einschätzbar schien. Im Präsidentschaftswahlkampf hatte Glass seine Demokratische Partei zum Beispiel zu einer Stellungnahme hinsichtlich der Bindung des Dollar an den Goldstandard gedrängt. Glass wollte unbedingt daran festhalten, denn eine Abwertung des Dollar zugunsten der Wettbewerbsfähigkeit wäre für ihn ein Frevel gewesen und stellte obendrein ein Inflationsrisiko dar. Er war sich nicht sicher, ob sich Roosevelt an diese Positionen halten würde. Im Februar lehnte Glass den Posten des Finanzministers ab.

Roosevelt musste nun unbedingt verhindern, dass Glass ihm Schwierigkeiten machte. Er wählte Duncan Fletcher zum Leiter des Bankenkomitees des Senats. Er unterstützte die öffentlichen Anhörungen Pecoras, den Glass nicht schätzte und angeblich aus Eifersucht öffentlich attackierte. Michael Perino vermutet allerdings, dass der Senator eher einige seiner ehemaligen Assistenten schützen wollte, die als Banker bei J. P. Morgan arbeiteten und deren Chef gerade von Pecora vorgeführt wurde.

Der US-Präsident ignorierte Glass, als der ihm erklärte, er habe keine Befugnis, Banken zu schließen. Er teilte ihm auch nicht seine Entscheidung mit, Marriner S. Eccles an die Spitze der Fed zu berufen, und erst recht nicht seinen Plan, die Zentralisierung der Macht innerhalb dieser Institution zu verstärken (wogegen Glass 1913 mit aller Kraft gekämpft hatte). Man kann sogar vermuten, dass Roosevelt Glass anlog, denn Glass erklärte im März 1935, der Präsident habe ihm gesagt, er unterstütze das Vorhaben nicht – wenige Monate später unterzeichnete er aber ein entsprechendes Gesetz. Mit der Abkehr vom Goldstandard im Januar 1934 setzte Roosevelt sich schließlich über die letzten Positionen von Glass hinweg, der den Verzicht auf feste Wechselkurse als »unmoralisch« und »Schande« bezeichnete. Aus Treue zu seiner Partei unterstützte Glass 1936 zwar Roosevelts erneute Kandidatur, kritisierte danach aber die autokratische Zentralisierung der Macht. Er verstand nicht, dass er nach seiner Weigerung, im Februar 1933 in die Regierung einzutreten, von Roosevelt politisch ausgeschaltet worden war.

Roosevelts drei Lektionen

Der US-Präsident spielte eine Schlüsselrolle bei der Schaffung eines neuen grundsätzlichen Konsenses für die politische Regulierung des Finanzsektors – erst in den USA, dann weltweit. Das Buch *New Deal Banking Reforms and Keynesian Welfare State Capitalism* der US-amerikanischen Wissenschaftlerin Ellen D. Russell[22] macht jedoch klar, dass die Suche nach Stabilität nicht Roosevelts einziges Ziel war. Er wollte auch die Rentabilität des Bankensystems sichern. Dazu trugen drei wichtige Entscheidungen bei.

Zunächst die Einlagensicherung: Sie gab den US-Haushalten wieder Vertrauen in den Bankensektor, sodass sie das zwischen 1929 und 1932 abgehobene Geld wieder auf Konten einzahlten. In den folgenden Jahren wuchsen die Bankeinlagen rasch, und die Banken, die gegen diese Maßnahme gekämpft hatten, profitierten von der Zunahme ihrer Geldbestände.

Dann die Kontrolle der Zinssätze: Die berühmte *Regulation Q* des Bankengesetzes von 1933 verbot die Verzinsung von Sichteinlagen, also jederzeit vom Kunden abrufbaren Bankguthaben, und begrenzte die Verzinsung von Termingeldern. Die von den Banken ausgezahlten Zinsen sanken dadurch deutlich. Sie erhielten also nicht nur neues Geld, es wurde für sie auch billiger.

Drittens verschärfte das Bankengesetz von 1935 die Bedingungen für die Gründung eines Geldinstituts. Die Ära der »freien Bank« aus dem 19. Jahrhundert, als ein bisschen Kapital ausreichte, um eine Lokalbank zu gründen, hatte zu einer Schwemme von Kleinbanken geführt; sie waren in den 1920er-Jahren meist die ersten Opfer der Krise. Die Anzahl der Banken in den USA halbierte sich von 30 000 Anfang der 1920er-Jahre auf 15 000 im Jahr 1933; 1940 waren es noch etwa 13 500 Banken (was bis Anfang der 1970er-Jahre so blieb). 1935 konnten die Banken wieder an frühere Gewinne anknüpfen und fanden in den darauffolgenden Jahren zu einem Rentabilitätsniveau (Verhältnis Profit–Kapital) zurück, das mit 7 bis 7,5 Prozent etwas unter den 8 Prozent der zweiten Hälfte der 1920er-Jahre lag – das war durchaus genug für Investoren, aber uninteressant für Spekulanten.

Roosevelt begrenzte also den Wettbewerb unter den Banken und verschaffte ihnen billiges Geld. Er wollte durch zahlreiche Maßnahmen ihre Rentabilität fördern und gleichzeitig den ärgsten Spekulationen einen Riegel vorschieben. Das Ergebnis war überzeugend: fast vierzig Jahre Wachstum und Finanzstabilität. Aus dieser Erfahrung lassen sich drei Lehren ziehen.

Die erste lautet, dass die Finanzmarktregulierung ein politischer, kein technischer Akt ist. Der US-Präsident hatte sich zum

Ziel gesetzt, die Finanzspekulation zu beenden. Um das zu erreichen, kam er dem gesellschaftlichen Bedürfnis nach einer politischen Regulierung des Finanzsektors nach, spielte die Opposition und die Finanzwelt aus und suchte dabei immer nach Kompromisslösungen.

Die zweite Lehre ist, dass man zu solchen Lösungen meist nicht in einem Schritt gelangt. Angesichts einer starken Opposition und zahlreicher anderer offener Baustellen zur Wiederbelebung der US-Wirtschaft benötigte Roosevelt für sein Regulierungswerk drei Anläufe und mehrere Jahre.

Abb. 2: **Roosevelts Inkompatibilitätsdreieck**

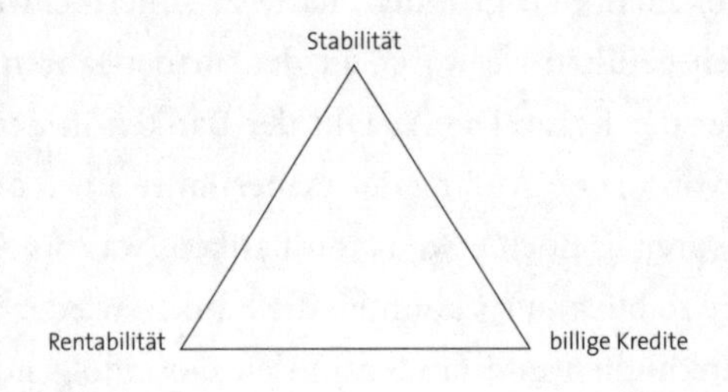

Die dritte Lehre ist, dass die Eckpunkte einer Finanzmarktregulierung nach einer Krise – Rentabilität der Geldinstitute, Finanzstabilität und Gewährleistung billiger Kredite für die Wirtschaft – wie in einem Dreieck angeordnet sind und dass man nicht alle drei gleichzeitig und in gleichem Maß gewährleisten kann. Beispielsweise kann man rentable Banken haben, die dank einer starken Konkurrenz billige Kredite anbieten; das bedeutet aber meist, dass sie große Risiken eingehen, die in eine Krise führen können. Oder man kann verstaatlichte Banken haben, die unbegrenzt billige Kredite gewähren und stabil bleiben, aber nicht rentabel sind, weshalb der Staat ständig seiner Pflicht als Aktionär nachkommen und sie mit frischem Geld versorgen muss. Oder man kann stabile und rentable Banken haben, indem man die Konkurrenz reduziert; dann werden die Kredite teurer, sozusagen als Preis der Stabilität, aber das Wachstum wird auch mit weniger Schulden belastet. Roosevelt ist dieser subtile Mix gelungen. Mit weniger Wettbewerb zwischen den Banken, durch die relative Geschlossenheit des Marktes für Neuankömmlinge, mit kontrollierten und begrenzten Kosten profitierten die USA von einem Finanzsystem im Dienste des Wachstums.

Es lässt sich aber noch eine letzte, vierte, Lehre daraus ziehen, die allerdings nicht auf Roosevelt zurückgeht: Ein solches Modell kann nur funktionieren, wenn alle drei Seiten funktionstüchtig sind, wenn Regulatoren regulieren und die Banken im Rahmen einer begrenzten Konkurrenz eine begrenzte Rentabilität akzeptieren. Wenn das alles – wie seit den 1970er-Jahren – zunehmend infrage gestellt wird, ist man erneut auf dem Weg in die Krise. Die Opfer der Subprime-Krise und ihrer Folgen können ein Lied davon singen.

5. Kapitel

Was ist eine Finanzkrise?

»Jahrelang hat man uns Märchen über Finanzinnovationen und die Dynamik eines Bankensektors erzählt, der angeblich der Gesamtwirtschaft dient.«
Adair Turner, in: *La Tribune*, 8. Februar 2010

»Ist es eine unvermeidbare Notwendigkeit, dass Kredite wachsen, abfaulen und unter grauenvollen Krämpfen verenden?«
John Mills, »On Credit Cycles and the Origin of Commercial Panics«, 1868

»Die Auslöser der großen Krise – die Zunahme der sozialen Ungleichheit und die Schwächung der Finanzmarktregulierung – haben gemeinsame Ursachen.«
Paul Krugman, in: *Alternatives économiques*, 2010

Wenn man die Finanzinstabilität wirksam bekämpfen will, muss man deren innere Triebkräfte erkennen. Die vier großen Krisen, die wir in den letzten Kapiteln vorgestellt haben, weisen Ähnlichkeiten auf. Das lässt vermuten, dass es auch bei der Entstehung einer Finanzkrise Gemeinsamkeiten gibt. Und tatsächlich findet man diese in den Finanzmechanismen, den psychologischen Abläufen, im Verhältnis der gesellschaftlichen, politischen und ideologischen Kräfte, bei den Privatbanken und bei den staatlichen Regulierern, beim Griff zu illegalen Methoden usw. Im Folgenden versuchen wir, hier etwas Ordnung zu schaffen. Um der Klarheit willen neigt man oft dazu, die Ereignisse so zu darzustellen, als seien die Abläufe zwingend; wir sollten aber immer im Hinterkopf behalten, dass das Ganze ein System bildet, dass die verschiedenen Elemente und Personen interagieren und dass Krisen unterschiedlich lange dauern – sie können sich über einige Monate hinziehen, aber auch über mehrere Jahre (siehe dazu das Schema am Ende des Kapitels für den Gesamtüberblick).

Um dieses Krisenschema darzustellen, stützen wir uns auf die bisher betrachteten Krisen und überprüfen bei jedem Schritt, ob die Subprime-Krise dem gleichen Modell folgt. So können wir die Gemeinsamkeiten, aber auch das Besondere an dieser Krise herausarbeiten, ohne dass wir sie in Gänze noch einmal darstellen müssen.[1]

Am Anfang war die Gleichgewichtsstörung

Für den US-amerikanischen Ökonomen Hyman P. Minsky »entspricht die Finanzinstabilität der endogenen und normalen Funktionsweise einer kapitalistischen Ökonomie«.[2] In seinen Arbeiten aus den 1970er- und 1980er-Jahren geht es vor allem darum, wie die Strukturen, mit denen produktive Investitionen finanziert werden, aus dem Ruder laufen und Rezessionen auslösen können. Minsky liefert jedoch auch wichtige Beobachtungen zum Zustandekommen der Finanzeuphorie, die einem Crash vorausgeht (Charles Kindleberger hat von dieser Arbeit profitiert).

Eine häufig zitierte Beobachtung Minskys ist, dass Krisen in »Ruheperioden«, in Zeiten der Vollbeschäftigung ausgebrütet werden. In diesen Phasen, so Minsky, seien die Banker versucht, neue toxische Produkte zu entwickeln, die den Keim der kommenden Krise in sich tragen, denn »die Finanzinnovation ist ein Charakteristikum unserer Ökonomie, wenn es ihr gut geht«.[3] Diese Aussage steht auf etwas wackligen Füßen. Seit den 1970er-Jahren gab es in den großen Industrieländern kaum länger andauernde Phasen der Vollbeschäftigung, was uns folglich vor einer Finanzinstabilität hätte bewahren müssen. Und ein bemerkenswertes Dokument, das 1986 von der Bank für Internationalen Zahlungsausgleich (BIZ) herausgegeben wurde, zeigt, dass Finanzinnovationen in den USA Konjunktur hatten, obwohl im Land eine Krise und große Arbeitslosigkeit herrschten. Legt man diesen Maßstab an, dann hätte Japan das Zentrum der Finanzinnovationen sein müssen – das war aber keineswegs der Fall. Und John Laws Geschichte zeigt, dass man auch in einer Phase schleppender Wirtschaftsentwicklung zahlreiche Innovationen unter die Leute bringen kann.

Für unsere Zeit ist Minskys Beobachtung aber nicht uninteressant. Wie wir noch sehen werden, entstanden einige der toxischen Finanzprodukte, die zur Subprime-Krise führten, im Kielwasser der Innovationen der 1980er-Jahre und kamen in den USA in der zweiten Hälfte der 1990er-Jahre zum Einsatz – just in dem Moment, als der US-amerikanische Arbeitsmarkt einen spürbaren Aufschwung erlebte. Wir können auch weiter zurückgehen und den Moment herausgreifen, als sich die Banken den öffentlichen Kontrollen zu entziehen begannen, die seit Roosevelt in den USA und in anderen Ländern eingeführt worden waren. So stoßen wir etwa in England Ende der 1950er-Jahre auf die Entstehung des Eurodollarmarkts, also des Handels mit Dollar außerhalb der USA. Wie der Wissenschaftler Gary Burn zeigt, wurde die Londoner City durch die Allianz zwischen der britischen Zentralbank und der Finanzelite zum wichtigsten Finanzplatz der Welt. Damit wurde der Grundstein für die heutigen Offshore-Finanzmärkte gelegt, die sich der öffentlichen Kontrolle entziehen.[4]

Um Minskys Argumentation etwas zu präzisieren und ihr mehr Nachdruck zu verleihen, stützen wir uns auf die von Roosevelt vertretenen Lehren zur Finanzmarktregulierung. Der US-amerikanische Präsident schuf einen Gesetzesrahmen, der den Banken Zwänge auferlegte, ihnen dafür aber ein gewisses Rentabilitätsniveau sicherte, das mit einer dynamischen Wirtschaft kompatibel war (auch wenn die Finanzierung der Realwirtschaft nicht der einträglichste Markt ist). Krisen entstehen, wenn das Gleichgewicht des im letzten Kapitel vorgestellten Dreiecks gestört ist, das heißt:

- wenn es zu einer Finanzderegulierung kommt, ob erzwungen oder gewollt,
- und/oder wenn die Banken ihre Rentabilität über das Maß hinaus steigern wollen, das die Dynamik der Geschäftstätigkeit erlaubt,
- und/oder wenn man die Finanzierung der Wirtschaft mit möglichst niedrigen Kosten bewerkstelligen will.

So umgingen die holländischen Blumenhändler des 17. Jahrhunderts die geltenden Gesetze und entwickelten neue Finanzprodukte, mit denen die Investoren Geld verdienten, während die Zwiebeln noch im Boden waren. John Law zeigte dem französischen Staat, wie man Kosten reduzieren und in einer apathischen Wirtschaft neue Vermögen schaffen konnte. Die US-amerikanischen Trusts von 1907 waren zu wenig reglementiert und boten riesige Profite an, und auch in den 1920er-Jahren gab es so gut wie keine Finanzmarktregulierung, und die Jagd nach Kapitalerträgen kannte keine Grenzen. In jeder dieser Episoden war das Gleichgewicht gestört, mindestens zwei der drei Roosevelt'schen Bedingungen wurden nicht eingehalten – ein Anzeichen dafür, dass möglicherweise eine Blase entsteht. Folgen wir also Minsky und Kindleberger und arbeiten wir heraus, welche Rolle Finanzinnovationen bei der Störung dieses Gleichgewichts spielen.

Unkontrollierte Innovationen

Finanzinnovationen sind dazu da, Kapital anzulegen, zu spekulieren, Risiken zu kontrollieren und Regulierungen zu umgehen; sie dienen als Zahlungsmittel und bieten die Möglichkeit zu Betrügereien.

Wenn die Banken das Sparbuch, die Kreditkarte, den Geldautomaten oder beispielsweise eine Vertragsform erfinden, mit der die Air France ihren Treibstoff in sechs Monaten zu einem heute festgelegten Preis kaufen kann, um sich gegen eine mögliche Steigerung des Kerosinpreises zu schützen, dann sind diese Innovationen nützlich und kontrolliert; es besteht nicht die Gefahr, dass sie zum Auslöser einer nationalen oder globalen Finanzkrise werden.

Finanzinnovationen ohne oder mit ungenügender politischer Kontrolle können dagegen Instabilität fördern. Das war so bei den holländischen Terminkontrakten, bei John Laws *Primes*, bei den US-amerikanischen Trusts, die Anfang des 20. Jahrhunderts als neue Akteure auftraten, und bei den Immobilienbürgschaften der 1920er-Jahre.

In dem bereits genannten, überaus spannenden Dokument der BIZ von 1986 ist zu lesen, dass eine mustergültige Theorie der Finanzinnovationen »sämtliche Innovationen und die Reihenfolge, in der sie auftreten, erklären und sie in die großen historischen Zusammenhänge einordnen müsste. Es gibt keine Innovationstheorie, die diese Kriterien erfüllen würde.«[5] Tatsächlich haben sich die Ökonomen kaum für dieses Thema interessiert, und so könnten wir jetzt eigentlich nur für jede einzelne Entwicklung einer Finanzinnovation eine Ad-hoc-Erklärung liefern. Bei genauer Lektüre des BIZ-Dokuments, das vor allem die 1980er-Jahre analysiert, werden jedoch drei Eigenheiten schädlicher Finanzinnovationen sichtbar, die sich verallgemeinern lassen.

Erstens: Finanzinnovationen sind Waffen in einem scharfen

Konkurrenzkampf. Sie werden hauptsächlich erfunden und eingesetzt, um sich gegenüber den Mitbewerbern Vorteile zu verschaffen. Im Gegensatz zu einer Innovation, die neue Produkte auf den Markt bringt (zum Beispiel das Internet), zielt die Finanzinnovation aber darauf ab, einen im Vergleich zur Konkurenz größeren Teil der Geldanlagen für sich zu gewinnen. Je stärker die Konkurrenz ist, desto mehr Innovationen gibt es zur Sicherung und zum Transfer der Anteile eines nur begrenzt wachsenden Marktes. Die holländischen Blumenhändler wollten, dass die Reichen Tulpen statt Kunstwerke kauften. John Law wollte, dass das Geld der Adligen bei ihm und nicht bei den Brüdern Pâris landete. Die Trusts wollten das Geld der Amerikaner usw.

Zweitens: Finanzinnovationen sind Schönwetter-Innovationen. Die Möglichkeiten der Geldanlage oder des Risikomanagements erscheinen den Kunden immer wunderbar, denn dahinter steckt die Vorstellung, dass in den Banken und generell in der Finanzwirtschaft nur ernsthafte, intelligente und sorgfältige Menschen arbeiten, sodass derartige Innovationen nur profitabel sein können. Die Erfinder von Innovationen sind jedoch schlicht nicht fähig, sich einen Umschwung oder gar einen Crash vorzustellen, und bringen so ihre Kunden dazu, die Risiken zu unterschätzen, was zu einer Finanzeuphorie beiträgt.

Drittens: Finanzinnovationen sollen die Möglichkeit schaffen, Gesetze und Steuervorschriften zu umgehen. Die holländischen Terminkontrakte unterliefen das Gesetz gegen Leerverkäufe. Law bot Inhaberpapiere an, mit denen die Investoren ihre Identität und die Herkunft des Geldes verbergen konnten. Ivar Kreuger versteckte das Geld, das er den US-amerikanischen Investoren aus der Tasche zog, in Liechtenstein usw.

Um zu verstehen, wie es zur Subprime-Krise kam, wollen wir jetzt in groben Zügen die Entwicklung der Finanzinnovationen nachzeichnen, die das Roosevelt'sche System aus dem Gleichgewicht brachten.

Die erste bedeutende Innovation, die Ende der 1950er-Jahre in England entstand, die Entstehung des Eurodollarmarkts, haben wir bereits erwähnt. Die zweite fällt in die 1970er-Jahre: 1971 beschloss US-Präsident Richard Nixon, den Dollar abzuwerten und die nach dem Krieg eingeführten festen Wechselkurse aufzuheben. Schon im darauffolgenden Jahr führten Devisenspekulationen die US-amerikanische Franklin National Bank und die deutsche Herstatt-Bank in den Bankrott. Damals entwickelten sich erneut Derivate, die angeblich vor Kursschwankungen schützen sollten. Anhand von *13 Bankers* von Simon Johnson und James Kwak, Ellen D. Russells *New Deal Banking Reforms* und dem Bericht des US-amerikanischen Untersuchungsausschusses über die Subprime-Krise kann man die Entwicklung der Innovationen nachvollziehen, die die Regelungen der 1930er-Jahre mehr und mehr aushebelten.[6]

1977 bot die Investmentbank Merrill Lynch Konten zur Geldanlage auf den Finanzmärkten an, bei denen man trotzdem per Scheck über das Geld verfügen konnte. Das war ein Versuch, die Kunden der Geschäftsbanken anzulocken. Damals wurden auch kollektive Geldanlagen entwickelt, bei denen die Anleger Anteile eines Fonds kaufen konnten, der verschiedene Anlagebereiche bündelte. Diese Anlagefonds mit attraktiven Zinsen nahmen rasch zu, obwohl die *Regulation Q* die von den Banken angebotenen Zinsen immer noch begrenzte (wir erinnern uns, dass Roosevelt diese Maßnahme 1939 durchsetzte, um die Kosten für die Banken möglichst gering zu halten).

Als Reaktion darauf begann die Geschäftsbank Bankers Trust 1978, an ihre Kunden kurzfristige, von Unternehmen emittierte Anleihetitel auszugeben, sie agierte als Investmentbank und schuf sich so eine Möglichkeit, die Zinsbegrenzung zu umgehen. Der Fall landete vor Gericht und wurde 1986 schließlich von der Justiz für rechtens erklärt. Da hatte die Reagan-Regierung die *Regulation Q* allerdings auch schon abgeschafft. Eine Spirale der Liberalisierung setzte sich in Bewegung. Da die Kosten stiegen, verlangten die Geschäftsbanken, dass nun auch sie einträglicher, also risikoreicher handeln dürften – was man ihnen gestattete. Die Deregulierung der Immobilienkredite begann schon 1982: Immer häufiger wurden Darlehen mit variablem Zinssatz angeboten, und man konnte sich auch Geld leihen, wenn man nur über geringe Eigenmittel verfügte.

Die Trennung zwischen Investmentbanken und Geschäftsbanken war da schon weitgehend aufgehoben. Die Citicorp-Bank, deren Vorläuferin von der Pecora-Kommission heftig kritisiert worden war, rächte sich nun, indem sie dem Gesetz den Gnadenstoß versetzte: 1999 fusionierte sie mit dem Versicherungsunternehmen Travelers Group und der Salomon Smith Barney Bank, womit sie geradewegs ins Investmentbanking einstieg. Nach einer dreißig Jahre dauernden Phase der Liberalisierung der Finanzmärkte stimmte der US-Kongress dieser Fusion zu und schaffte damit das Gesetz aus den 1930er-Jahren, das sogenannte Glass-Steagall-Gesetz, ab.

Der andere Bereich der Innovationen, der zur Subprime-Krise führte, betraf die Derivate. Gillian Tett, Journalistin bei der *Financial Times*, hat wunderbar dargestellt, wie die US-amerikanische Investmentbank J. P. Morgan ab 1994 toxische Produkte hervorbrachte, die kurze Zeit später die Weltfinanzmärkte infizierten. Es versteht sich von selbst, dass die Experten, die damals einen Schutz vor dem Risiko nicht eingehaltener Kreditverpflichtungen entwickelten, das nicht aus Sorge um das Allgemeinwohl taten; sie waren lediglich auf der Suche nach einem einträglichen Finanzmarktprodukt, das sie dann immer weiter »perfektionierten«. Das war die Geburtsstunde der *Collateralized Debt Obligations* (CDO): Obligationen, deren Rückzahlung eine Bündelung von Immobilienkrediten mit anderen Krediten (Studentendarlehen, Konsumentenkrediten usw.) gewährleisten sollte. Ein solcher Kredit-Mix wurde verbrieft und verkauft (wobei natürlich auch Provisionen flossen). Banken sind nach internationalen Regeln zur Risikokontrolle verpflichtet; sie müssen Geld beiseitelegen, um riskante Kredite zu sichern, dank der Verbriefung konnten diese Zwänge umgangen und die Geschäftsvolumen erhöht werden.

Investmentbanken wie Lehman Brothers, Merril Lynch, UBS und andere Banken dieser Größenordnung kauften diese CDO. Zur Maximierung des Profits kamen sie auf die Idee, diese CDO in *Special Purpose Vehicle* (SPV) anzulegen; das sind Zweckgesellschaften ohne Glauben und Moral, nicht reguliert und zu allem bereit. Diese Gesellschaften lockten die Finanzinvestoren mit Obligationen an, deren Rückzahlung durch ihr CDO-Portfolio garantiert war. Damit schufen sie ein undurchsichtiges Geflecht von Risiken, die sich auf dem globalen Finanzmarkt verteilten. Bei wem diese Risiken am Ende landeten, wusste bis zur Krise niemand, weder die privaten Financiers noch die Regulierer.

Das Gefährliche an den Finanzinnovationen ist, dass Risiken unterschätzt und Gesetze umgangen werden. Natürlich ist, wie gesagt, die eine oder andere Innovation auch nützlich: So kann eine Bank keinen Kredit zum Festzins gewähren, wenn sie selbst sich zu einem variablen Zinssatz finanzieren muss, sofern sie keine Derivate benutzt. Aber die Erfindungen der kleinen Finanzgenies haben selten das Ziel, eine stabilere Finanzierung der Realwirtschaft, von Personen oder Unternehmen, zu ermöglichen. Sie sind der Spieleinsatz an den Märkten und geben Banken und Hedgefonds die Möglichkeit, Kunden komplexe und maßgeschneiderte Produkte mit hohen Gewinnen anzubieten, was wiederum hohe Provisionen bringt. Robert Boyer beschrieb es in einem im November 2008 erschienenen Arbeitsdokument so: »Die gesamte Entwicklung der Privatinnovationen treibt das Finanzsystem in die Systemkrise und zeigt, dass sie mit der notwendigen Finanzstabilität nicht zu vereinbaren ist.«[7]

Deregulierung – gefordert oder bekämpft

Ist eine Innovation einmal eingeführt, stellt sie die Staatsmacht vor vollendete Tatsachen: Um eine angeblich billigere Finanzierung der Wirtschaft zu gewährleisten, werden Regeln umgangen und Risiken in Kauf genommen. Sollen die Regulierer diese Entwicklung hinnehmen oder versuchen, sich ihr entgegenzustellen? Die holländischen Regenten ließen es damals geschehen. Auch Philippe von Orléans gewährte John Law freie Hand in dessen Innovationsrausch, denn dem Schotten mangelte es nie an Ideen, Kapital für seine gewagten Unternehmungen aufzutreiben. Die US-amerikanischen Clearinggesellschaften versuchten zwar am Anfang des 20. Jahrhunderts, die Trusts zu regulieren, diese wehrten sich jedoch dagegen.

Ist eine Innovation lanciert und ihre scheinbare Lukrativität bewiesen, setzt zwischen den Finanzakteuren ein Wettlauf um die Profite ein, erklärt Kindleberger. Die Konkurrenz ist groß, und die einzige Möglichkeit, sich seinen Teil zu sichern, besteht meist darin, immer höhere Risiken einzugehen als die anderen (was die Instabilität fördert). In diesem Stadium ist es für die Regulierer schon sehr schwierig, die Maschine zu stoppen. Die Einsätze sind inzwischen gewaltig, für die mit Profitversprechen geköderten Investoren ebenso wie für die Makler, die ihre Provisionen einstecken und sich ebenfalls an den Spekulationen beteiligen.

Gillian Tett beschreibt sehr anschaulich, wie sich die US-amerikanischen Regulierer bereits 1987 wegen der Derivatemärkte Sorgen machten. In dem 1986 veröffentlichten BIZ-Bericht tauchten die gleichen Befürchtungen auf. Von 1992 bis 1994 tobten in den USA große politische Schlachten um die Regulierung dieser Märkte – der Finanzsektor gewann sie alle. Einen letzten Regulierungsversuch startete 1998 Brooksley Born, damals Präsidentin der Commodity Futures Trading Commission – das ist die wichtigste Regulierungsbehörde der US-Derivatemärkte –, die die wachsenden Risiken mit Sorge verfolgte. Doch die Clinton-Regierung, vor allem Finanzminister Robert Rubin und sein Nachfolger Lawrence Summers, wie auch Alan Greenspan, damals Präsident der Zentralbank, erstickten den Versuch im Keim. Schlimmer noch: Summers unterzeichnete im November 1999 einen Bericht über die *Over-The-Counter*-Derivate (OTC, das sind frei gehandelte Derivate, deren Bedingungen direkt zwischen den Partnern ausgehandelt werden). Der Bericht schloss damit, dass diese Derivate von jeder staatlichen Regulierung ausgenommen werden sollten, »um die Innovation, den Wettbewerb, die Effizienz und die Transparenz im OTC-Handel zu fördern, das systemische Risiko zu reduzieren und den USA die Möglichkeit zu geben, ihre Leadership auf diesen sich schnell entwickelnden Märkten zu behalten«.[8] Man hörte auf den Finanzminister: Im Dezember 2000 nahm der US-Kongress das Commodity-Futures-Modernization-Gesetz an, das unverzüglich von Präsident Bill Clinton unterschrieben wurde. Das Gesetz deregulierte den OTC-Handel und entzog ihn jeder öffentlichen Kontrolle. Von Ende 2000 bis Mitte 2008 versiebenfachte sich dieser Markt. Bill Clinton gestand 2009 als Gast der Konferenz des von den sozialdemokratischen Parteien des Europaparlaments organisierten Global Progressive Forum, dass er es auf dem Gebiet der Wirtschaft am meisten bereue, die Bestimmungen für Derivateprodukte dereguliert zu haben.

Von allen Zwängen befreit, heizten die Innovationen nun die Jagd nach Profiten an und setzten drei Mechanismen in Gang, die den Kern der Risiko- und Instabilitätsfabrik bilden.

Die Nebeneffekte der Profitgier
1. Akt: Die Kreditblase

Die Jagd nach Profiten verursacht erst dann eine Blase, wenn die Banken ins Spiel kommen, denn diese gewähren den Spekulanten Kredite, mit denen die Risiken um ein Vielfaches erhöht werden können. »Die Auffassung, dass Spekulation, die in Manien ausartet und zu Crashs führt, auf einer dem Kreditwesen eigenen Instabilität beruht, ist alt«, schreibt Charles Kindleberger in seinem Buch *Manien, Paniken, Crashs.*[9] Tatsächlich sagte Baron James de Rothschild schon 1865 vor einem französischen Untersuchungsausschuss über den Geldumlauf: »Wer weiß, welche Krisen sich ergeben würden, wenn Spekulanten unbegrenzte Kredite bekommen könnten.«[10]

1868 schrieb der britische Ökonom John Mills einen weitsichtigen Artikel, der die Mechanismen schildert, die Spekulation, Kredite und Finanzkrisen miteinander verbinden. Lange vor Keynes erklärte er, Spekulations- und Kreditblasen seien vor allem eine Frage der Psychologie. Sie entstünden durch den festen Willen der Financiers, daran zu glauben, dass sie ein neues Zeitalter erlebten und privilegierte Zeugen der Entwicklung einer »neuen Ökonomie« seien, deren Innovationen immer höhere, ja sogar grenzenlose Profite versprechen. Damit beginne eine gefährliche Phase, in der »Kredit und Spekulation sich gegenseitig stimulierten. Die Vielzahl an Krediten treibt die Preise und die Profite nach oben und fördert die Spekulation; die Spekulation wiederum kann nur weitergehen, wenn sich die Kreditmöglichkeiten vervielfachen.«[11] Egal, ob sie für den Kauf von holländischen Terminkontrakten, Aktien der Mississippi-Gesellschaft oder Immobilien verwendet werden – Kredite fördern die Nachfrage, was zu Preissteigerungen führt. Wer einmal einen Kredit bei seiner Bank beantragt hat und damit reicher geworden ist, geht wieder zur Bank und verlangt mit Verweis auf den größeren Reichtum einen höheren Kredit, durch dessen Einsatz erneut die Nachfrage und die Preise hochgetrieben werden usw.

In einer 1938 veröffentlichten Auswertung der Literatur über die Krisen spricht Jean Lescure von einer breiten Palette an ökonomischen Reflexionen über das, was er »Gefälligkeitskredite« oder »Kreditmissbrauch« nennt. Die von ihm untersuchten Publikationen stammen aus dem Zeitraum 1870 bis 1929.[12] Darin finden sich selbstverständlich auch die Arbeiten der ultraliberalen Österreichischen Schule wieder, vor allem die von Ludwig von Mises und Friedrich Hayek. In einem langen, 1928 erschienenen Artikel machte von Mises deutlich, dass die Österreichische Schule weder an ein Ende der Konjunkturzyklen noch an das Entstehen einer neuen Ökonomie mit grenzenlosen Profiten glaubte. Eine dem Bankensystem immanente Krise drohe jederzeit, schrieb von Mises: Die von ihrer Profitgier getriebenen Banken hätten die Tendenz, die Kreditrahmen übermäßig auszuweiten. Sie überschwemmten die Wirtschaft mit Finanzierungsmöglichkeiten und ließen die Zinsen unter ein für die Wirtschaft gesundes Niveau sinken. Damit öffneten sie dem spekulativen Kredit Tür und Tor.[13] In seinem 1929 erschienenen Artikel »Geldtheorie und Konjunkturtheorie« verlangt Hayek mehr Transparenz bei den Bankbilanzen, um sie besser überwachen zu können.[14]

Weiter geht der österreichische Ansatz allerdings nicht. Laut von Mises gibt es Kreditüberhänge, sobald die Banken eine Kreditsumme ausgeben, die ihre Edelmetallbestände und Sichteinlagen übersteigen. Das ist in jedem modernen Bankensystem der Fall. Die Österreicher schlugen – um Kreditblasen in den Griff zu bekommen – vor, alle untergehen zu lassen, die zu viel geborgt haben. Dieser Lösungsansatz hat mit der Lehman-Pleite seine ganze Tragweite gezeigt: Das globale Bankensystem wäre beinahe untergegangen und die Weltwirtschaft mit ihm.

Alle vorgestellten Krisen wurden zu Finanzblasen, sobald eine Kreditblase dazukam. Die US-Ökonomen Barry Eichengreen und Kris Mitchener haben sogar die Krise von 1929 als einen »Kreditboom« bezeichnet, der eine schlechte Wendung genommen habe. Das gilt auch für die Subprime-Krise. Entgegen landläufiger Meinung ist aber nicht die starke Zunahme der Immobilienschulden der Haushalte in den USA (oder in Irland oder Spanien, wo es auch Immobilienblasen gab) die Hauptschuldige: Wäre nur die Anzahl der Kredite gestiegen, die nicht zurückgezahlt werden konnten, dann hätten höchstens die betroffenen Banken Probleme bekommen, und die Krise wäre lokal begrenzt geblieben. Die Kreditblase, die den größten Schaden verursachte, betraf jedoch die Finanzmärkte selbst: Zwischen Dezember 2002 und Dezember 2008 stieg die Verschuldung des US-Finanzsektors um 28 Prozent, in der Eurozone waren es 40 Prozent und in Großbritannien, das wahrscheinlich am stärksten betroffen war, 74 Prozent. Diese Masse an Krediten förderte den Kauf toxischer Finanzprodukte, die durch die Innovationen geschaffen worden waren. Erst diese Mischung übertrug die Krise auf das gesamte globale Finanzsystem. Wenn Kreditblasen die Spekulation mit Finanzmarkt-Innovationen anheizen, folgt eine Aktienblase, und es droht der Crash.

Die Nebeneffekte der Profitgier
2. Akt: schlechtes Risikomanagement

Nichtkontrollierte Innovationen – Profitgier – Kreditblase – Aktienblase: Diese Kette identifiziert Kindleberger sehr genau, und Robert Boyer, Mario Dehove und Dominique Plihon stellen sie im Jahresbericht 2008 über die Finanzkrisen des Conseil d'analyse économique anschaulich dar. Diese Analyse übergeht jedoch die mikroökonomische Dimension der Krise. In Laws System verschleierten die Rechnungsbücher der Banque Générale und der Banque Royale das tatsächliche Risiko der von ihrem Direktor ohne jede Kontrolle beschlossenen Kreditausweitung. Die Pecora-Kommission brachte ein Vergütungssystem für Bankmanager an die Öffentlichkeit, das dazu verleitete, ohne Rücksicht auf die Zukunft der Institution oder gar die Stabilität des gesamten Systems hohe Risiken einzugehen. Das gleiche Problem wurde bei der Subprime-Krise sichtbar, was erneut zu einer allgemeinen Debatte über Boni für Trader und Bankmanager führte. Kurz, neben makroökonomischen Faktoren fördert auch ein schlechtes Risikomanagement durch die Finanzakteure die Instabilität des Finanzsektors.

Ende 2008, Anfang 2009 versammelten sich Finanzkontrolleure aus Deutschland, Kanada, den USA, Frankreich, Japan, Großbritannien und der Schweiz, um die Kontrollsysteme der größten Finanzinstitute unter die Lupe zu nehmen. Sie befragten deren Direktoren und verlangten Evaluationsergebnisse. Der im Oktober 2009 veröffentlichte Bericht enthielt eine präzise Zustandsbeschreibung des Risikomanagements der zwanzig größten Finanzinstitute der Welt zum Zeitpunkt der Krise. Das Ergebnis war niederschmetternd. Es zeigte, dass es technische, methodische und politische Probleme gab.

Unzureichende Technik. Um die Risiken ordnungsgemäß kontrollieren zu können, müssen die Finanzinstitute genau über ihre Geldanlagen an den verschiedenen Finanz- und Kreditmärkten, auf denen sie tätig sind, Bescheid wissen. Dafür sind komplexe Informationssysteme notwendig, die ganz unterschiedliche Informationen erfassen, verknüpfen und analysieren können; außerdem müssen sie regelmäßige und zuverlässige Risikobewertungen vornehmen. Dabei gibt es methodische Probleme, auf die wir später zurückkommen, aber auch Probleme bei der Organisation der

Informationssysteme. Nach Beurteilung der Kontrolleure ist die Informationstechnologie der großen, weltweit operierenden Finanzinstitute »ungeeignet für eine präzise Überwachung der Risikopositionen«.[15] So gab zum Beispiel eine große, international tätige Bank an, sie benötige einen Tag, um ihre verschiedenen Risikopositionen gegenüber einem anderen Finanzinstitut zusammenzufassen, mit dem sie intensive Geschäftsbeziehungen unterhält. Um nach dem Untergang von Lehman Brothers eine genaue Vorstellung von der eigenen Solidität zu haben, hätten die Finanzinstitute unverzüglich ihre gesamten Risikopositionen bei über einem Dutzend Geschäftspartnern in Erfahrung bringen müssen.

Das Dramatische daran ist, dass die Experten das Problem seit Langem kennen.[16] Aber die Banken wollten kein Geld zur Lösung eines Problems ausgeben, das im Laufe der Zeit angesichts der zunehmenden Komplexität der Finanzinnovationen selbst immer komplexer wurde.

Die inadäquate logistische Infrastruktur ist jedoch das kleinste Problem. Selbst wenn man riesige Fortschritte auf diesem Gebiet erzielen würde, gäbe es immer noch die mangelhaften Risikoanalysemethoden, mit denen die Informationen ausgewertet werden.

Eine mangelhafte Methodik[17]. Die großen Finanzkonzerne geben viel Zeit und Geld aus, um immer komplexere Risikobewertungsinstrumentarien zu entwickeln. NASA-Ingenieure und andere Spitzentechniker wurden mobilisiert, um einen präzisen, wirksamen und leicht interpretierbaren Indikator für die Unwägbarkeiten der Finanzmärkte und einen wirksamen Schutz zu entwickeln. Sie glaubten, in einer Berechnungsmethode namens *Value at Risk* (VaR) den Heiligen Gral gefunden zu haben. Mit VaR werden die potenziellen Verluste bei riskanten Einsätzen geschätzt. Das Konzept wurde von der Investmentbank J.P. Morgan entwickelt und tauchte um 1993 im Finanzwesen auf. Wer seinen *Value at Risk* berechnet, nimmt eine statistische Schätzung des Maximums potenzieller Verluste bei den getätigten oder zu tätigenden Anlagen vor. Dieser potenzielle Verlust wird innerhalb eines bestimmten Zeitraums – die notwendige Zeit, um aus dem Spiel auszusteigen, oder der Zeithorizont des Portfolios von Wertpapieren – mit einer bestimmten Wahrscheinlichkeit – meistens 95 oder 99 Prozent – gemessen.

Wenn also eine Bank, die auf den Märkten mit Tagesgeld spekuliert, einen VaR von 10 Millionen Euro mit einem Konfidenzniveau von 99 Prozent ankündigt, heißt das, dass es im Verlauf der nächsten 100 Tage im Durchschnitt nur 1 Prozent Wahrscheinlichkeit gibt, dass sie mehr als 10 Millionen an einem Tag verliert. Diese Berechnung gibt also nicht den realen Maximalverlust an, den die Bank erleiden kann – sie kann alles verlieren, wenn sie alles bei einem Unternehmen angelegt hat, das plötzlich pleitegeht; sie zeigt lediglich die Wahrscheinlichkeit, dass dieser Verlust über dem VaR liegt.

Um zu diesen Ergebnissen zu gelangen, müssen die Computer ganz schön ackern. Sie müssen über einen langen Zeitraum hinweg die Börsenkurse, Wechselkurse usw. aller betroffenen Finanzanlagen einbeziehen und komplizierte statistische Verfahren anwenden, die eine Vielzahl von Hypothesen erfordern. Damit wird ein aggregierter VaR für die Gesamtheit der täglich getätigten Finanzanlagen auf den verschiedenen Weltmärkten bestimmt. Und genau das begeisterte die Finanzwelt: dass es nun einen einzigen Indikator der Risikobewertung gab, der auf einer hochklassigen wissenschaftlichen Methodik beruhte und trotzdem leicht zu interpretieren war (wenn er steigt, wächst das Risiko und umgekehrt). Eine Zauberformel.

Sie setzte sich durch, als der Basler Ausschuss für Bankenaufsicht der BIZ und dann die Europäische Kommission den Banken erlaubten, mithilfe des VaR die Höhe der Risikodeckung, also den Umfang des Kapitals, mit dem sie nicht wirtschaften durften, selbst zu bestimmen. Die Kritik von Experten, die bei der Anwendung von VaR riesige Lücken bei der Risikokontrolle erkannten, stieß jahrelang auf taube Ohren. Es bedurfte eines Schocks vom Ausmaß der Subprime-Krise, um endlich eine Diskussion in Gang zu bringen.

Die Angaben des VaR beruhen im Wesentlichen auf einer Wahrscheinlichkeitsrechnung, die von Statistikern auf Basis der Normalverteilung erstellt wird; man kennt die berühmte Glockenkurve. Für die Bankspezialisten ist es wichtig zu wissen, wie groß die Wahrscheinlichkeit ist, weit vom Durchschnitt entfernt zu sein, weit weg von der Glockenspitze. Wenn beispielsweise ein Lehrer seinen Schülern Noten von »Eins« bis »Zwanzig« gibt und alle die Note »Zehn« bekommen, ist der Notendurchschnitt »Zehn« und die Standardabweichung null. Wenn hingegen die halbe Klasse eine Eins und die andere Hälfte eine Zwanzig bekommt, ist der Durchschnitt zwar immer noch Zehn, aber die Standardabweichung ist zehn. Je nachdem ob man die Note »Eins« oder die Note »Zwanzig« bekommen hat, ob man 0 oder 20 Millionen Verlust gemacht hat, ist man offensichtlich nicht in der gleichen Situation.

Bei einer Normalverteilung liegen 95 Prozent der Personen – oder der Verluste – in einem Bereich von zwei Standardabweichungen über oder unter dem Durchschnitt. Das erklärt die Panik von David Viniar, Finanzdirektor von Goldman Sachs, als er am Anfang der Krise zugab: »Wir haben mehrere Tage hintereinander Dinge erlebt, die bei einer 25-fachen Standardabweichung lagen«. Um eine Größenordnung anzugeben: Die Wahrscheinlichkeit, Verluste über der achtfachen Standardabweichung zu machen, ist extrem gering; sie steht in einem Verhältnis von einem Tag zur Lebensdauer des gesamten Universums. Eine 25-fache Standardabweichung ist etwa so häufig wie zwanzigmal hintereinander im Lotto zu gewinnen.[18] Der VaR misst also – obwohl er vor den Konsequenzen eines Marktcrashs bewahren soll – die Folgen ernsthafter Krisen umso besser, wenn keine eintreten. Jean-Pierre Landau, Vizegouverneur der Banque de France, analysierte es im September 2008 sehr zutreffend: »Wenn man etwas übertreibt, kann man sagen, dass die moderne Finanzwirtschaft auf einer impliziten Toleranz und einer anerkannten Ignoranz gegenüber extremen Ereignissen beruht.«[19]

Ein weiteres Manko der Methode besteht darin, dass sie nicht der Welt der Finanzinnovationen angepasst ist. Die statistischen Modelle, auf die sie sich stützt, funktionieren umso besser, je länger die Daten in die Geschichte zurückreichen. Die neuen toxischen Papiere gibt es jedoch noch nicht lange. Außerdem ist die Methode vor allem auf Situationen zugeschnitten, wo die Höhe möglicher Verluste und Gewinne relativ nah beieinanderliegen. Die mit den Subprimes verknüpften Wertpapiere »produzieren regelmäßige Gewinne, wenn alles gut läuft, führen aber zu riesigen Verlusten, wenn alles schlecht läuft«, beschreibt es Claudio Borio von der BIZ in einer bemerkenswerten Analyse, die schon im März 2008 erschien.[20]

Dazu kommt, dass die Methode davon ausgeht, dass die Institute in der Lage sind, ihre Risikopositionen zu reduzieren oder ganz loszuwerden. Sie berücksichtigt jedoch nicht, dass in Krisenzeiten Illiquidität eintritt, das heißt, dass es unmöglich ist, das Risiko zu reduzieren, weil dann niemand mehr Wertpapiere kauft. Das war auch nach der Lehman-Pleite der Fall. Jon Danielsson von der London School of Economics erklärt, dass die Finanzgesetze keine Naturgesetze sind: »Der Finanzsektor ist keine Physik; er ist komplexer.« Wenn ein Ingenieur die physikalischen Gesetze studiert, um eine Brücke zu bauen, kann er ein solides Werk schaffen, denn die Natur verändert sich nicht durch die Entscheidungen des Ingenieurs. Wenn man aber die statistischen Eigenschaften des Preises eines Wertpapiers studiert, reagieren die Financiers auf die vom Modell gegebene Information, passen ihre Strategien an und beeinflussen damit das Ganze. Der Finanzsektor ist ein von Menschen geschaffenes Gebilde, das sich ständig verändert.

Fast alle genannten technischen Kritiken am VaR wurden schon Mitte der 1990er-Jahre geäußert.[21] Benoît Mandelbrot, ein international anerkannter Mathematiker, hat gezeigt, dass die Annahme, die Preise von Wertpapieren würden einem normalen Gesetz folgen, dazu geführt hat, dass »die Risiken für finanziellen Ruin in einer freien und globalen Marktwirtschaft grob unterschätzt worden«[22] sind. Mandelbrot ist der Meinung, dass die extremen Kurssprünge auf den Finanzmärkten die Norm seien und keineswegs Abweichungen, die man ignorieren könne, und dass Marktturbulenzen die Tendenz hätten, gleich reihenweise aufzutauchen. Außerdem genüge die Macht des Zufalls, um Phantomstrukturen und Pseudozyklen zu schaffen, die in den Augen aller Welt vorhersehbar erschienen, was sie jedoch nicht seien. Mit anderen Worten: Die Preise der Wertpapiere folgen keineswegs brav der Normalverteilung, sondern vielmehr Wahrscheinlichkeiten, die einem wilden Zufall unterliegen. Wenn man das nicht berücksichtige, so Mandelbrot, könne man Risiken nicht abschätzen. Glücklicherweise verhielten sich Bootsbauer nicht wie Finanzspezialisten, schließt der Mathematiker, sie konstruierten ihre Schiffe nicht »nur für die 95 Prozent der Seefahrtstage, an denen das Wetter gutmütig ist, sondern auch für die übrigen 5 Prozent, an denen Stürme toben«.[23]

Auch auf die Mängel einer einzigen, rein technischen Methode der Risikokontrolle wird schon lange hingewiesen.[24] Eine effiziente Risikokontrolle darf sich nicht auf Algorithmen verlassen. Man braucht klare Verantwortlichkeiten, wirksame Kontrollverfahren und Kontrolleure mit Machtbefugnissen. Von der Affäre um Jérôme Kerviel (der der Société Générale 2008 Milliardenverluste beschert hatte) bis zur Subprime-Krise wird deutlich, dass die großen Akteure auf den Kapitalmärkten nicht nur mit inkohärenten Risikokontrollmechanismen arbeiten, sondern auch große Schwierigkeiten haben, ihre Standards und Sicherheitsansprüche im eigenen Konzern durchzusetzen und einzuhalten.

Der Bericht, den die UBS-Aktionäre am 18. April 2008 erhielten, um die Probleme der Bank auf dem CDO-Markt zu erklären, ist dafür ein gutes Beispiel. Daraus geht hervor, dass die Genehmigungen für bestimmte Risiken erst beantragt wurden, nachdem man diese bereits eingegangen war. Mehr noch: Als die intern festgelegten Risikogrenzen im April 2007 überschritten waren, wechselte man einfach die Berechnungsmethode, um größere Risiken eingehen zu können. In dem Bericht wird auch deutlich, dass die Organe zur Risikoüberwachung nichts unternommen hatten, weil ihnen der Anstieg der Gewinne und die Wettbewerbsfähigkeit wichtiger waren als die Vorsicht.

Zum selben Schluss kommen Joan Condijts, Paul Gérard und Pierre-Henri Thomas, drei Journalisten der belgischen Zeitung *Le Soir,* die die Fortis-Bank untersuchten; ihre Recherchen kamen 2009 als Buch heraus.[25] Im November 2006 standen sich im Management der belgisch-niederländischen Bank zwei Positionen gegenüber. Die einen wollten, dass sich das Unternehmen verstärkt auf dem CDO-Markt engagierte, der den Konkurrenten so hohe Gewinne bescherte; die anderen waren angesichts der hohen Risiken skeptisch. Das erste Lager setzte sich durch, das andere konnte aber zumindest vorübergehend eine Regel für Maximalverluste durchsetzen: Bei einem Verlust von 20 Millionen musste die Bank die abstürzenden Titel verkaufen, um weitere Verluste zu verhindern. Fortis war erst sehr spät, 2005/2006, in den Markt der toxischen Produkte eingetreten. Die ersten großen Verluste kamen schon im Februar 2007, und sogleich wurde die neue Regel aufgeweicht: Die Hasardeure erklärten, dass es sich dabei nicht um eine Verlustobergrenze handele, sondern lediglich um ein Warnsignal.

Es gibt also nicht nur methodische Probleme; die Kontrolle der Risiken selbst steht in den großen Finanzunternehmen im Zentrum interner Machtkämpfe. Sie toben zwischen den Risikokontrolleuren einerseits und den Tradern und Verkäufern andererseits; wenn es um ihre Provisionen geht, sind Letztere jederzeit bereit, Grenzen zu überschreiten. Die Qualität der Schlichtung dieser Machtkämpfe entscheidet über die Qualität der Risikokontrolle. In den Jahren nach der Jahrtausendwende haben die Kontrolleure diesen Kampf offensichtlich verloren. Das Scheitern der politischen Kontrolle der Risiken ist die dritte Erklärung für das schlechte Risikomanagement der Privatunternehmen.

Ein Kräfteverhältnis zum Nachteil der Kontrolleure. In ihrer Ausgabe vom 7. April 2008 veröffentlichte das britische Wirtschaftsmagazin *The Economist* einen Artikel mit dem Titel »Geständnisse eines Risikomanagers«. Es ist die anonyme Beichte eines leitenden Risk-Managers einer großen internationalen Bank, in der er über das Verhältnis zwischen Händlern und Risikokontrolleuren berichtet und den Kampf schildert, der sich in den großen Finanzunternehmen abspielt: Auf der einen Seite stehen die Händler, die Wochen damit verbringen, ein Geschäft auszutüfteln, das dem Unternehmen und auch ihnen selbst viel Geld einbringen soll. Auf der anderen Seite sind die Kontrolleure, die lediglich als Kostenfaktor angesehen werden und nun aus dem Bauch heraus dieses Geschäft beurteilen sollen, das sie selbst oft erst eine Stunde vor der entscheidenden Sitzung auf den Tisch bekommen haben. »Der Druck auf die Risikoabteilung, dem Geschäft zuzustimmen, ist enorm.«

In diesem Kontext wäre es die Aufgabe des Verwaltungsrats, eine akzeptable Risikostrategie zu definieren. Leider, so eine Erkenntnis der oben erwähnten Untersuchung, »fehlt es in den meisten Unternehmen an der aktiven Beteiligung der Verwaltungsräte bei der Festlegung und Überwachung des Risikohungers des Unternehmens und an dem Bewusstsein, welchen Risiken man sich ständig aussetzt«. Mit anderen Worten: Den Mitgliedern der Verwaltungsräte lag nichts an einer Beschränkung möglicher Auswüchse, sie sahen lieber zu, wie sich die Einnahmen und die Gewinne vermehrten. Sie versuchten auch gar nicht, an die notwendigen Basisinformationen zu gelangen, damit sie ihren Job machen konnten, also die Risikoentwicklung zu bewerten, sie mit den vorher festgelegten Limiten zu vergleichen, das notwendige Kapital zu sichern, um bei einem Umschwung gewappnet zu sein, bei Problemen aktiv zu werden usw.

In Michel Agliettas und Sandra Rigots Arbeit erfahren wir, dass im Verwaltungsrat von Lehman Brothers ein pensionierter General, eine Schauspielerin und ein Theaterproduzent saßen (Letzterer gehörte auch dem Risikokontrollkomitee an) – das erklärt, warum der Verwaltungsrat die Risiken, die die Bank eingegangen war, nicht zu fassen bekam.[26] Aber Inkompetenz erklärt nicht alles. Die meisten Unternehmen wollten sich kein lukratives Geschäft entgehen lassen, solange auch die Konkurrenz davon profitierte. Wir werden noch auf die psychologischen Umstände zurückkommen, die erklären, warum ein Banker lieber mit anderen zusammen im Unrecht ist als allein im Recht.

Diese internen Probleme wurden von den Beratungs- und Prüfungsgesellschaften oder Ratingagenturen niemals ernsthaft untersucht. Diese externen Kontrolleure, die dazu da sein sollten, den Managern und Investoren bestmögliche Informationen über das Unternehmen zu geben, haben völlig versagt. Aber das ist zweitrangig. Das schlechte Risikomanagement in den Finanzunternehmen beruht vor allem auf der technischen Unzulänglichkeit, ihrer falschen Methodik und, wie Chuck Prince, Chef der US-amerikanischen Citigroup, im Juli 2007 erklärte, auf der Tatsache, dass all diese Manager überzeugt sind, dass man »aufstehen und tanzen muss, solange die Musik spielt«. Die Kontrolle der Finanzmärkte erfordert also, dass man eher bei den internen Managementmethoden der Finanzkonzerne als bei den Ratingagenturen eingreift. Denn selbst dann, als man die Krise heraufziehen sah, saßen diejenigen am längeren Hebel, die immer größere Risiken eingehen wollten.

Versicherungsmechanismen, die nicht versichern. Ökonomen sprechen von einem sogenannten *Moral Hazard,* einer »moralischen Versuchung«: Banken, die sicher sein können, dass der Staat wieder alles geradebiegt, wenn sie etwas Dummes gemacht haben, stellen ungeniert weitere Dummheiten an. Aber auch der Markt selbst ist eine Quelle für *Moral Hazard,* weil er denen, die Risiken eingehen, eine trügerische Sicherheit vorgaukelt. So haben wir bei der Tulpenspekulation gesehen, dass die Preise noch einige Wochen länger stiegen, weil einige Käufer eine Garantie besaßen, dass sie im Fall eines Marktumschwungs ausgezahlt würden. Und in den 1920er-Jahren boten Immobilienbürgschaftsfirmen Kreditausfallversicherungen an.

Eine noch größere Rolle spielte das Angebot von Versicherungsinstrumenten bei der Subprime-Krise. Wie Gillian Tett schreibt, begann alles 1993 mit Blythe Masters, einem kleinen Finanzgenie bei J. P. Morgan.[27] Die Investmentbankerin war mit den Risiken eines Milliardenkredits konfrontiert, den der Mineralölkonzern Exxon nach dem Untergang des Tankers Exxon Valdez für Entschädigungszahlungen benötigte. Exxon war langjähriger Kunde, und als das Unternehmen J. P. Morgan um die Eröffnung einer Kreditlinie von 4,8 Milliarden Dollar bat, um eine auf 5 Milliarden geschätzte Strafe zu zahlen, konnte die Bank nicht ablehnen.

Masters fragte sich, wie man sich dieses Risikos entledigen könne. Im Herbst 1994 fand sie die Lösung: Morgan schlug der Europäischen Bank für Wiederaufbau und Entwicklung (EBWE) – die eigentlich Kredite vergibt, um den Transformationsprozess der osteuropäischen Staaten zu unterstützen – vor, ihre Einkommensquellen zu diversifizieren. Wenn die EBWE bereit wäre, J. P. Morgans Ausfall zu decken, falls Exxon dazu außerstande wäre, würde sie jedes Jahr eine anständige Kommission, eine Art Versicherungsprämie, erhalten. Die EBWE war einverstanden und unterzeichnete einen Vertrag, mit dem die unselige und zerstörerische Wirkung dieser Innovation ihren Lauf nahm. Tett schreibt: »Sie entwickelte sich immer weiter, und Masters schrieb Geschichte. Niemand wusste wirklich, welche Kommission die EBWE erhalten, ja nicht einmal, wie man dieses Produkt nennen sollte.« Schließlich wurde es *credit default swap* (CDS), auf Neudeutsch auch Kreditausfall-Swap, getauft.

Es sollte noch mehrere Jahre dauern, bis dieses Instrument in großen Mengen zur Anwendung kam. Die Statistiken der International Swaps and Derivatives Association (ISDA), der Berufsvereinigung der Akteure auf dem Derivatemarkt, reichen nur bis 2001 zurück. Sie zeigen, dass der CDS-Markt zwischen Ende 2001 und dem ersten Halbjahr 2008, also auf dem Höhepunkt, um 8548 Prozent gewachsen ist.

Warum sollte man sich in einer Welt voller Risiken nicht über die Vervielfachung von Versicherungsprodukten freuen? Leider wurden die CDS aber dank einer Besonderheit auch zur Spekulation eingesetzt: Man kann diese Versicherung auch abschließen, ohne Kredite gewährt zu haben. Das nennt man *CDS ohne Deckung*. Das ist, wie wenn man eine Versicherung gegen den Diebstahl des Autos seines Nachbarn abschließt und die Versicherungssumme kassiert, wenn es gestohlen wird. Die Verlockung, das Auto verschwinden zu lassen, ist groß. Der Ökonom Jacques Adda schreibt dazu:

> »Seine Anhänger erklären, der CDS-Markt erleichtere den unsichersten Schuldnern den Zugang zu den Märkten, weil sich die Gläubiger gegen das Risiko des Zahlungsausfalls versichern könnten. Die Möglichkeit der ungedeckten Verkäufe, durch die das Transaktionsvolumen wächst, würde die Marktliquidität erhöhen, wodurch jeder, der sich absichern wolle, dies leichter tun könne.«[28]

Das Problem ist nur, dass der sehr beschränkte CDS-Markt leicht zu manipulieren ist.

Die Europäische Zentralbank (EZB) veröffentlichte im August 2009 die Ergebnisse einer Studie, die sich auf eine Untersuchung bei etwa dreißig Finanzakteuren stützte. Darin ist erklärt, warum der CDS-Markt eine große Quelle der Instabilität geworden ist. Erstens ist er ein sehr konzentrierter Markt: Fünf große Banken verkaufen über 90 Prozent der Versicherungsverträge – J. P. Morgan, Goldman Sachs, Morgan Stanley, Deutsche Bank und Barclays. Wenn es also zu einer Krise kommt, die zahlreiche Akteure hinwegfegt, muss eine begrenzte Zahl von Banken für die Ausfallzahlungen aufkommen, was diese enorm schwächt. Nach dem Untergang von Lehman Brothers war auch der US-amerikanische Versicherungskonzern AIG (American International Group) einer der Hauptakteure beim CDS-Verkauf. Das Unternehmen musste von der Regierung verstaatlicht werden, die über die Einhaltung der Verträge wachte. Dabei stellte man fest, dass die Käufer von CDS aus allen Ecken der Welt kamen, vor allem aus Frankreich, wo die Société Générale die größte Begünstigte der Verträge war, gefolgt von Goldman Sachs, Deutsche Bank, Merrill Lynch, Calyon, dem Geschäftsbankenzweig des Crédit Agricole, UBS und anderen. Hierin liegt das zweite Risiko: Durch den CDS-Markt sind zahlreiche Unternehmen miteinander verbunden, was das Ansteckungsrisiko im Fall einer Krise erhöht.

Ein drittes Risiko ist das der Liquidität. Banken, die CDS führen, gehen zwar davon aus, dass sie diese wieder verkaufen können, wenn sie durch eine Krise in Schwierigkeiten geraten. Leider möchte in Stressphasen niemand diese Versicherungsprodukte haben. Das EZB-Dokument zeigt auch, wie komplex der CDS-Markt ist. Es ist sehr schwer zu verstehen, was dort wirklich vor sich geht. Das wurde nach dem Konkurs von Lehman Brothers deutlich: Erste Schätzungen des Umfangs der Kontrakte, die ein Konkursrisiko von Lehman decken sollten, lagen bei 360 Milliarden Dollar. Später, im Oktober 2008, hieß es, dass es 72 Milliarden seien. Eine weitere Besonderheit des CDS-Markts ist, dass ein Versicherungskäufer, der aus einem Kontrakt aussteigen will, einen neuen Kontrakt über die umgekehrte Transaktion unterzeichnet, um den ersten zu annullieren. Nachdem man diese unzähligen Transaktionen berücksichtigt hatte, beliefen sich die realen Geldtransfers im Zusammenhang mit dem Untergang von Lehman auf lediglich 5,2 Milliarden Dollar. Zwischen den ersten Schätzungen, die die allgemeine Panik schürten, und den tatsächlichen Zahlungen lag also eine riesige Kluft. Die Existenz eines komplexen, undurchsichtigen, hochkonzentrierten, ansteckenden und wenig liquiden sogenannten Versicherungsmarkts verstärkt also das Risiko einer Instabilität.

Die Anhänger der Idee, dass sich die Märkte selbst regulieren, versuchten schon sehr bald nach der Krise, die Verantwortung dem US-amerikanischen Staat zuzuschieben: Dieser habe mit seinem Community-Reinvestment-Gesetz (CRA) Kreditvergaben an Mittellose gefördert, um eine Nation von Hauseigentümern zu schaffen. Hauptinstrument dafür sei die Verbriefung von Immobilienkrediten durch die staatlichen Hypothekenbanken Fannie Mae und Freddie Mac gewesen, also der Kauf und die Bündelung von Krediten und die Emission von Wertpapieren, die durch die Rückzahlung dieser Kredite garantiert waren. Schuld sei also die schlechte Risikoüberwachung vonseiten des Staates.

Eine Studie des Ökonomen Edward Pinto unterstützt diesen Vorwurf. Demnach waren 2008 in den USA von 55 Millionen Immobilienkrediten 27 Millionen Risikokredite; von diesen waren wiederum etwas über 19 Millionen, also 70 Prozent, direkt nach dem Community-Reinvestment-Gesetz vergeben worden, und zwar von Fannie Mae und Freddie Mac und mit Garantien der Federal Housing Administration.[29] Diese Angaben stießen bei vielen Experten jedoch auf Verwunderung. Das Government Accountability Office (GAO), der Rechnungshof der USA, spricht in einem Bericht von nur 4,6 Millionen Risikoimmobilienkrediten. Andere Experten schätzen, dass die staatlichen Institutionen nur ein Drittel der Risikokredite vergeben hatten.

Wie lassen sich solche Unterschiede erklären? David Min, Direktor für Finanzmarktpolitik des Center for American Progress, wollte es wissen. Auf achtzehn Seiten voll mit Statistiken wies er nach, dass Edward Pinto etliches einfach erfunden hatte; um die Verantwortung der staatlichen Akteure aufzublasen, habe er Zahlen präsentiert, die »entweder falsch oder völlig entstellt waren«.[30]

Genervt von den Argumenten, die die Konservativen und Liberalen vorbrachten, bot Barry Ritholtz, Direktor von Equity Research, einem Unternehmen für Aktienanalyse und Finanzrecherchen, schließlich auf seiner Homepage eine Wette an: Wer meine, beweisen zu können, dass das CRA und die staatliche Politik für die Krise verantwortlich seien, solle einen Betrag zwischen 10 000 und 100 000 Dollar setzen. Er würde dagegenhalten, da er sich sicher sei, die Argumente zerpflücken zu können.[31] Pinto wagte es nicht und auch sonst niemand. Das hinderte republikanische Parteiführer oder liberale Leitartikelschreiber jedoch nicht daran, weiterhin zu behaupten, dass der Staat schuld an der Krise sei. Die Beweise lassen leider immer noch auf sich warten. Das soll nicht heißen, dass Fannie Mae und Freddie Mac eine weiße Weste hätten, sie waren nur nicht die Hauptverantwortlichen für die US-amerikanische Finanzkatastrophe.

Die Nebeneffekte der Profitgier
3. Akt: Der Betrug greift um sich

»Im Zuge eines Booms machen viele Menschen ein Vermögen; manche werden immer gieriger, und es tauchen Schwindler auf, die diese Gier ausnutzen.«[32] Charles Kindleberger hatte schon früh verstanden, dass Finanzkrisen mit Straftaten einhergehen. Das fasst er sehr gut zusammen: »Die Tendenz der Menschen, zu betrügen und sich betrügen zu lassen, wächst proportional zur Spekulationsneigung.«[33] Im 5. Kapitel seines Buches führt er zahlreiche Beispiele an. Und die Geschichte gibt ihm Recht: Während der Tulpenkrise kam es zu einigen Betrügereien, und auch in den 1920er-Jahren gab es neben Ponzi und Kreuger allerlei weitere Gauner.

Die Madoff-Affäre. Eng mit der Subprime-Krise verbunden ist der Name Bernard L. Madoff. Der allseits geschätzte Finanzmakler hatte ein betrügerisches System aufgebaut, das dem von Carlo Ponzi aus dem Jahr 1920 sehr ähnlich sah. Im Dezember 2008 flog es auf, und »Bernie« wurde verhaftet. Madoff ist der Archetyp eines Schurken. Hinter seiner Herzlichkeit und Umgänglichkeit verbarg sich ein passionierter Vabanquespieler. Ein Luxusappartment in Manhattan, Villen am Meer (auf Long Island, in Florida, an der Côte d'Azur), drei Jachten … Ende Dezember, als er unter Hausarrest stand und die Ermittler nach den Überresten seines Vermögens suchten, schickte er an Familienmitglieder »einige persönliche Gegenstände«, wie es sein Anwalt nannte: sechzehn Uhren, aus Gold oder diamantenverziert, von Cartier und Tiffany, Diamantcolliers, -ringe und -broschen, Jadecolliers und anderes im geschätzten Gesamtwert von über einer Million Dollar. Madoff war auch ein Philanthrop, doch ob er nun dem Luxus frönte oder Almosen verteilte: Er tat es immer mit dem Geld der anderen. Und dafür brauchte er viele gutgläubige Opfer.

Madoff war seit den 1960er-Jahren im Finanzsektor tätig, zur bekannten Persönlichkeit wurde er jedoch erst ab den 1980er-Jahren. Als man ihn verhaftete, hatte er seine Mitmenschen schon jahrzehntelang übers Ohr gehauen. Damit sein System funktionierte, mussten die Einnahmen immer höher sein als die Auszahlungen, und die Anleger mussten auf Heller und Pfennig ausbezahlt werden, sobald sie es verlangten. Wie war es Madoff gelungen, ständig neues Kapital anzulocken?

Seine vielfältigen und oft zitierten Beziehungen zu den reichsten US-Amerikanern ließen die Einnahmenquelle sprudeln. Damit allein hätte er aber nicht derart lange durchhalten können, und so baute Madoff ein Netz von Kundenfängern auf, die er großzügig entlohnte. Sie sorgten für Nachschub mithilfe von »Feederfonds« oder »Dachfonds« und empfahlen Kapitaleignern die besten Anlagemöglichkeiten. Dafür kassierten sie von ihren Kunden großzügige Provisionen und von Madoff Prämien. Ein einträgliches Geschäft also, das dazu verleitete, nicht allzu genau nachzuschauen, was der Investor mit dem Kapital machte. Zu diesen

Fonds gehörte auch Access International Advisers (AIA Group), dessen Co-Direktor Thierry Magon de La Villehuchet sich nach der Enthüllung des für ihn unerwarteten Skandals im Dezember 2008 das Leben nahm. Madoffs Zwischenhändler arbeiteten meistens in größter buchhalterischer und steuerlicher Intransparenz und saßen in der Schweiz, auf den Kaimaninseln, den Bermudas, in Irland oder Singapur. Der Kriminologe Jean-François Gayraud analysiert in seinem im April 2011 erschienenen Buch unter anderem die Funktionsweise der Feederfonds und zeigt, dass die Manager dreier dieser Fonds Beziehungen mit der Mafia unterhielten.[34] Somit war Bernard Madoff womöglich auch eine Anlaufstation für Geldwäsche.

Auch die Banken sorgten dafür, dass Madoff weiteres Geld zufloss. Einige – wie Credit Suisse, UBS und Banco Santander – boten ihren reichen Kunden Madoff-Produkte an. Andere – wie HSBC, Royal Bank of Scotland oder BNP Paribas – liehen den Feederfonds bedeutende Summen. In beiden Fällen mit ordentlichen Gewinnen. Im Gegensatz zu anderen Ponzi-Systemen versprach Madoff keine absurd hohen Renditen, sondern nur um die 10 Prozent und empfahl den Investoren, ihm anfangs nur wenig Kapital anzuvertrauen und den Betrag erst dann zu erhöhen, wenn sie von seinen Dienstleistungen überzeugt waren. Er begann in den USA, dehnte seinen Raubzug dann auf Europa, den Nahen Osten und Südostasien aus und versuchte sogar, in China Fuß zu fassen. Auf seiner Jagd nach Kapital machte er auch vor den Ersparnissen von Kleinanlegern nicht halt: In den USA brachte er sie dazu, sich zusammenzutun, um die 100 000 Dollar aufzubringen, die für eine Anlage bei den amerikanischen Banken notwendig waren; in Europa waren sogar Mindesteinlagen ab 50 000 Dollar möglich.

Das letzte Glied in der Kette war die US-Börsenaufsicht SEC. Trotz der Informationen, die sie bereits 1999 erhalten hatte, und trotz acht Kontrollen in sechzehn Jahren hat die Behörde nichts gesehen. So unterstützten ein zu Liberalismus und Deregulierung neigendes Umfeld und beschränkte Kontrollinstrumente den am längsten andauernden Betrug der globalen Finanzgeschichte. Erst die im Ausmaß ebenso einmalige Finanzkrise von 2008 brachte das Gebäude zum Einsturz: Die Investoren verlangten ihr Geld zurück und brachten Madoff damit in eine heikle Lage – jetzt fehlten ihm plötzlich 7 Milliarden Dollar. Ohne die Krise hätte er sie alle noch lange betrügen können.

Es gab aber noch eine andere Affäre, die von sich reden machte: Der texanische Milliardär Sir Robert Allen Stanford hatte von der Steueroase Antigua und Barbuda aus etwa 30 000 Kunden mit einem Pyramiden-Betrugssystem à la Ponzi 7 Milliarden Dollar aus der Tasche gezogen. Anfang 2009 flog er auf. Alle Merkmale der dunklen Seite des internationalen Finanzgeschäfts waren hier vereint: Abzocke, Steueroase, politische Korruption, Geldwäsche, und vielleicht trieb er sogar ein doppeltes Spiel, indem er den US-Behörden half, die Kanäle von Drogengeldern zu verfolgen.[35] Gayraud erwähnt auch die vielen »Mini-Madoffs«, die durch die Krise aufflogen und deren Betrug sich zwischen 5 und 700 Millionen Dollar bewegte. Das zeigt, dass strafbares Finanzgebaren viel weiter verbreitet war, als die wenigen von den Medien aufgegriffenen Fälle vermuten lassen.

Systemimmanenter Betrug. Der auf einzelne große Gauner beschränkte Kindleberger'sche Ansatz reicht nicht aus, um den Stellenwert und die Rolle des Betrugs in den Phasen von Finanzeuphorie und Finanzkrise zu erklären. Die Arbeiten des früheren Regulierungsbeamten William Black, der eine wichtige Rolle bei der Lösung der US-amerikanischen Savings-and-Loan-Krise der 1980er- und 1990er-Jahre spielte, helfen uns, einen Schritt weiterzugehen.

Black betont sehr zu Recht die Bedeutung der betrügerischen Immobilienkredite im Verlauf der 2000er-Jahre: Sie lieferten einen beträchtlichen Teil des Rohstoffs, der die Finanzinnovationen nährte, die schließlich zur Krise führten. Nach Blacks Schätzung gab es 500 000 bis 600 000 derartige Kredite, eine wahre Epidemie, deren Risiken schon 2004 vom FBI erwähnt wurden.[36]

Auf einer eher analytischen Ebene hat William Black in einem 2005 erschienenen Buch den Begriff *control fraud* geprägt. Darunter versteht Black strafbare Operationen durch eine Unternehmensspitze, die ihre Machtposition ausnutzt, um interne und externe Kontrollmechanismen zu umgehen und den eigenen Profit zu steigern. Derartige Betrügereien treten meist in Wellen auf und bergen gefährliche Risiken für das ganze System.[37] Die Pecora-Kommission hat bereits in den 1920er-Jahren in den Führungsgremien der großen Banken betrügerisches Verhalten nachgewiesen; weitere Beispiele sind die Savings-and-Loan-Krise und die Skandale bei Enron, Worldcom, Parmalat usw. Anfang der 2000er-Jahre. Die enorme Anzahl betrügerischer Subprime-Kredite ist ein neuer Beweis dafür.

Wie vor ihm Black, zieht auch Gayraud mehrere Lehren aus den Verbindungen zwischen Kriminalität und Finanzsektor, die in seinen Augen exemplarisch für alle Finanzkrisen sind: Seiner Ansicht nach ist die Finanzwelt grundsätzlich anfällig für Kriminelle; die großen Betrugsfälle treten in Wellen auf; Kontrollgremien (Finanzprüfung, Juristen, Regulierer usw.) werden umgangen oder missbraucht; die gefährlichsten Betrüger stammen aus den Unternehmen selbst; Betrug wird durch die Ohnmacht der Regulierer begünstigt; Vergütungssysteme wie Aktienoptionen verleiten zusätzlich zu unkorrektem Verhalten.[38]

All diese Ansätze sind zwar interessant, weil sie wirtschaftliche und kriminologische Konzepte verbinden. Den Juristen und Experten für Finanzkriminalität Jean de Maillard überzeugen sie jedoch nicht. Seiner Meinung nach beantworten Analysen wie die von Black nicht die Frage, warum »ein Manager zum Betrüger wird, während ein anderer unter den gleichen Bedingungen sauber bleibt«. Außerdem bleibt die wichtige Frage offen: »Warum und wie kann sich betrügerisches Verhalten einzelner, nur am Eigeninteresse orientierter Manager so ausbreiten, dass es am Ende sogar einen Systemeffekt auslösen kann, der den Markt selbst zerstört?«[39] Jean de Maillard geht deshalb weiter. Das Finanzsystem, sagt er, sei nicht das Opfer von betrügerischen Managern, die günstige Gelegenheiten ausnutzten. Der Betrug sei systemimmant und damit Teil des Finanzssektors und beschränke sich nicht auf das organisierte Verbrechen, ein paar große Abzocker und der Versuchung erliegende Manager.

Um kein Missverständnis aufkommen zu lassen: Keiner der Autoren behauptet, dass alle Finanzmanager Betrüger oder gar Mafiosi seien. Fakt ist jedoch, dass die Grenze zwischen Erlaubtem und Unerlaubtem extrem durchlässig ist und Grenzüberschreitungen Teil der »normalen« Funktionsweise des Finanzsektors sind. Nach Jean de Maillard gibt es dafür drei Vorgehensweisen: Geldanlagen, die die gewünschten Erträge nur durch Manipulation und Übertretung der Marktgesetze erbringen können; der Einsatz von Verschleierungsmethoden in der Buchhaltung und juristischen Finten (bilanzexterne Finanzierung und Steueroasen); Vervielfachung von Finanzinnovationen als Umgehungswerkzeuge.[40]

Alle kritisieren die Blindheit der Ökonomen in diesem Bereich. Der Nationalökonom, so Jean-Baptiste Say in seinem *Ausführlichen Lehrbuch der praktischen Politischen Oekonomie* von 1829, untersuche die Erscheinungen nur aus der Perspektive seiner Wissenschaft: »In einem betrügerischen Gewinn wird er eine Vermögensumverteilung sehen, während der Moralist eine Ungerechtigkeit verdammt.«[41] Erinnern wir uns auch an die berühmte Überlegung des Ökonomen Léon Walras in seinen *Éléments d'économie politique pure* von 1874: »Ob eine Substanz von einem Arzt genutzt wird, um einen Kranken zu heilen, oder von einem Mörder, um seine Familie zu vergiften, ist unter anderen Umständen eine sehr wichtige Frage, für uns aber völlig unerheblich.«[42] Man darf sich also nicht wundern, wenn sich die Ökonomen lange Zeit nicht für das kriminelle Potenzial des Finanzsektors interessiert haben; sie fanden, diese Frage gehe sie nichts an.

Die untersuchten historischen Krisen beweisen jedoch eher das Gegenteil. Laws Finanzblase hatte hinsichtlich der von der Banque Générale und der Banque Royale vergebenen Kredite in beträchtlichem Ausmaß mit buchhalterischer Verschleierung zu tun; Charles Morse, die Heinze-Brüder und andere Finanzjongleure des gleichen Schlags übertraten die Marktgesetze.[43] Gleiches galt, wie die Pecora-Kommission an den Tag brachte, für die großen Banken in den 1920er-Jahren. Der Abschlussbericht der Untersuchungskommission über die Finanzkrise, der Anfang 2011 in den USA veröffentlicht wurde, hebt vor allem das Verhalten eines gewissen Angelo Mozilo hervor. Der CEO der Countrywide Financial Corporation hatte 2006 in einer E-Mail geschrieben: »In meiner ganzen Karriere habe ich kein so toxisches Produkt gesehen« – damit meinte er die faulen Immobilienkredite, die sein Unternehmen dennoch munter weiter verkaufte.[44]

Wir haben schon die vorsätzlichen Verstöße gegen die Risikokontrollen erwähnt, die auch der Untersuchungsbericht in Bezug auf Lehman Brothers und Citigroup feststellt. Dort gerieten Kontrolleure unter Beschuss, die zur Vorsicht rieten, als ihnen die zunehmenden Risiken auffielen. Sie wurden bestraft, indem man ihre Kompetenzen und ihr Einkommen beschnitt, oder gleich entlassen. Die Untersuchungskommission verweist auch auf die Verwendung bilanzexterner Finanzierung *(off-balance sheet)* durch die Citigroup, womit sie einen Teil ihrer Aktivitäten verschleierte, weil sie sonst mehr Eigenkapital hätte halten müssen – das aber wäre für sie teurer und weniger einträglich geworden. Ohne diese Verschleierungstaktik hätte das Verhältnis Fremdkapital zu Eigenkapital der Bank bei 48:1 gelegen und nicht, wie man Investoren und Regulierern glauben machte, bei 22:1.[45] Auch Lehman Brothers gab das Verhältnis zwischen der Gesamtheit seiner Aktiva und seinem Eigenkapital niedriger an. Dort bediente man sich eines »Repo 105« genannten Bilanztricks, der es ermöglichte, die Bilanz unmittelbar vor dem Quartalsbericht mit zahlreichen Transaktionen zu verfälschen. Diesen Transaktionen fehlte jede ökonomische Substanz, sie waren nur dazu bestimmt, den tatsächlichen Bestand des Unternehmens zu verschleiern. Goldman Sachs musste 2010 in den USA ein Bußgeld von 550 Millionen Dollar und in Großbritannien von 20 Millionen Euro zahlen, um die sogenannte Abacus-Affäre abzuschließen. Abacus war ein Finanzprodukt, das ein Angestellter an Kunden verkauft hatte, obwohl es nur entwickelt worden war, um dem Hedgefonds des Großspekulanten John Paulson, der auf den Absturz seines Wertes gesetzt hatte, Gewinne einzubringen.

Am 13. Dezember 2009 überraschte Antonio Maria Costa, damals Direktor des Büros der Vereinten Nationen für Drogen- und Verbrechensbekämpfung, in der britischen Zeitung *The Observer* mit der Aussage, dass im zweiten Halbjahr 2008 »Drogengelder das einzige flüssige Investmentkapital waren« und dass sich in diesem Zeitraum »die Banken gegenseitig Geld liehen, das aus dem Drogenhandel und anderen illegalen Aktivitäten stammte. Es gibt Anzeichen dafür, dass einige Banken auf diesem Weg gerettet wurden.«

John le Carré hat das Thema in seinem 2010 erschienenen Roman *Verräter wie wir*[46] aufgegriffen: Aus Angst vor einer internen

Abrechnung bittet der Chef eines Geldwäschesyndikats der russischen Mafia den britischen Geheimdienst um Schutz. Im Gegenzug bietet er Informationen darüber an, welche Persönlichkeiten aus Gesellschaft und Politik in die Geldwäscherei verwickelt sind. Der Finanzplatz London wird hier als Drehscheibe des Steuerbetrugs und des Handels mit schmutzigem Geld beschrieben. Seriöse Studien belegen, wie nah der Roman an der Realität bleibt.[47]

Die beeindruckende Geldmenge, die die Zentralbanken in ihre kriselnden Banken pumpten, verringerte zunächst die Notwendigkeit, auf dunkle Quellen zurückzugreifen. Eine weitere Untersuchung des *Observers* vom April 2011 zeigte jedoch, dass eine der größten US-Banken, Wachovia, zwischen 2004 und 2007 fast 380 Milliarden Dollar aus Mexiko gewaschen hatte; dieses Geschäft wäre sicher weitergegangen, wenn es nicht von Steuer- und Antidrogenbehörden aufgedeckt worden wäre. Diese Tatsache und die Aussage von Antonio Costa lassen also den Verdacht aufkommen, dass auch andere Banken derartige Aktivitäten während der Krise ausbauten.

Die Rolle der Steueroasen. Die Rolle der Steueroasen während der Krise wird meistens erheblich unterschätzt, denn sie werden oft nur auf ihre Funktion als Steuerfluchtland reduziert. Es ist aber nur schwer vorstellbar, dass die Krise ohne die Existenz von Steueroasen hätte ausbrechen können, zumindest hätte sie nicht dieses Ausmaß erreicht. Ein Bericht des Rechnungshofs der USA zeigt, dass ein Teil des Phantombanksystems, das die US-amerikanischen Finanzinstitute für ihre toxischen Wertpapiere errichteten, auf den Kaimaninseln beheimatet war. Ein Bericht des deutsch-französischen Finanz- und Wirtschaftsrats bestätigt: »Es ist Tatsache, dass sich ein substanzieller Teil der Finanzinterventionen auf die eine oder andere Weise der Gelegenheiten und Sonderregelungen jeder Art bedient, die die unkooperativen Territorien anbieten.« Hinter der höflichen Bezeichnung »unkooperative Territorien« verbergen sich Steuerparadiese. Der Bericht fährt fort, dass »in quantitativer Hinsicht Schätzungen im Umlauf sind, nach denen zwei Drittel des außerbörslichen Handels (OTC) mit Kreditderivaten unter Zuhilfenahme unkooperativer Territorien ablaufen«; präziser wird der Bericht jedoch nicht, er gibt auch keine Quellen an.

Die Schwierigkeiten der britischen Bank Northern Rock, die als eine der ersten bereits 2007 fast in Konkurs gegangen wäre, rührten von einer viel zu hohen kurzfristigen Verschuldung her, die sie in ihrer auf Jersey registrierten Filiale Granite versteckt hatte. Die erste US-Investmentbank, die Konkurs anmeldete, war Bear Stearns. Hier war der Grund der Zusammenbruch ihrer Hedgefonds, die in Dublin und auf den Kaimaninseln ansässig waren. Das Gleiche bei der deutschen Hypo Real Estate und ihren irischen Fonds. Island verschuldete sich für mehrere Generationen, um die britischen und holländischen Kunden ihrer auf Guernesey (Landsbanki) und der Isle of Man (Kaupthing) ansässigen Banken zu entschädigen.

Eine am Konkursverfahren von Lehman Brothers beteiligte Person erklärte: »Man muss erst einmal verstehen, bei welcher Filiale die Beschäftigten angestellt sind. Plötzlich steht man vor einer Institution, die zwar eine umfangreiche Bilanz vorlegt, für die aber niemand arbeitet.«[48] Das ist wohl eine Anspielung auf die Steuerparadiese, in denen man seine Aktivitäten ansiedelt, um dem Gesetz und dem Fiskus zu entgehen. Die Rolle der Schweiz, Luxemburgs, der Britischen Jungferninseln oder der Bermudas im Madoff-Skandal und die von Antigua im Allen-Stanford-Skandal ist nachgewiesen. Die wichtigsten Ereignisse dieser Krise haben mit illegalen Praktiken im Zusammenhang mit Steuerparadiesen zu tun.

Wer auch immer über den Betrugsaspekt in Finanzkrisen schreibt, gelangt – auch wenn es Unterschiede in der Analyse oder der Interpretation gibt – zu der gleichen Erkenntnis wie Jean-François Gayraud: »Die ökonomische und finanzielle Deregulierung fördert Straftaten.«[49] Wir haben bereits dargelegt, inwieweit die Deregulierung ein Schritt in Richtung Krise ist. Erst recht, wenn die Profiteure der Finanzmarktliberalisierung immer mehr davon verlangen.

Die Ungleichheit: Wasser auf die Krisenmühlen

Die Existenz sozialer Ungleichheit ist weder eine notwendige noch eine hinreichende Bedingung für Finanzkrisen. Die Ökonomen Anthony B. Atkinson und Salvatore Morelli untersuchten 2011 25 Krisen und stellten fest, dass nur bei zehn Krisen zuvor die Ungleichheit angestiegen war (unter anderem in Südkorea, Island, Malaysia und Schweden). Acht weiteren Krisen ging eine Phase der Stabilität oder sogar abnehmender Ungleichheit bei der Aufteilung der Einkünfte voraus (unter anderem in Finnland, Japan und Norwegen).[50] Die beiden Autoren haben das Pferd jedoch falsch herum aufgezäumt: Sie hatten eine Liste mit Finanzkrisen und untersuchten diese daraufhin, ob ihnen ein Anstieg der Ungleichheit vorausgegangen war. Es ist wenig überraschend, dass sie herausgefunden haben, dass Ungleichheit allein keine Ursache für eine Krise sein kann. Es wäre interessanter gewesen, wenn sie zunächst alle Perioden untersucht hätten, in denen die Ungleichheit stark zunahm, und dann überprüft hätten, ob darauf Finanzkrisen folgten und warum. Dieses Kapitel zeigt, dass es vielfältige, komplexe und miteinander verflochtene Abläufe gibt, die zu einer Krise führen.

Alle Krisen, die wir geschildert haben, fanden in einem Umfeld großer Ungleichheit statt. Für die beiden größten Krisen der Geschichte – die von 1929 und die Subprime-Krise – zeigen die Arbeiten von Thomas Piketty und Emmanuel Saez in den Jahrzehnten vor der Krise eine wachsende Ungleichheit.

Abb. 3: **Die Krise von 1929 und die Subprime-Krise folgen auf eine Periode mit starkem Anstieg der Ungleichheit**

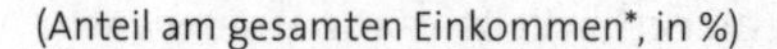

(Anteil am gesamten Einkommen*, in %)

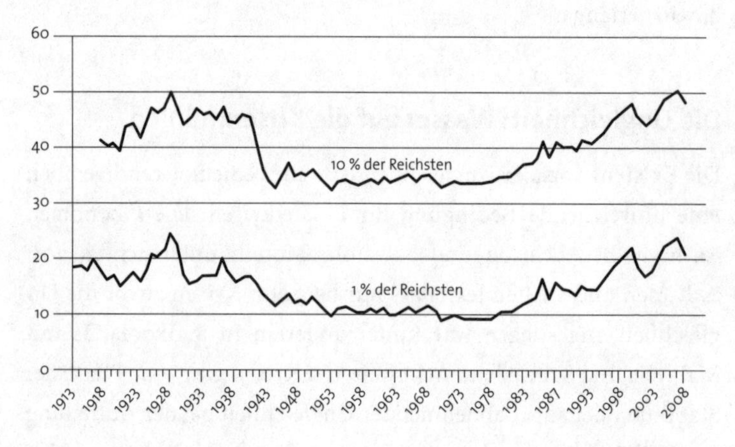

*einschließlich Kapitalgewinne. Quelle: T. Piketty und E. Saez

Aus den Arbeiten der Ökonomen Thomas Philippon und Ariell Reshef geht hervor, dass Perioden der Finanzliberalisierung mit einem enormen Anstieg der Einkommen in der Finanzbranche im Verhältnis zur allgemeinen Einkommensentwicklung einhergehen. Philippon schließt daraus, dass die Angestellten der Finanzbranche, gemessen an ihrer Ausbildung und dem Risiko, ihren Arbeitsplatz zu verlieren, vor der Subprime-Krise 40 Prozent zu hoch bezahlt wurden. Olivier Godechot kam in einer Studie zu dem Ergebnis, dass in Frankreich zwischen 1996 und 2007 knapp die Hälfte des starken Zuwachses der Lohneinkommen, die die 0,01 Prozent der Reichsten betraf, in der Finanzbranche anfiel. Er hat auch die Einkommensentwicklung einiger Berufe der Einkommenselite verglichen: die »Entwicklung der Gehälter der Top 100 der Finanzmanager, der Top 100 der Manager ohne Finanzsektor (und ohne Unterhaltungsindustrie), der Top 100 der Unternehmensmanager, der Top 25 der Sportler und der Top 20 der Gehaltsempfänger im Bereich Kino, Fernsehen und Video (die meisten davon Schauspieler). Zwischen 1996 und 2007 stiegen die Einkommen in der letztgenannten Gruppe um das 1,5-Fache, beim Sport und den CEOs um das 3,3-Fache, bei den Topmanagern ohne Finanzsektor auf das 3,6-Fache und bei den Top 100 der Finanzwelt auf das 8,7-Fache«. Zwei frühere Studien hatten das gleiche Phänomen in Großbritannien und den USA gezeigt: Die Entwicklung der Einkommen im Finanzsektor war einer der Hauptgründe für die zunehmende Ungleichheit vor der Krise.[51]

Man kann zwar beweisen, dass Finanzderegulierung und zunehmende Einkommensungleichheit Hand in Hand gehen. Aber sagt das auch etwas darüber aus, ob diese Ungleichheit die Finanzinstabilität fördert oder nicht? Es gab in mehreren Perioden starker Ungleichheit auch Spekulationsblasen, aber man muss auch die Frage von Paul Krugman beantworten können, ob es einen kausalen Zusammenhang zwischen den beiden Phänomenen gibt oder ob sie gemeinsame Ursachen haben.[52]

Kausaler Zusammenhang oder gemeinsame Ursachen? Für die beiden Wissenschaftler Jon D. Wisman und Barton Baker gibt es keine Zweifel: Die Ungleichheit, antworten sie, ist eine »fundamental entscheidende Ursache« für Finanzkrisen, und sie nennen dafür drei Gründe.

Der erste ist, dass die Reichen bei der Anlage von Ersparnissen den Ton angeben. Die Daten von Wisman und Baker zeigen, dass von 1992 bis 1998 die reichsten 10 Prozent der US-Amerikaner Kapitalanlagen bevorzugten und dass andere Anleger von 1998 bis 2001 ihrem Beispiel folgten. Von 1995 bis 2001 gingen die Reichen zu Immobilienanlagen über, ab 2001 folgten die anderen. Die Reichen ziehen also die Ersparnisse der anderen mit sich und verstärken so die Bewegung, die durch ihre eigenen Strategien entsteht. Das Argument scheint demnach von Zahlen untermauert zu sein, es erklärt aber nicht, warum die Ungleichheit eine entscheidende Ursache für die Finanzkrise ist. Selbst in einer Periode geringer Ungleichheit gibt es Bevölkerungsanteile, die reicher sind als andere und deren Anlagestrategien einen Nachahmungseffekt haben, ohne dass es zu einer Blase kommt. Oder ist dieser Effekt in Zeiten geringerer Ungleichheit schwächer? Das lässt sich der Studie der beiden Wissenschaftler nicht entnehmen.

Sehen wir uns den zweiten Grund an: Wenn die Reichen noch reicher werden, unternimmt die Mittelschicht, die ihren Sozialstatus unbedingt halten will und nicht deklassiert werden möchte, alles, um sich so weit wie möglich dem Lebensstil der Superreichen anzunähern. Das tut sie auf drei Wegen: indem sie ihre Ersparnisse reduziert und mehr konsumiert, indem sie länger arbeitet, um mehr zu verdienen, und indem sie mehr Schulden macht. Diese drei Punkte werden für die 2000er-Jahre von den US-Statistiken eindeutig bestätigt. Vielleicht macht es Historikern Spaß zu überprüfen, ob das auch bei anderen, vergleichbaren Episoden der Fall war, aber selbst wenn es so wäre, hilft es uns für das Verständnis des Ausbruchs von Finanzkrisen nicht weiter. Warum sollte eine steigende Zahl von Überstunden oder die Verminderung der Sparquote eine Finanzkrise auslösen?

Wir müssen uns noch das Argument der wachsenden Verschuldung genauer ansehen, denn es wird nicht nur von Michael Kumhof und Romain Rancière, zwei Ökonomen des IWF, in einem 2010 veröffentlichten Arbeitsdokument angeführt, sondern auch von Paul Krugman. Auch hier sind die Zahlen eindeutig: Die Höhe der Schulden der US-Haushalte im Verhältnis zum Bruttoinlandsprodukt »hat sich zwischen 1920 und 1932 praktisch verdoppelt, ebenso zwischen 1983 und 2007, auf wesentlich höherem Niveau als 1932«. Diese übergroße Verschuldung hätte jedoch auch eine steigende Zahl zahlungsunfähiger Haushalte mit sich bringen und die Banken gefährden müssen, die die Kredite gewährt hatten. Das geschah tatsächlich bei vielen Familien, ihre Vermögenssituation verschlechterte sich, was vor allem bei den Armen zu vermehrten Immobilienpfändungen führte; über viele Jahre müssen sie nun ihr Einkommen in die Entschuldung statt in den Konsum stecken, was wiederum die Binnennachfrage belastet.

Das erklärt aber immer noch nicht, warum die Investmentbank Lehman Brothers, die nicht gerade auf Kredite für die Mittelschicht oder die Armen spezialisiert war, in der Versenkung verschwunden ist. Auch nicht, warum danach beinahe das ganze globale Bankensystem zusammengebrochen wäre. Die Krise hat dieses Ausmaß erreicht, weil die nicht kontrollierten Finanzinnovationen – all die Collateralized Debt Obligations, Credit Default Swaps und Special Investment Vehicles – den Risikovirus weitergetragen haben und weil es eine Kreditblase, ein schlechtes Risikomanagement usw. gab. Eine zunehmende Verschuldung der Armen und der Mittelschicht allein reicht nicht, um eine weltweite Finanzkrise auszulösen.

Der politische Einfluss der Reichen. Der dritte von Wisman und Baker vorgebrachte Grund scheint der stichhaltigste zu sein: Wenn die Reichen sehr reich werden, erlangen sie als Gesellschaftsgruppe und als Unternehmensmanager eine sehr große politische und ideologische Macht, die sie in den Dienst ihrer persönlichen Interessen und der Interessen ihrer Wirtschaftstätigkeit stellen können. Wenn man den von Philippon und Reshef eingeführten Index der Finanzderegulierung mit den Angaben über die Einkommensungleichheit von Piketty und Saez vergleicht, ist man überrascht, wie parallel sich diese entwickeln.

Abb. 4: **Verbindung zwischen politischer und Finanzmacht**

Quelle: Angaben von Piketty und Saez, Philippon und Reshef

Gibt es eine direkte Verbindung zwischen den beiden Entwicklungen, und wie fügt sie sich in den Ablauf von Finanzkrisen ein? In der Fachliteratur liest man immer wieder, dass die Reichen ihre Macht auf drei Wegen ausspielen: indem sie erstens Finanzprodukte mit sehr hohen Renditen verlangen, damit sie noch reicher werden (dazu braucht es die Innovationen); indem sie zweitens Politiker zu Deregulierungen verleiten, um alle Risiken eingehen zu können und um Steuern zu sparen (was andere Probleme aufwirft, mit denen wir uns hier nicht beschäftigen), und indem sie drittens ein geistiges Klima schaffen, das ihren Interessen förderlich ist. Sehen wir uns diese drei Punkte an.

Resultiert die Nachfrage nach nichtkontrollierten Finanzinnovationen wirklich aus der Nachfrage der Reichen? Wir haben gesehen, dass die jüngsten Innovationen von den Banken angeboten und gefördert wurden. Galbraith vertritt in seinem Buch über die Krise von 1929 dieselbe These. Ohne Zweifel sind Hedgefonds und andere Einrichtungen auf der Suche nach innovativen Anlagestrategien, aber das Angebot von Produkten scheint vor der Nachfrage dagewesen zu sein.

Wie die reichen Investoren mit den ebenfalls reichen Managern der großen Banken unter einer Decke stecken, um die Politik zu beeinflussen, wird im Buch von Simon Johnson und James Kwak beschrieben.[53] Bekanntermaßen sind sie Großspender in Wahlkämpfen und setzen ihr Geld auch gezielt bei Parlamentariern ein, die eine wichtige Rolle bei der Banken- und Finanzmarktregulierung spielen könnten. Und dann gibt es noch die Brücken zwischen Politik und Finanzsektor, die es den Banken ermöglichen, Machtpositionen innerhalb des Staatsapparats zu besetzen. Sowohl Robert Rubin, Bill Clintons Finanzminister, als auch Henry Paulson, Finanzminister unter George Bush, kamen von Goldman Sachs. Das Hin und Her zwischen Finanzsektor und Politik ist zwar nicht neu, laut Simon und Kwak nahm es im Verlauf der 1990er- und 2000er-Jahre jedoch eine bislang ungekannte Dimension an: Zum einen stammten immer mehr Politiker aus den Investmentbanken (die risikofreudiger waren als die alten Manager der Geschäftsbanken); zum anderen nahmen, je komplexer der Finanzsektor mit seinen Innovationen wurde, immer mehr Wall-Street-Insider in der Regierung Platz, womit sie einen riesigen Einfluss auf die Politik bekamen.

Drei Ökonomen – Philippe Herlin, Denis Clerc und Justin Fox – haben das Lobbying der Finanzindustrie im Zeitraum 2000 bis 2006 untersucht. Ihre Ergebnisse sind verblüffend.[54] Sechzehn Gesetzentwürfe, die zweifelhafte Praktiken bei den Immobilienkrediten unterbinden sollten, scheiterten am politischen Druck der Finanzwelt. Und die erbittertsten Antiregulierungskämpfer sind natürlich diejenigen, die die größten Risiken eingehen. Man kann den Autoren deshalb nur zustimmen, wenn sie schlussfolgern, dass »das Lobbying der Finanzinstitute dazu beitragen kann, die Risiken zu vervielfachen und die Stabilität des Finanzsystems zu gefährden«.

Schließlich bieten Gesellschaften mit besonders ausgeprägter Ungleichheit den Reichen die Gelegenheit, die Ideen zu fördern, die ihre Macht und ihren Reichtum als normalen und natürlichen Zustand der Welt rechtfertigen. Dazu stützen sie sich auf die Experten, vor allem Ökonomen, die aus persönlichen, intellektuellen oder finanziellen Beweggründen bereit sind, als ideologische Bürgen für alle Mechanismen einer krisenhaften Entwicklung zu dienen, die in diesem Kapitel beschrieben sind.

Die Rolle der Ökonomen. John Law war das Kunststück gelungen, eine Theorie zu entwickeln, die er gleich auch selbst umsetzen konnte. Im letzten Kapitel haben wir von Galbraith erfahren, dass die Investmentfonds der 1920er-Jahre hauseigene Wirtschaftsberater beschäftigten, die ihre Strategien bereitwillig unterstützten.

Charles Ferguson drehte 2010 den bemerkenswerten Dokumentarfilm *Inside Job.* Unter anderem zeigt er in zwanzig ziemlich erschreckenden Minuten, wie einige Ökonomen ihr Denken in den Dienst der Finanzwirtschaft gestellt haben, um persönlichen Profit daraus zu ziehen. Die verlegenen Antworten von Frederic Mishkin, dem früheren Vorstandsmitglied der US-Zentralbank, wirken oft lächerlich. Er hatte seinen Posten im August 2008, also mitten in der Krise, verlassen, da er, wie er im Film sagt, »ein Handbuch aktualisieren musste«. Ferguson hält ihm vor, Geld erhalten zu haben, damit er – wenige Monate vor dem Kollaps Islands – in einem Bericht das Finanzmarktregulierungssystem des

Landes lobte, und als Zuschauer würde man gern über das Stammeln des Mannes lachen, wenn man nicht die dramatischen Auswirkungen der Krise auf das Land vor Augen hätte. Aus ähnlichen Gründen steht in dem Film auch Richard Portes am Pranger, Professor an der London Business School und Präsident des Centre for Economic Policy Research, der größten britischen Denkfabrik in Wirtschaftsfragen. Der US-Amerikaner Martin Feldstein, früher Wirtschaftsberater von Ronald Reagan und Verwaltungsratsmitglied von AIG, zeigt kein Bedauern und zieht es vor zu schweigen. Am aggressivsten tritt Glenn Hubbard auf, der Wirtschaftsberater George W. Bushs.

Die Verantwortung der Ökonomen geht jedoch über die Eingeständnisse des einen oder anderen Akteurs hinaus. Die herrschende ökonomische »Wissenschaft« liefert das geistige Fundament zur Rechtfertigung der angeblichen Harmlosigkeit riskanter Finanzinnovationen, der unabdingbaren Deregulierung des Finanzsektors und der Notwendigkeit, die Finanzmärkte frei agieren zu lassen. Die schlagende Begründung lautete: Finanzkrisen kann es einfach nicht mehr geben. Wie kamen die Ökonomen dazu, eine solche Position zu vertreten, und wie konnten deren Anhänger regelmäßig mit dem Nobelpreis für Wirtschaftswissenschaften ausgezeichnet werden? Die Geschichte wurde schon oft erzählt, beschränken wir uns also auf das Grundschema.[55]

Die Idee lautet, dass die Finanzmärkte »effizient« sind, das heißt, dass Aktienkurse, Wechselkurse, Erdölpreise usw. immer alle verfügbaren Informationen widerspiegeln. Die Preise schwanken nur, wenn neue Informationen auftauchen, die sich in den Preisen niederschlagen; die unterschiedlichen Renditen der Aktiva spiegeln das unterschiedliche Risikoniveau wider. Wenn dazu noch die Vorstellung kommt, die Derivatprodukte seien ein perfektes Versicherungssystem, mit dem der Inhaber einer Anlage das Risiko jederzeit gegen eine Vergütung an einen anderen Akteur übertragen könne, dann werden die Finanzmärkte zu Orten, wo Spekulationsblasen unmöglich sind, weil der Markt die Risiken genau identifiziert und mit einem Preis versieht. Der Markt diszipliniert sich selbst. Dazu kommt noch die in der Wirtschaftspolitik vorherrschende Meinung, der Staat könne nur Schaden anrichten, während die unsichtbare Hand des Marktes alles bestens richte. Diese bei der politischen und universitären Elite weit verbreitete Ansicht fand schließlich auch bei den Regulierern Gehör.

Simon und Kwak schreiben, dass die »Finanzwissenschaft an den Universitäten viel dazu beigetragen hat, die neuen Märkte aufzubauen und neue Einnahmenquellen für die Wall Street zu schaffen. Noch wichtiger war ihre Rolle aber in Bezug auf die Ideologie, die sie verbreitet hat.«[56]

Für Joseph Stiglitz »war die Wirtschaftswissenschaft – mehr, als die Volkswirte es wahrhaben wollen – von einer wissenschaftlichen Disziplin zum größten Cheerleader der freien Marktwirtschaft geworden«[57]. Und auch die Wirtschaftswissenschaftler gehören auf die lange Liste der Schuldigen für diese Krise:

> »[...] weil sie den geistigen Rahmen geliefert haben, den die Finanzregulierer nutzten, um ihre Untätigkeit zu rechtfertigen, und die Zentralbanken, um zu versichern, dass Blasen unmöglich seien. [...] Die Wirtschaftswissenschaftler haben auch die Modelle entwickelt, auf die sich die Zentralbanken bei ihren Beteuerungen stützten, für ein dauerhaftes Wachstum reiche es aus, eine schwache Inflation auf den Gütermärkten zu haben, man müsse sich nicht um die Preisentwicklung bei Wertanlagen (Immobilien, Aktien usw.) sorgen. Schließlich haben sie auch bei der Meinungsbildung der Regierenden mitgewirkt. Politiker sind keine Ökonomen, sie folgen der vorherrschenden Theorie. Und die Ökonomen haben die letzten fünfundzwanzig

Jahre immer nur erklärt, dass man den Finanzmarkt nicht regulieren dürfe. All das hat zu der Krise beigetragen.«[58]

Warum aber sind so viele Ökonomen dieser Linie gefolgt? »Aus Ideologie. Sie liebten diese Modelle, weil sie die ›richtige‹ Antwort gaben. Die Ökonomen sind nicht zu ihren Schlussfolgerungen gelangt, weil sie die Modelle benutzten, sie benutzten sie, weil sie ihre liberalen Theorien bestätigt sehen wollten«,[59] schlussfolgert Stiglitz erbarmungslos. Dass sich die Ökonomen mehr um Ideologie als um Wissenschaft kümmern, ist keine Überraschung. Die französischen Ökonomen Charles Gide und Charles Rist stellten schon in der ersten Hälfte des 20. Jahrhunderts fest: »Religiöser Glaube und Moralanschauungen, politische und soziale Überzeugungen, individuelle Gefühle und Neigungen, bis zu persönlichen Interessen und Erfahrungen spielen hier ihre Rolle und tragen dazu bei, den Standpunkt eines jeden zu bestimmen.«[60] Und John Kenneth Galbraith schreibt: »Es wird hoffentlich deutlich genug geworden sein, dass die Wirtschaftswissenschaft nicht abgelöst von der Wirklichkeit besteht – abgelöst vom gleichzeitigen Wirtschafts- und Staatsleben, das ihr ihre Form verleiht, oder von den stillschweigenden oder ausdrücklich formulierten Interessen, die sie in ihrem jeweiligen eigenen Sinne zurechtbiegen.«[61]

Das letzte Wort überlassen wir dem Wirtschaftsnobelpreisträger Maurice Allais, für den »der Erfolg der ökonomischen Lehren in allen Epochen der Geschichte nicht durch ihren eigentlichen Wert bestimmt wurde, sondern durch die Macht der Interessen und Gefühle, denen sie dienten«. Deshalb schlussfolgert er: »Die Wirtschaftswissenschaft entgeht dem Dogmatismus ebenso wenig wie jede andere Wissenschaft; bei ihr wird dieser Dogmatismus jedoch durch die Macht der Interessen und der Ideologien beträchtlich verstärkt.«[62] Besser kann man die Rolle der Wirtschaftswissenschaftler der herrschenden Doktrin während der Subprime-

Krise nicht beschreiben. Sie dienten den Interessen der Reichen und Mächtigen umso besser, als sie selbst dazugehörten. In diesem Sinne sind soziale Krise, also die zunehmende Ungleichheit, ideologische Krise und Finanzkrise zweifellos miteinander verbunden.

Blindheit vor der Katastrophe

Alle bisher dargestellten Mechanismen nährten die in den ersten Kapiteln beschriebenen Finanzblasen. Die Krisen waren aber nicht unvermeidbar. Meistens wurden sie sogar von Zeitgenossen vorhergesehen. 1636/37 zirkulierten in Holland Pamphlete, die die Leichtgläubigkeit all jener anprangerten, die dachten, die Preise für die Terminkontrakte würde ewig steigen. Cantillon und Daniel Defoe kritisierten den Wahnsinn des Law-Systems lange vor dessen Absturz; der Bankier Paul Warburg warnte bei den ersten Anzeichen der Panik von 1907 ebenso vor einer bevorstehenden allgemeinen Krise wie der Finanzchronist der *New York Times*, Alexander D. Noyes. Auch die Subprime-Krise hatten viele vorhergesehen: Analysten, Anwälte, Verbraucherverbände, das Wirtschaftsmagazin *The Economist*, FBI-Agenten, Risikokontrolleure und sogar einige Ökonomen hatten vor einer möglichen Krise gewarnt.

Warum schenkt man denen, die in einer Phase der Finanzeuphorie klaren Kopf bewahren, niemals Gehör? Der französische Ökonom André Orléan spricht von »Blindheit vor der Katastrophe«[63]. Um zu verstehen, welche Kräfte dabei wirken, erinnert uns Orléan daran, dass »eine Wertanlage im weitesten Sinne immer ein Anrecht auf künftige Einnahmen ist. Ihren Wert zu schätzen, heißt, die Einnahmen für den gesamten Anlagezeitraum so gut wie möglich vorherzusehen.« Niemand kennt allerdings die Zukunft, es ist unmöglich, einen »objektiven« Preis für eine Aktie, eine Devise usw. zu bestimmen. Man kann die besten Statistikmodelle benutzen, doch die Unsicherheit bleibt. Die Schätzungen, wie hoch der Preis dieser oder jener Anlage sein sollte, beruhen deshalb immer auch auf persönlichen Einschätzungen, Meinungen und Vermutungen.

Wenn unter diesen Umständen ein Ökonom wie etwa Robert Shiller einige Jahre vor Ausbruch der Krise behauptete, die USA werde eine Immobilienblase erleben, dann konnte er das nicht »objektiv« belegen, weil es keinen eindeutigen Wert für den Preis von Häusern oder anderen von einer Blase erfassten Wertanlagen gibt. Natürlich hören Investoren lieber auf den, der ihnen sagt, dass alles gut sei und sie weiterhin problemlos Geld verdienen könnten. Hyman Minsky bringt das gleiche Argument vor: »Weil die Reden derer, die Zweifel anmelden, nicht gern gehört werden, ist es für die etablierten Ansichten am zweckmäßigsten, die Argumente zu ignorieren, die aus unkonventionellen Theorien, der Geschichte und institutionellen Analysen hergeleitet werden.«[64]

André Orléan nennt drei Faktoren, die die Blindheit verstärken. Dem ersten liegt der Glaube zugrunde, dass »diesmal alles anders ist«: Was immer man aus früheren Krisen gelernt habe, heißt es, sei in diesem Fall nicht anwendbar, denn die Wirtschaft und der Finanzsektor funktionierten nun anders, was eine Preishausse bei dieser oder jener Wertanlage rechtfertige. Wir haben im letzten Kapitel gesehen, dass der britische Ökonom Lionel Robbins dem schon in den 1920er-Jahren widersprach. Der Glaube an die New Economy diente als Rechtfertigung vor der Börsenblase Ende der 1990er-Jahre; im Jahrzehnt darauf, vor der Blase der 2000er-Jahre, war es der Glaube an das Ende von Konjunkturzyklus und Inflation.

Der zweite Faktor ist das Vertrauen in die vermeintliche »Weisheit der Masse«, der Glaube, dass die Märkte jede verfügbare Information, vor allem mögliche Risiken, berücksichtigten. Gegen die geballte rationale Kraft des Marktes kommt niemand an. Wie in zahlreichen Arbeiten von André Orléan deutlich wird, haben selbst Investoren, die wissen, dass alles Wahnsinn ist, das größte Interesse daran, sich wie die anderen zu täuschen. Denn »um an einem Markt Geld zu verdienen, kommt es nicht darauf an, die Wahrheit zu kennen, also zu wissen, was die tatsächlichen Werte der Anlagen sind, sondern darauf, die Bewegungen des Marktes selbst vorherzusehen«, erklärt Orléan. Um Keynes' berühmtes Beispiel vom Schönheitswettbewerb aufzugreifen: Das Ziel ist nicht zu entscheiden, wen man selbst für das hübscheste Mädchen hält, auch nicht, wen die anderen vermutlich zum hübschesten Mädchen wählen, sondern von welchem Mädchen man annimmt, dass die anderen annehmen, dass alle sie zum hübschesten Mädchen wählen. In diesem Sinne handeln die Investoren, die immer weiter kaufen, nicht irrational. Anstatt jedoch einer »grundlegenden«, an den realen Zustand der Dinge gebundenen Rationalität zu folgen, mobilisieren sie eine autoreferenzielle Rationalität, die sich auf Vermutungen über die Meinung der anderen Investoren stützt.

Der dritte Faktor schließlich beruht auf der von Galbraith in mehreren Arbeiten widerlegten Vorstellung, dass Menschen, die viel Geld verdienen, zwingend intelligent sein müssten und sich in ihrer Einschätzung dessen, was man kaufen sollte und was nicht, kaum irren könnten. Das würde die Neigung wohlhabender Menschen erklären, mit Verzögerung den Anlagestrategien der noch Reicheren zu folgen und die Blindheit gegenüber den Risiken durch Nachahmung noch zu verstärken.

Beschließen wir diesen Abschnitt mit Charles Kindleberger: »Der Versuch, die Spekulanten mit Worten von der Falschheit ihrer Handlungsweise zu überzeugen, ist meistens vergeblich.«[65] Nur der Crash beweist ihnen, dass sie zu weit gegangen sind.

Wie die Staaten den Finanzsektor retteten

Die Blasen, so Charles Kindleberger, enden immer in einer »kritischen Phase«, der er ein ganzes Kapitel widmet: »Die Phase der Notlage kann sich über Wochen, Monate oder Jahre erstrecken, sie kann sich aber auch auf einige Tage konzentrieren. Jedenfalls ist die Veränderung der Erwartungen – von Zuversicht zu Skepsis – ein zentraler Faktor.«[66] »Grundsätzlich zerstört die Panik in den Köpfen jeden Glauben«, erklärte John Mills schon 1868. Er beschrieb sehr anschaulich den Wettlauf um Liquidität, den Drang aller Investoren, sich ihrer Anlagen zu entledigen, um zu Bargeld zu kommen, dem einzigen Wert, der in ihren Augen ohne Risiko war. Durch den Verkauf fielen die Preise der Anlagen, und der Absturz beschleunigte sich. Wenn man diesen Punkt erreicht habe, erklärt der Wissenschaftler Jérôme Sgard in seinem Buch *L'Économie de la panique,* spiele der Markt seine Rolle des Koordinators der privaten Akteure nicht mehr, er sei einfach nicht mehr da:

> »Wenn die Fähigkeit der Selbststabilisierung gebrochen ist, kann der Markt keine eigenen Kräfte mehr mobilisieren, um sich selbst auf den richtigen Weg zurückzubringen, weil er sich gerade in nichts aufgelöst hat. Die unsichtbare Hand Adam Smiths schwebt in der Leere, und es wird typischerweise die Hand des Staates sein, die dieser Systemkrise ein Ende setzen muss.«[67]

Jetzt ist ein Eingriff in den Markt von außen, durch den Staat, notwendig, um die Panik zu beruhigen. Derartige Eingriffe sind keineswegs selbstverständlich; das wird klar, wenn man Schritt für Schritt verfolgt, wie die Staaten auf die Subprime-Krise reagiert haben.[68]

Nach dem Ausbruch der Finanzkrise im August 2007 rechnete man zunächst damit, dass das bei seinen Exzessen auf frischer Tat ertappte globale Bankensystem jetzt ein paar magere Jahre durchleben würde. Es würde von den Zentralbanken gestützt werden müssen, was aber keine größeren Auswirkungen auf die Tätigkeit der Banken haben würde. In einer zweiten Phase – vom Konkurs der US-Investmentbank Bear Stearns im März 2008 bis zur Wiederverstaatlichung der Hypothekenbanken Fannie Mae und Freddie Mac Anfang September – entdeckte man jedoch, dass die Spieleinsätze zahlreicher Finanzinstitute weitaus riskanter und höher waren, als man vermutet hatte. Man glaubte aber immer noch, dass das Risiko auf einzelne Institute beschränkt bliebe.

Mitte September 2008 setzte die dritte Phase ein. Der Konkurs von Lehman Brothers löste eine Börsenpanik aus und lähmte Banken und Finanzmärkte. Damit endete die Zeit der Ad-hoc-Reaktionen auf einzelne Krisenerscheinungen. In einem wahren Rausch intervenierten Finanzministerien und Zentralbanken und setzten alle möglichen Mittel ein, um den Zusammenbruch des globalen Bankensystems und der Weltwirtschaft zu verhindern. Sie brauchten einen Monat, um die Situation zu stabilisieren.

Die Insolvenz von Lehman Brothers. Die Entscheidung fiel am 13./14. September 2008. Finanzminister Henry Paulson und Zentralbank-Chef Ben Bernanke hatten am Freitag, dem 12. September, festgestellt, dass zwei Investmentbanken, Merrill Lynch und Lehman Brothers, kurz vor dem Konkurs standen. Sie verbrachten die nächsten zwei Tage damit, eine Lösung auszuarbeiten. Die Bank of America war am Kauf von Merrill Lynch interessiert, die britische Barclays an Lehman. Der erste Deal klappte, der zweite nicht. Nach Aussage von Paulson verhinderte die britische Regierung die Übernahme, weil sie fürchtete, danach die von Lehman eingegangenen Risiken übernehmen zu müssen. Laut einer internen Quelle bei Lehman waren die Briten bereit, die Garantie für die Hälfte des Werts der Aktiva von Lehman zu übernehmen, wenn die Amerikaner für die andere Hälfte bürgen würden, was Paulson abgelehnt haben soll. Erst im Oktober 2010 gab Alistair Darling, 2008 britischer Finanzminister, zu, dass er sein Veto gegen die Übernahme von Lehman eingelegt habe, weil die Amerikaner gewollt hätten, dass der britische Steuerzahler für die Risiken bürgt. Vielleicht hätte die Ankündigung der Übernahme Lehman gerettet. Anderenfalls hätte der britische Staat womöglich Barclays wegen der Lehman-Übernahme retten müssen.[69] Wie auch immer: Am Abend des 14. September wollte niemand Lehman Brothers übernehmen.

Nun beschloss Paulson, die Bank in Konkurs gehen zu lassen. Dafür hatte er drei Gründe. Als Republikaner und früherer Manager der Investmentbank Goldman Sachs war er von der Aussicht einer direkten Intervention des Staates in den Finanzsektor keineswegs begeistert. Die Aussicht, Lehman verstaatlichen zu müssen, passte ihm gar nicht. Zweitens glaubte er, dass die Insolvenz eines Unternehmens langfristig Vorteile brächte, weil dies zeigte, dass der Staat in Krisen zwar grundsätzlich zum Eingreifen bereit war, einzelne Akteure aber trotzdem untergehen könnten. Damit hoffte er, den *Moral Hazard* zu verringern: Die Banken sollten sich nicht in der Sicherheit wiegen, dass sie, egal, welche Risiken sie eingingen, am Ende doch von der öffentlichen Hand gerettet würden. Und drittens dachte Paulson, dass die Märkte nach dem Zusammenbruch von Bear Stearns im März und dessen Übernahme durch J.P. Morgan genug Zeit gehabt hätten, sich auf das Verschwinden einer weiteren Bank einzustellen, selbst wenn es ein Unternehmen wie Lehman mit einer Bilanzsumme von 630 Milliarden Dollar wäre. Die Spitzenmanager des US-Finanzsektors bestärkten ihn in dieser Annahme.

Paulson und Bernanke hatten dennoch zwei Befürchtungen. Sie erinnerten sich noch gut daran, dass bei der Bear-Stearns-Krise im März der *Repo*-Markt (*repurchase agreements,* Rückkaufvereinbarungen) blockiert war, auf dem die Investmentbanken mit Darlehen und kurz- bis kürzestfristigen Krediten ihre Liquidität verwalten: Die Banken weigerten sich, einander Kredite zu gewähren. Damit sich das nicht wiederholte, kündigte die US-Zentralbank an, dass sie den Investmentbanken für eine breite Palette von Finanztiteln Geld leihen werde. Außerdem übte Paulson Druck auf die privaten Finanzinstitute aus, die Gründung eines gemeinsamen Privatfonds mit einem Volumen von 70 Milliarden Dollar anzukündigen, der kriselnden Instituten unter die Arme greifen sollte.

Paulson und Bernanke wussten auch, dass Versicherungsunternehmen, Hedgefonds und andere Finanzinstitute eine große Anzahl Kreditausfall-Swaps (CDS) auf die von Lehman ausgegebenen Obligationen verkauft hatten. Diese Versicherungen garantierten den Zeichnern eine Entschädigung für den Fall, dass die Investmentbank ihre Schulden nicht bezahlen konnte. Eben dazu kam es durch die Insolvenz. Da der CDS-Markt völlig undurchsichtig ist, wussten sie nicht, wer wirklich betroffen war. Obwohl also die Folgen der Insolvenz nicht überschaubar waren, wagten sie dieses Manöver.

Kettenreaktion. Das erwies sich als Riesenfehler. Die Lehman-Pleite löste eine Kettenreaktion aus, die die Finanzmärkte auf der ganzen Welt in Panik versetzte. Bei der Bear-Stearns-Krise im März hatten die Aktionäre ihre Investitionen verloren, aber die Inhaber von Obligationen der Bank waren ausgezahlt worden. Nicht so bei Lehman. Die CDS-Verkäufer waren sofort überfordert; einer der größten, der Versicherungskonzern AIG, wurde insolvent. Die Hedgefonds fingen an, die Aktien anderer Investmentbanken zu verkaufen, weil sie fürchteten, dass bald die nächste auf der Strecke bliebe. Dadurch sinken die Börsenkurse massiv. Gleichzeitig wetteten sie auf eine baldige Pleite der Banken, was eine unaufhaltsame Abwärtsspirale zur Folge hatte. Die beiden übrig gebliebenen großen unabhängigen Investmentbanken, Goldman Sachs und Morgan Stanley, gerieten massiv unter Druck, und ihre Kurse stürzten in den Keller. Wenn sie auf der Strecke blieben, wären die Geschäftsbanken das nächste Opfer. Und dann würde das gesamte weltweite Kreditvergabesystem zusammenbrechen.

Gleichzeitig geriet der Interbankenhandel ins Trudeln. Die Zinssätze für Tagesgeldanleihen stiegen von 3,1 Prozent am 15. September auf 6,4 Prozent am 16., dann sanken sie etwas, erreichten am 30. September aber mit 6,9 Prozent einen neuen Höchststand. Selbst bei diesem Zinssatz hatten die Banken noch immer so viel Angst, dass sie ihren Kollegen Kredite verweigerten.

Und es war noch nicht vorbei. Ein großer Teil der Vermögenswerte in kurzfristigen Anlagefonds, die kurzfristige Verbindlichkeiten von Lehman gekauft hatten und eine sichere Anlage zu haben meinten, waren nichts mehr wert. Der Geldmarktfonds Reserve Primary Fund verschwand. Der Markt für Dreimonatskredite brach zusammen, was sowohl Banken als auch internationale Konzerne traf, selbst solche, die noch stabil waren, weil sie in der Regel auf diesen Markt zurückgriffen, um ihre laufenden Geschäfte zu finanzieren.

Über Großbritannien erreichte die Krise Europa. Am 17. September meldete die Immobilienbank HBOS Insolvenz an und fiel in die Hände ihrer Konkurrentin Lloyds TSB. In vielen europäischen Staaten wurden die Vorschriften gegen Konzentration und Marktbeherrschung außer Kraft gesetzt. Und das alles wegen einer einzigen Pleite.

Das Scheitern der Krisenbewältigung. Die Banken steckten in einer doppelten Krise: in einer Liquiditätskrise, da sie sich weder kurz- noch mittelfristig Geld beschaffen konnten, um ihr Tagesgeschäft zu sichern, und in einer Kapitalkrise, da sie keine Investoren fanden, die ihnen vertrauten. Die Abwertung der von ihnen gehaltenen Aktiva führte zu Verlusten, die ihr Kapital auffraßen und die Existenz der Banken selbst bedrohten.

Am 18. September ergriff Paulson angesichts des drohenden Zusammenbruchs des Weltfinanzsystems eine drastische Maßnahme: Er kündigte an, dass der US-amerikanische Staat 700 Milliarden Dollar auf den Tisch legen werde, um die von den Banken gehaltenen toxischen Forderungen aufzukaufen. Die Regierung hoffte, dass die Banken dadurch ihre Mülleimer leeren könnten und nicht mehr dem Kapital hinterherrennen müssten, sodass sich die Börsenmärkte beruhigen würden. Parallel dazu investierten die Zentralbanken Hunderte Milliarden Dollar und Euro, um den Banken zu helfen, sich zu refinanzieren. Außerdem verboten die Fed und die britische Zentralbank Leerverkäufe, die ab sofort als »Marktmanipulation« gebrandmarkt wurden.

Diese Maßnahmen der Staaten schienen zunächst zu wirken. Die Börse beruhigte sich ein wenig. Die Demokraten machten substanzielle Vorschläge, um den Paulson-Plan zu verbessern: Der Staat sollte sich am Kapital der Banken beteiligen (das widerstrebte Paulson jedoch), die Verfahren der Bankenhilfe sollten demokratisch kontrolliert werden (Paulson wollte jedoch absolute juristische Immunität und lehnte politische Kontrollen ab), und die Manager der unterstützten Banken sollten mit einer Reduzierung ihres Einkommens bestraft werden. Nachdem sich die Marktteilnehmer mehrere Tage lang aufgeregt hatten, warteten sie nun geduldig zehn lange Tage die Verhandlungen zwischen den Demokraten und Paulson ab. Am Ende gab Paulson nach. Die europäischen Regierungen hatten zu jenem Zeitpunkt das Ausmaß der Krise noch nicht erfasst und glaubten, Europa werde verschont bleiben.

Der Donnerschlag kam am 25. September: Der Rettungsplan wurde von einer Mehrheit im Repräsentantenhaus abgelehnt. Die marktliberalen Ideologen empörten sich über den »Finanzsozialismus« und stimmten mit den – republikanischen, aber auch demokratischen – Parlamentariern dagegen, die befürchteten, bei den Wahlen im November von den Wählern, die der Bankenrettung ablehnend gegenüberstanden, abgestraft zu werden. Der Autoritätsverlust Präsident George W. Bushs in seiner Partei war so groß, dass selbst ein Teil der republikanischen Abgeordneten, die nicht wieder zur Wahl antraten, mit Nein stimmten.

Eine Krisensitzung jagte die nächste, eine davon fand im Weißen Haus statt: John McCain, der republikanische Präsidentschaftskandidat war sichtlich überfordert und schwieg die meiste Zeit, während Barack Obama Paulson mit Fragen bombardierte; die republikanischen Parlamentarier verließen türenknallend den Saal, und Hank Paulson fiel vor der Repräsentantenhaus-Sprecherin Nancy Pelosi auf die Knie und flehte, die Demokraten sollten den Plan nicht scheitern lassen. Als Pelosi ihm entgegenhielt, dass es sein eigenes Lager sei, das blockiere, antwortete Paulson mit gesenktem Kopf: »Ich weiß, ich weiß.«

Die Liquiditäts- und Kapitalkrise brach erneut aus, und die Börsen wankten. Diesmal war auch Europa ernsthaft getroffen. Am 28. September gaben die Regierungen Belgiens, der Niederlande und Luxemburgs 11,2 Milliarden Euro aus, um die Fortis-Bank wieder flottzumachen, von der bekannt wurde, dass sie für 10 Milliarden toxische Papiere hielt. Am 29. September verdankte die deutsche Hypo Real Estate ihr Überleben nur einer Kreditlinie von 35 Milliarden Euro, für die die Regierung unter Angela Merkel die Bürgschaft übernahm. Am selben Tag stürzte der Kurs der Dexia-Bank ab und zwang die Regierungen Belgiens und Frankreichs, einen Notplan aufzustellen, der zur Verstaatlichung der Bank führte. Auch die britischen Banken forderten von ihrer Regierung staatliche Gelder. Am 3. Oktober wurde der Paulson-Plan endlich beschlossen. Die europäischen Staaten versuchten, ihre Maßnahmen zu koordinieren, aber die Sitzung der wichtigsten europäischen Staatschefs am 4. Oktober im Elysée-Palast gab zu unklare Signale, um die Märkte zu beruhigen.

Die Zentralbanken der USA, der EU, Schwedens und der Schweiz versorgten die Banken seit Wochen mit Liquidität und senkten am 8. Oktober gemeinsam ihren Leitzins um 0,5 Prozent. Damit gaben sie den Märkten das Signal, dass ihre Hauptsorge neben der Bewältigung der akuten Krise mittlerweile dem Ausmaß der Rezession galt, die sich in den USA und Europa ausbreitete. Und sie demonstrierten, dass sie, nachdem sie das Ausmaß der Krise erfasst hatten, imstande waren, koordiniert zu handeln. Sie wollten eine solide Basis bieten, auf der sich die Märkte erholen und wieder Vertrauen aufbauen konnten. Das war der erste Schritt hin zu einer massiven Intervention der öffentlichen Hand.

Die Staaten steigen in den Ring. Am 9. Oktober 2008 legte der britische Premierminister Gordon Brown einen Plan zur Unterstützung des britischen Bankensystems vor, den er als Interventionsmodell für alle Staaten empfahl. Der Plan umfasste drei Ziele.

Erstens den Interbankenmarkt zu reaktivieren: Da die Banken einander kurzfristig kein Geld mehr leihen wollten, sollten die Zentralbanken gemeinsam ankündigen, dass sie Liquidität in unbegrenzter Menge zur Verfügung stellten. Einige, wie die EZB, hatten das bereits getan. Außerdem sollte jede Regierung ihren Banken anbieten, illiquide Aktiva, die niemand haben wollte, gegen risikolose Staatsanleihen zu tauschen.

Zweitens die mittelfristigen Finanzierungen der Banken wieder in Gang zu bringen: Da die Banken einander kein Geld mit diesem Zeithorizont borgen wollten und die ersten Unternehmen bereits unter der Situation litten, sollten die Staaten die Bürgschaft für die

Emission von Obligationen übernehmen, mit denen man Kredite mit Laufzeiten von einigen Monaten bis zu drei Jahren erhalten konnte. Wenn die Bank oder das Unternehmen zahlungsunfähig wurde, sollte der Staat die vereinbarte Schuld zurückzahlen. Die US-Zentralbank hatte schon einige Tage zuvor angekündigt, dass sie bereit sei, diese Obligationen direkt aufzukaufen, wenn sich kein Abnehmer fände: Damit war sie nicht mehr nur Zentralbank, sondern eine staatliche Bank für kurzfristige Finanzierungen.

Drittens die wichtigen und gesunden Banken zu rekapitalisieren: Die Staaten mussten die Banken, die keine Investoren mehr fanden, finanziell unterstützen. Diese Teilverstaatlichung würde der Bilanz neuen Schwung verleihen und den Banken, als Gegengewicht zu ihren riskanten Aktiva, Reserven zur Verfügung stellen.

Die Idee eines koordinierten Aktionsplans nahm Gestalt an. Am 11. Oktober 2008 begannen die Herbsttagungen von IWF und Weltbank. Das war ein entscheidender Moment, denn einen Tag zuvor schienen die Märkte knapp vor einem Schritt zu stehen, den die Trader »Kapitulation« nennen: Aktienverkäufe und Kursstürze hatten bereits ein solches Ausmaß erreicht, dass alles, was an Aktien auf dem Markt war, zu einem guten Geschäft würde, wenn nur ein Minimum an Vertrauen zurückkehrte. Der heftige Absturz der Märkte in Japan und den Schwellenländern in den vorangegangenen Tagen hatte den amerikanischen und europäischen Investoren, die ihr Geld dort angelegt hatten, schon riesige Verluste zugefügt, sodass sie womöglich an dem Punkt angelangt waren, wo sie nicht weiter verkaufen wollten. In diesem Stadium gibt es immer mehr Käufer als Verkäufer; der Markt kann wieder nach oben gehen, wenn man ein bisschen nachhilft.

Da sich Finanzminister Henry Paulson noch immer dagegen sträubte, den Banken staatliches Kapital zur Verfügung zu stellen, konnte das Kommuniqué des G-7-Gipfels vom 11. Oktober 2008 die Märkte nicht überzeugen. Glücklicherweise kam am nächsten Tag Europa zu Hilfe. Bei einer Krisensitzung im Élysée-Palast verpflichteten sich die europäischen Staatschefs zu einer massiven und koordinierten Aktion nach dem englischen Modell. Nun fügte sich auch Paulson und verkündete am 13. Oktober, dass er 250 Milliarden Dollar freigeben werde, um die wichtigsten US-amerikanischen Banken zu rekapitalisieren. Auch Saudi-Arabien, Australien, Indien, die Schweiz und andere gaben ihre Interventionspläne bekannt. Insgesamt wurde das weltweite Bankensystem mit über 2500 Milliarden Euro gestützt.

Angesichts dieser Entschlossenheit, den Finanzsektor wieder in den Griff zu bekommen, beruhigten sich die Börsen. Die Wachstumsprognosen für 2009 waren zwar nicht gut, und die Katerstimmung hielt an, aber die Panik schien überwunden. Im weiteren Verlauf des Oktobers wurden die verschiedenen nationalen Pläne umgesetzt. Die Banken wurden rekapitalisiert. Der Interbankenmarkt funktionierte langsam wieder. Banker, Fondsmanager und andere Financiers, aber auch die Zentralbanken und Finanzminister hofften, dass es ihren Wagen nicht aus der Kurve tragen werde. Alle warteten auf die Meldung, dass der gefährlichste Moment der größten Finanzkrise der Geschichte überwunden sei. Und diese Meldung kam.

Die Eurozone in der Staatsschuldenfalle

Nachdem der Höhepunkt der Panik überwunden war, traten die Regulierer in Aktion. Zwischen Ende 2008 und Ende 2009 trafen sich die G-20-Staatschefs dreimal, um neue Spielregeln für den Finanzsektor zu verabreden. Im Folgenden überprüfen wir nun, ob die Regulierungen, die sie seither eingeführt haben, die Wahrscheinlichkeit neuer Krisen nachhaltig reduzieren können oder bloße Fassade sind. Vorher müssen wir uns aber die nächste Etappe der Krise ansehen, in der die Eurozone vom Opfer der US-amerikanischen Probleme zum Protagonisten der weltweiten Finanzmarktturbulenzen wurde.

Die Ökonomen Carmen M. Reinhart und Kenneth S. Rogoff zeigen in ihrer Studie *Dieses Mal ist alles anders: acht Jahrhunderte Finanzkrisen,* dass im Lauf der Geschichte auf Finanzkrisen sehr oft Staatsschuldenkrisen folgten.[70] Diese Abfolge ist jedoch ebenso wenig naturgegeben wie die Dauer oder das Ausmaß der Schwierigkeiten, vor denen die Staaten stehen, wenn sie ihre Schulden in den Griff bekommen müssen. Die extreme Erschütterung in der Eurozone wurde durch drei Finanzinnovationen, eine ideologische Entscheidung und das katastrophale politische Krisenmanagement der Europäer verursacht. Dies machte aus dem kleinen, lösbaren Problem eines vorübergehenden Schuldenanstiegs einen mehrere Monate andauernden Rettungskrimi, in dem die Eurozone unterzugehen drohte.

Die Wurzeln der Krise: drei Innovationen. Die Ursachen der europäischen Krise lagen in den großen Veränderungen des Finanzsektors in den 1980er-Jahren. Die erste war die Internationalisierung der Staatsschuldenfinanzierung. Anfang der 1980er-Jahre stand die US-Regierung vor einem großen Budgetdefizit. Eine strenge Gesetzgebung verbot der US-Zentralbank, das Defizit auszugleichen. Deshalb begann sie, ihre Staatsanleihen an ausländische Investoren zu verkaufen. Mit diesem Griff nach ausländischen Ersparnissen ließ sich der Umfang möglicher Anlagen erhöhen und der Zwang mindern, das Defizit zu reduzieren. Die anderen großen Staaten folgten bald diesem Vorbild. Damit lieferten sie ihre Finanzpolitik zunehmend ausländischen Investoren aus. In Japan, wo der Staat sein Defizit aus nationalen Ersparnissen finanziert, gibt es selbst bei einer Schuldenquote von über 200 Prozent des Bruttoinlandsprodukts (BIP) keine Staatsschuldenkrise.

Gleichzeitig delegierten die Investmentbanken, um Kosten zu reduzieren, die Risikoanalyse bezüglich der Staatsschulden an Ratingagenturen. Diese betrieben bis dahin eher akademische Studien, was sich nun schnell änderte. Standard & Poor's (S&P) beschäftigt heute über 6000 Person für die Profitjagd, zu der sie zusammen mit den beiden anderen großen Agenturen – Moody's und Fitch Ratings – geblasen hat und bei der man sich wenig um die Qualität der Risikoanalysen schert. Keine dieser Agenturen hat vor den toxischen Finanzprodukten im Umfeld der Subprime-Kredite gewarnt, und als S&P am 5. August 2011 die Bonität der USA herabstufte, gab sie damit kund, dass es jetzt riskanter sei, dem Staat Geld zu leihen als etwa 2001 dem Energiekonzern Enron kurz vor dessen Pleite. Die Ratingagenturen sind also keineswegs nur ein Thermometer der Staatsschulden, sondern vielmehr ein krankheitsauslösender Virus. Vorhersagen können sie die Probleme selten, sie sind aber fast immer die Ursache für Instabilitäten, indem sie über einzelne Staaten ein negatives Urteil fällen und so die Fieberkurve der Investoren ansteigen lassen.

Auf die letzte große Neuerung – die Einführung des Euro im Jahr 1999 – haben die Investoren nicht angemessen reagiert. Sie sahen darin die Grundlage für eine rasche Konvergenz der europäischen Ökonomien und schlossen daraus, dass nun beispielsweise auch Kredite an Deutschland und Griechenland mit demselben Zinssatz gewährt werden müssten – ohne Berücksichtigung der unterschiedlichen Risiken und Konkurrenzfähigkeit der Länder und unbesehen ihrer Fähigkeit, makroökonomische und finanzielle Schocks zu verkraften. Dass sie dies falsch einschätzten, versuchten sie später weit von sich zu weisen.

Die Wurzeln der Krise: eine ideologische Entscheidung. Reinhart und Rogoff betonen in ihrem Buch, dass Staatsschuldenkrisen, die auf das Platzen von Blasen folgen, weniger eine Folge der hohen Ausgaben sind, die für die Rettung des Finanzsektors nötig sind. Sie werden vielmehr durch den Rückgang der Steuereinnahmen ausgelöst, der sich mit der Rezession und dem fehlenden Wirtschaftswachstum einstellt.

In den vorangegangenen Jahrzehnten hatte die Steuerpolitik darauf abgezielt, vor allem Großverdiener und Unternehmen zu entlasten. In Frankreich zum Beispiel führte die Summe der Steuersenkungen seit 2000 zu 400 Milliarden zusätzlichen Schulden, wie aus dem Bericht von Paul Champsaur und Jean-Philippe Cotis von 2010 hervorgeht, was etwa 20 Prozent des BIP entspricht.[71] Ein riesiger Einnahmeverlust mit beträchtlichen Folgen für die Höhe der Staatsschulden. Die Schwierigkeiten der Staatshaushalte nach dem Platzen der Finanzblase standen also in direktem Zusammenhang mit einer allgemeinen Steuersenkungspolitik, die die Einnahmen der Staaten bereits nachhaltig reduziert hatte.

Die Wurzeln der Krise: ein katastrophales politisches Management. Im Herbst 2009 gab die neue griechische Regierung unter Giorgos Papandreou bekannt, dass das Staatsdefizit Griechenlands in Wahrheit nicht 3,7 Prozent, sondern 12,7 Prozent des BIP betrug, ein paar Monate später musste die Zahl sogar auf 15,4 Prozent korrigiert werden. Es war klar, dass das Land solch ein Defizit nicht tragen konnte und sich nun einer strengen Sparpolitik unterwerfen musste. Niemand ahnte in dem Moment, dass dieses Budgetproblem – es machte gerade nur ein paar Prozentpunkte der Schulden der gesamten Eurozone aus – der Auslöser für eine Krise werden sollte, die heute, vier Jahre später, immer noch nicht gelöst ist und Europa mehrmals an den Abgrund geführt hat.

In diesen vier Jahren überboten sich die Politiker der Eurozone mit unklugen, verspäteten oder inadäquaten Entscheidungen. Natürlich war es nicht einfach, gemeinsam eine Staatsschuldenkrise zu managen, zumal Artikel 125 des AEU-Vertrags (des Vertrags über die Arbeitsweise der Europäischen Union) festlegt, dass weder die Union noch die Mitgliedsstaaten einem in Schwierigkeiten geratenen Mitglied bei der Finanzierung seines Budgets helfen dürfen. Europa hat eine beachtliche institutionelle Erneuerungsfähigkeit an den Tag gelegt, mit der man die Launen der Investoren besser hätte kontrollieren können, wenn diese Erneuerung nur geregelt abgelaufen wäre, anstatt von den Ereignissen getrieben zu werden. Rückblickend scheinen die europäischen Regierungen drei Fehler gemacht zu haben: Sie verweigerten eine rasche Entlastung der notleidenden Staaten durch einen teilweisen Schuldenerlass; sie verweigerten eine deutliche Intervention der EZB zur Kontrolle der Zinsentwicklung; und sie entschieden, einzig und allein auf eine gesetzlich verordnete Sparpolitik zu setzen, um aus der Krise zu kommen.

Die lateinamerikanische Schuldenkrise der 1980er-Jahre und die der asiatischen Staaten Ende der 1990er-Jahre eröffneten eine internationale Diskussion über die Notwendigkeit, einen Mechanismus zur Umstrukturierung von Staatsschulden in Not geratener Staaten zu entwickeln. 2001 machte der IWF einen Vorschlag, der auf drei Prinzipien beruhte: Bei Problemen mit der Rückzahlung von Staatsschulden an ausländische Gläubiger müssen sich Schuldner und Gläubiger an einen Tisch setzen, um eine Vereinbarung zur Umschuldung (Verschiebung) oder Schuldenerleichterung (teilweise Streichung) auszuhandeln. Währenddessen wird die Rückzahlung ausgesetzt und eine zeitweilige Devisenkontrolle eingeführt, um Kapitalflucht zu verhindern.

Wir können uns vorstellen, was ein derartiger Umgang mit den Problemen Griechenlands gebracht hätte: eine rasche Schuldenerleichterung – zu der man sich am Ende doch hat durchringen müssen –, ein Ende der Kapitalflucht und damit eine geringere Notwendigkeit für eine radikale Sparpolitik. Diese hat die Investoren ohnehin nicht beruhigt, sondern die Furcht vor einem Zusammenbruch der Eurozone noch zusätzlich geschürt. Die Weigerung der französischen Regierung und die Unflexibilität von Jean-Claude Trichet als EZB-Präsident hinsichtlich einer Schuldenerleichterung hat jede Entwicklung in diese Richtung blockiert. Man behauptet, dass ein teilweiser Schuldenerlass die Investoren verschreckt hätte, doch das Argument zieht nicht: Auch ohne die Schuldenerleichterungen hielten in der Eurozone die starken Turbulenzen an, die ein sofortiges Abkommen womöglich vermieden hätte.

Die EZB hätte, wie die USA und Großbritannien, die große Nervosität in den Griff bekommen können. Diesen Weg hat die EZB 2010 aber nur widerwillig beschritten, und erst 2012 wurde das Ziel erreicht. Dabei hatten sich Interventionen, die die Zinshöhen für Staatsschulden begrenzten, in den USA und Großbritannien bereits als wirksam erwiesen. Stattdessen ließ man zu, dass die regelmäßigen Fieberattacken bei den Staatsschulden am Ende auch die Banken schwächten, die diese Staatsanleihen besaßen (vor allem im Sommer 2011). Die EZB war gezwungen, den Banken zweimal – am 21. Dezember 2011 und am 29. Februar 2012 – für drei Jahre 1019 Milliarden Euro zu leihen, um den Teufelskreis zwischen Staatsschuldenkrise und Bankenkrise zu durchbrechen. (Dabei wurde ein Teil alter, kurzfristigerer Kredite in Dreijahresanleihen umgewandelt, weshalb die EZB tatsächlich nur 520 Milliarden neuer Anleihen ausgegeben hat). Diese Aktion war von sehr begrenzter Wirksamkeit, da sich auch die spanischen Banken schon ab Frühsommer 2012 einem Rettungsplan unterwerfen mussten; bei italienischen und portugiesischen Staatsanleihen hielt die Aufregung an, weshalb die EZB im September 2012 zu einem radikaleren Eingreifen gezwungen war. Mit einer früheren Entscheidung hätte man viel Zeit sparen können.

Die Aufregung der Investoren wurde im Laufe der Monate zusätzlich angeheizt, weil Deutschland und bald auch Frankreich nur einen einzigen Lösungsansatz für die Krise verfolgten: tief greifende und nachhaltige Sparprogramme. Die einzelnen Staaten sollten die Verpflichtung, einen ausgeglichenen Haushalt vorzulegen, sogar in ihren Verfassungen festschreiben. Die heutigen Ökonomen verurteilen, dass die Politiker der 1930er-Jahre um den Preis schmerzhafter Rezessionen und eines starken Anstiegs der Arbeitslosigkeit am Goldstandard festhalten wollten. Die Ökonomen von morgen werden den Wahnsinn der Europäer kritisieren, sich auf eine einzige Antidepressionsstrategie beschränkt zu haben: einen Sparkurs, der Wachstum verhindert, Steuereinnahmen schrumpfen und Defizite anwachsen lässt, was zu immer weiteren Sparzwängen führt.

Erst Ende Juni 2012 brachte die Fortsetzung der Krise und die Wahl des neuen französischen Präsidenten die europäischen Staaten endlich dazu, einige Maßnahmen zur Förderung des Wachstums zu beschließen, die Anstrengungen zur Bewältigung der Banken- und Staatsschuldenkrisen zu intensivieren und die ersten Schritte hin zu einer Zentralisierung der europäischen Bankenkontrolle zu gehen. Trotzdem hielten die Spannungen an, und die EZB wurde zu einem noch radikaleren Eingreifen gezwungen.

September 2012: Die EZB gegen die Spekulation. Am 6. September 2012 beschloss die EZB, ihr ganzes Gewicht in die Waagschale zu werfen, um die Spekulation zu beenden, die die Zinsen für Griechenland, Irland und Portugal immer höher trieb und allmählich auch Spanien und Italien erreichte, während Länder wie Deutschland und Frankreich von besonders niedrigen Kreditzinsen profitierten. Die Zentralbank lancierte ihre *Outright Monetary Transactions* (OMT), das heißt den »unbegrenzten« Ankauf von Staatsanleihen auf den Sekundärmärkten.

Dieses neue Instrument wurde nicht als Staatshilfe präsentiert, sondern als Instrument, mit dem die EZB die strukturelle Liquiditätsposition des Finanzsektors gegenüber dem Eurosystem anpassen kann. Wenn die Zentralbank ihre kurzfristigen Zinssätze senkt, soll sich das auch auf die langfristigen Zinssätze auswirken, damit die Kreditkosten sinken und die Wirtschaftstätigkeit zunimmt. Spekulationen mit Obligationen hielten die Zinsen jedoch hoch und verhinderten, dass diese geldpolitische Maßnahme funktionierte. Die EZB griff also ein, um die Wirksamkeit ihrer Zinsinterventionen zu erhöhen.

Die Staaten, die von diesem neuen Instrument profitieren wollten, mussten sich beim Europäischen Stabilitätsmechanismus (ESM) zu einem Sparprogramm verpflichten oder sich um ein Vorsorgeprogramm bewerben, um eine künftige Zinskrise zu verhindern. Die EZB führte dafür drei Gründe an: Die Hilfe soll die Staaten nicht davon abhalten, ihr Haushaltsdefizit zu reduzieren. Das mit dem ESM vereinbarte Programm zur Verwaltung der Staatsfinanzen erlaubt diesem, Staatsanleihen auf dem Primärmarkt zu kaufen, sodass die EZB weniger eingreifen muss. Die politische Kontrolle der Wirtschaftsprogramme wird an die Staaten zurückgegeben, was somit die EZB entlastet, die gar nicht legitimiert ist, ihnen politische Entscheidungen aufzuzwingen.

Die EZB hat das Recht, die OMT einzustellen, wenn das Ziel erreicht ist, das heißt, die Zinsen wieder ein normales Niveau erreicht haben, oder wenn sich ein Land ihrer Meinung nach nicht genug anstrengt. Diese Entscheidung trifft sie völlig unabhängig. Auch wenn sie selbst keine Sparprogramme auferlegt, kann sie doch den Blick darauf lenken, was sie enthalten sollten.

Die OMT konzentrierten sich auf den Ankauf von Staatsanleihen mit einer Laufzeit von ein bis drei Jahren, einschließlich längerfristiger Obligationen, deren Restlaufzeit drei Jahre oder weniger betrug. Eine Obergrenze war nicht festgesetzt. Dies war eine frohe Botschaft für die Märkte: In Spanien und Italien sanken sogleich die Zinsen für die kurzfristigen und sogar für längerfristige Staatsanleihen.

Im Gegensatz zu dem seit 2010 laufenden *Securities-Markets*-Programm (SMP, in dessen Rahmen für 209 Milliarden Euro Schulden aufgekauft wurden, wobei die Titel bis zum Ende ihrer Laufzeit gehalten werden) sind die Transaktionen der EZB mittels OMT vollständig transparent, und die EZB hat auch keinen vorrangigen Gläubigerstatus mehr, das heißt, bei einer Umschuldung erfährt sie die gleichen Verluste wie private Gläubiger. Alle Ausgaben der EZB wurden »sterilisiert«, das heißt, es wird ebenso viel Geld aus dem Kreislauf genommen, wie sie eingesetzt hat.

Eine Frage blieb bei der Ankündigung dieser Vorgehensweise offen. Sie betraf das Ziel der EZB: Mario Draghi, Trichets Nachfolger als Präsident der EZB, hat erklärt, er habe kein genaues Ziel hinsichtlich des Zinssatzes festgelegt: Wird er intervenieren, wenn die Darlehenszinsen über 5, 6 oder über 7 Prozent steigen? Ende September 2012 erklärte Olivier Blanchard, Chefökonom des IWF, Spanien benötige Zinssätze in der Größenordnung von 3 bis 4 Prozent, um aus der Krise zu kommen. Laut Draghi werde bei der Entscheidung für eine Intervention der Abstand der Zinssätze zwischen den Ländern der Eurozone berücksichtigt, dies sei aber nicht das einzige Kriterium: Die Verfügbarkeit liquider Mittel, die Volatilität der Finanzierungen und anderes würde ebenfalls berücksichtigt. Das lässt der Zentralbank einen großen Ermessens- und Interventionsspielraum.

Prinzipiell sind Käufe der EZB unbegrenzt möglich, in der Praxis gibt es aber schon Grenzen. Einerseits kauft die Bank ausschließlich Titel mit einer Laufzeit unter drei Jahren (und Titel, deren Restlaufzeit unter drei Jahren liegt). Die gibt es aber nur in begrenzter Anzahl. Andererseits verlangt sie von den Banken, die liquide Mittel von der EZB erhalten, Rückzahlungsgarantien. Diese hinterlegen als Bürgschaft einen Teil der Staatsanleihen, die sich in ihrem Besitz befinden. Die EZB kann aber keine Titel kaufen, die sie bereits als Bürgschaft hält. So gab es zum Beispiel im September 2012 200 Milliarden Euro spanischer Staatsanleihen unter drei Jahren Laufzeit, von denen die Hälfte schon gebunden war, vor allem als Bürgschaft bei der EZB.

Luc Coene, Gouverneur der belgischen Zentralbank, präzisierte Ende September 2012, eine Auflage bezüglich der Aktivierung des Mechanismus zum Schuldenrückkauf sei, dass die anfragenden Länder ihre Schuldenstruktur nicht verändern dürften, um den Anteil von Schulden unter drei Jahren Laufzeit erkennbar zu erhöhen. Wie bereits Mario Draghi bei der Pressekonferenz zur Ankündigung der OMT erklärte auch Coene, dass es dumm sei, wenn eine Regierung sich bei ihren Schulden allzu sehr auf kurzfristige Laufzeiten konzentriere, während doch eher eine Verlängerung der Laufzeiten den Druck der Refinanzierung vermindere.

Luc Coene teilte mit, dass die EZB beschließen könne, in Zukunft neue, noch nicht emittierte Schulden für drei Jahre aufzukaufen, aber er ließ keinen Zweifel daran, dass »es stillschweigend ein Limit für die Menge der Obligationen gibt, die wir mit diesem Programm kaufen werden«. Er betonte auch, dass die EZB den Ankauf von Titeln wieder einstelle oder diese sogar verkaufen könne, wenn sie der Meinung sei, dass ein von dem Programm profitierender Staat seine Staatsfinanzen jetzt weniger streng kontrolliere. Das war nur fair: Damit gab er den Regierungen das Signal, dass sie nicht gerettet würden, wenn sie Unsinn machten.

Coene versicherte jedoch auch, dass die EZB ihr Pulver noch nicht verschossen habe und durchaus nachlegen könne, wenn es nötig sei, etwa indem sie den Leitzins auf 0 Prozent senke oder indem sie LRGs, also Drei-Jahres-Kredite, oder längerfristige Kredite an die Banken mit Schuldtiteln privater Unternehmen als Sicherheit auflege.

Mario Draghi verkündete, dass die Entscheidung für die OMT mit nur einer Gegenstimme gefällt worden sei; diese kam von Jens Weidmann, dem Präsidenten der Deutschen Bundesbank, der sich damit auf der europäischen Bühne isolierte. Das Ziel der EZB sei, »ein wirksames Sicherheitsnetz zu schaffen, um extreme Risiken in der Eurozone zu beseitigen«, betonte Draghi. Aus seiner Sicht sind die von Spanien und Italien zu zahlenden hohen Zinsen nur zum Teil das Ergebnis einer legitimen Sorge um deren Staatsfinanzen. Ein weiterer Grund sind laut Draghi ungerechtfertigte Befürchtungen der Investoren bezüglich der Zukunft der Eurozone. Eine richtige Feststellung. Schade, dass man erst drei Jahre verstreichen ließ, bevor man handelte.

Die europäische Krise ist noch nicht zu Ende, und wir werden noch einige Zeit warten müssen, ehe wir wissen, wann Europa aus der Rezession auftaucht.

Wenn Europa künftig derartige Krisen verhindern will, muss mit den anderen großen Staaten zusammenarbeiten, um dem Finanzsektor einen engeren Rahmen zu setzen. Die Frage lautet, ob die Maßnahmen der G-20 seit 2008 wirklich zu regulierten Produkten, Märkten und Finanzinstitutionen führen oder nicht. Das ist Gegenstand des nächsten Kapitels.

Ein schlechtes Krisenmanagement

Oktober 2009: Wahlen in Griechenland. Die neue sozialistische Regierung gibt das Ausmaß der Haushaltsmanipulationen der konservativen Vorgängerregierung und das ungeheure Ausmaß der griechischen Staatsschulden bekannt. Die Krise beginnt.

April 2010: Erster Hilfsplan für Griechenland. Die europäischen Staaten einigen sich auf einen Kredit von 110 Milliarden Euro für drei Jahre. Die langsame europäischen Reaktion fördert die Ansteckung Portugals und Irlands.

Mai 2010: Installation des EFSF. Angesichts der Ausweitung der Krise legen die europäischen Staaten für drei Jahre eine Europäische Finanzstabilisierungsfazilität (EFSF) mit einem Kreditvolumen von 440 Milliarden Euro auf. Gleichzeitig beginnt die EZB, Staatsanleihen der Krisenstaaten auf den Sekundärmärkten zu kaufen (SMP, *Securities Market*-Programm).

März 2011: Gründung des Europäischen Stabilitätsmechanismus. Da sich die Krisenstaaten noch auf lange Zeit nicht an den Märkten finanzieren können und die Spekulation erneut aufflammt, installieren die Europäer einen permanenten Europäischen Stabilitätsmechanismus (ESM), der ab Juli 2012 mit einem Kreditvolumen von 500 Milliarden Euro ausgestattet ist. Sie erweitern die Eingriffsmöglichkeiten des EFSF und reduzieren das Zinsniveau für Kredite an Griechenland.

Juni/Juli 2011: Die Griechenlandkrise flammt wieder auf. Es wird immer offensichtlicher, dass Griechenland den Schuldenberg, der durch die Rezession weiter wächst, nie wird zurückzahlen können.

Sommer 2011: Die europäischen Banken in der Bredouille. Die Märkte fürchten, dass die Staaten Schwierigkeiten haben, ihre Schulden zurückzuzahlen, und zweifeln an der Gesundheit der Banken, die einen Großteil dieser Schulden halten. Die Börsenkurse der europäischen Banken werden angegriffen, die Banken haben große Schwierigkeiten, sich mit Geld zu versorgen, vor allem mit Dollar.

Oktober 2011: Neuer Hilfsplan für Griechenland. Die Europäer beschließen einen neuen Rettungsplan mit einer teilweisen Annullierung der griechischen Schulden bei Privatbanken in Höhe von 100 Milliarden Euro.

Dezember 2011: Neuer Vertragsentwurf. Nun zielen die Spekulationen auf Spanien und Italien. In der Hoffnung, sie einzudämmen, improvisieren Angela Merkel und Nicolas Sarkozy einen neuen Vertrag. Parallel dazu schießt die EZB 500 Milliarden Euro in den Bankenkreislauf.

März 2012: Unterzeichnung des Vertrags über Stabilität, Koordinierung und Steuerung. Er wird von 25 der 27 Mitgliedsstaaten der Union unterzeichnet und tritt am 1. Januar 2013 in Kraft. Parallel dazu wird die Umschuldung der griechischen Privatschulden erfolgreich abgeschlossen. Die EZB schießt erneut 500 Milliarden Euro in den Bankenkreislauf.

Mai 2012: Rückkehr der Griechenlandkrise. Die griechischen Parlamentswahlen münden in eine massive Abstrafung der Parteien, die den mit der Troika ausgehandelten Sparplan unterstützen. Die Krise flammt wieder auf. Inzwischen stehen die spanischen Banken vor dem Zusammenbruch.

Juni 2012: Auf dem Weg zu einer europäischen Bankenunion; Rettung der spanischen Banken. Am frühen Morgen des 29. Juni einigen sich die Europäer auf einen neuen wichtigen Schritt. Es werden Ausgaben für den Aufbau von Infrastrukturen beschlossen, um das Wachstum ein wenig zu unterstützen. Zur Krisenbewältigung können der Hilfsfonds EFSF und sein Nachfolger ESM die Schulden eines unter dem Zinsanstieg leidenden Staates kaufen und dessen Banken direkt helfen (um die Schulden der Staaten, die ihrem Bankensektor helfen müssen, nicht noch zu vergrößern). Dies alles geschieht unter Kontrolle der EZB.
Die Währungsunion erreicht eine neue Stufe. Geplant ist die Einrichtung einer gemeinsamen Bankenaufsicht, einer zentralisierten Einlagensicherung und die Entwicklung eines Mechanismus zur Krisenbewältigung, um die Kosten künftiger Krisen von den Aktionären und Gläubigern der Banken zahlen zu lassen und die Gefahr des Rückgriffs auf staatliche Mittel einzuschränken.
Die spanischen Banken erhalten eine Hilfe zur Rekapitalisierung bis zu einer Höhe von 100 Milliarden Euro.

September 2012: Am 6. September kündigt Mario Draghi an, dass die EZB die Staatsanleihen mit einer Laufzeit unter drei Jahren aus den Ländern aufkaufen werde, die unter spekulativen Zinssätzen leiden. Dafür müssten diese einen Antrag stellen und im Gegenzug den Bedingungen des ESM zur Kontrolle der öffentlichen Finanzen zustimmen.

Abb. 5: **Ein Krisenschema**

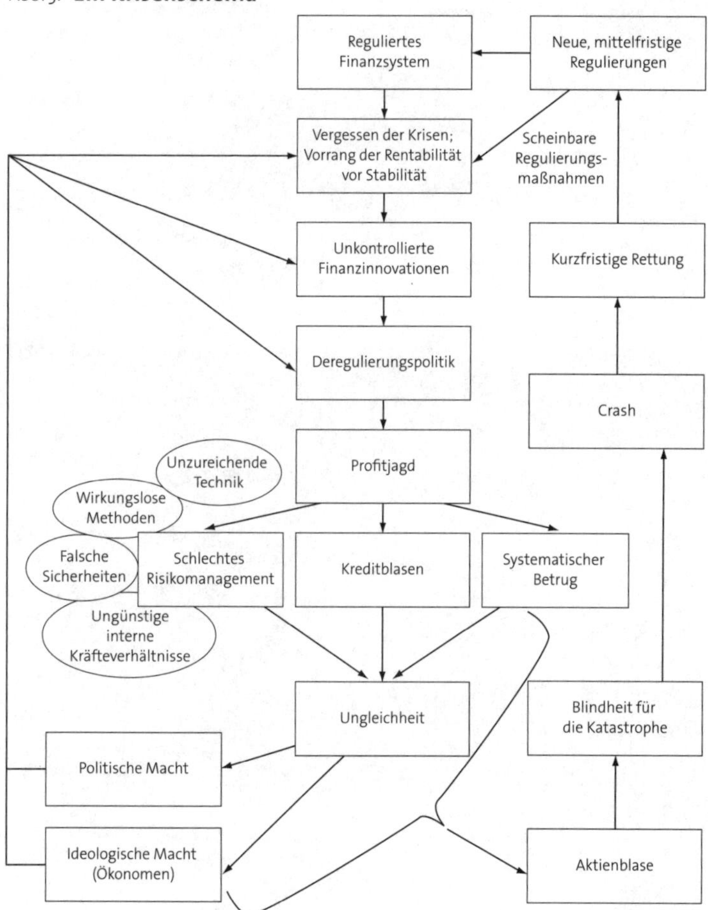

Fassen wir dieses Kapitel mit einem schematischen Überblick über Finanzkrisen zusammen. Zwar neigt man im Namen der Klarheit dazu, eine bestimmte Abfolge von Ereignissen festzulegen, wir müssen aber im Hinterkopf behalten, dass erst das Ganze das System ausmacht, dass die verschiedenen Teile miteinander interagieren und dass sich die zeitlichen Abläufe von wenigen Monaten bis zu einigen Jahren hinziehen und sehr unterschiedlich sein können.

6. Kapitel

Die Zeit der Regulierung

»Das Problem der Krisenprävention ist nicht unlösbar.«
Paul Claudel, 4. Oktober 1930[1]

»Die Branche ist clever – ganz gleich, welche Regeln ihr auferlegt werden, sie wird Mittel und Wege ersinnen, um diese zu umgehen. Aus diesem Grund muss die Regulierung umfassend und dynamisch sein.«
Joseph Stiglitz[2]

»Wir können sozusagen die Instabilität stabilisieren.«
Hyman Minsky[3]

Eine Spekulationsblase endet nicht, wenn sie platzt und der Staat eingreift, um den Finanzsektor zu retten. Wenn die Krise starke wirtschaftliche und soziale Auswirkungen hat, folgt meist eine politische Diskussion darüber, wie man die Wiederholung einer solchen Katastrophe am besten verhindern kann. So war es nach der Panik von 1907, dem Börsenkrach von 1929 und der Subprime-Krise. Die geringen Auswirkungen der Tulpenkrise auf die holländische Wirtschaft haben keine große Debatte über eine Finanzmarktregulierung ausgelöst, und auf die Law-Krise folgte lediglich die Rückkehr zum alten System, in dem die Rentiers von ihren Krediten an den französischen Staat lebten.

Die Eröffnung einer Debatte sagt jedoch noch nichts über das Ergebnis aus. Die Krise von 1907 führte in den USA zur Gründung einer Zentralbank, allerdings ohne ein echtes Mandat und ohne die notwendigen Instrumente zur Verhinderung einer Finanzinstabilität. In den 1930er-Jahren gelang es Präsident Roosevelt, die ideologische und politische Ausgangslage zu verändern, indem er neue Regeln festlegte, die zu mehreren Jahrzehnten Stabilität führten.

Wie sieht es mit dem Regulierungsklima nach der Subprime-Krise aus? Am 10. Oktober 2008, nur wenige Wochen nach dem Konkurs von Lehman Brothers, legte das später in Finanzstabilitätsrat umbenannte Finanzstabilitätsforum, in dem die wichtigsten Regulatoren der G-7-Staaten und der internationalen Organisationen sitzen, ein sehr umfassendes Dokument auf den Tisch, das nicht weniger als ein Dutzend Regulierungsmaßnahmen vorschlug. Dieses Dokument wurde damals kaum kommentiert, enthielt aber schon fast alle großen Themen und Vorschläge, die in den folgenden Monaten diskutiert wurden.[4]

Der G-20-Gipfel in London im April 2009 war ein Bruch mit der Akzeptanz der Selbstregulierungslogik der Märkte. Neben dem üblichen allgemeinen Kommuniqué verabschiedeten die G-20 eine sehr detaillierte sechsseitige »Erklärung über die Stärkung des Finanzsystems«,[5] die ein ehrgeiziges Ziel vorgab: »Alle systemrelevanten Institutionen, Märkte und Instrumente müssen einer angemessenen Regulierung und Kontrolle unterliegen.« Diese Erklärung war die Grundlage für eine deutliche Veränderung der Rolle der Zentralbanken, die aufgefordert wurden, Instrumente und Maßnahmen zu entwickeln, um der Finanzinstabilität entgegenzuwirken. Sie verlangte eine strenge Kontrolle der Kreditvergabe durch die Banken, damit sie keine Blasen mehr nährten. Sie forderte Beschränkungen für den Derivatemarkt, da diese Finanzinnovationen häufig die Finanzwirtschaft in Brand setzten, verlangte eine Regulierung der Hedgefonds und griff die Steueroasen an.

Die hier vorgezeichneten Regulierungsprinzipien wurden auf dem G-20-Gipfel von Pittsburgh im September 2009 erneut bekräftigt. In den folgenden Monaten dienten sie als Grundlage für alle Diskussionen, die weltweit geführt wurden. Dieser Prozess ist noch lange nicht abgeschlossen. In den USA streitet man immer noch über die konkreten Modalitäten zur Umsetzung des neuen Gesetzes zur Finanzmarktregulierung, des Dodd-Frank-Gesetzes,[6] das am 21. Juli 2010 beschlossen wurde. Die Europäische Kommission legte ihre wesentlichsten Regulierungsvorschläge erst im Sommer 2011 auf den Tisch, und es wird noch viele Monate dauern, bis sie umgesetzt sind. Eine halbwegs endgültige und klare Vorstellung davon, wie eine Finanzmarktregulierung in der Post-Subprime-Ära aussieht, wird man nicht vor 2013 haben; einige Teile werden wohl erst 2018/19 ihre endgültige Form erhalten.

Wir können uns zwar noch kein abschließendes Bild machen, aber eine erste Einschätzung ist schon möglich, denn die Grundzüge der Regulierungsmaßnahmen sind bereits bekannt. Sie sind zahlreich, sehr unterschiedlich und umfassen eine Vielzahl von Fragen, weshalb es für diejenigen, die das Thema nicht ständig verfolgen – also für fast alle –, schwierig ist, sich zurechtzufinden. Dank dem im letzten Kapitel erarbeiteten Krisenschema können wir aber zumindest die verschiedenen Maßnahmen einordnen und so beurteilen, inwieweit sie in der Lage sind, die Krisenmechanismen zu durchbrechen.

Wir werden sehen, dass viele Entscheidungen der G-20 durchaus interessant sind. Der Vorwurf, dass sie untätig gewesen seien und nichts unternommen hätten, um die Finanzpraktiken zu ändern, hält einer genaueren Betrachtung nicht stand. Dennoch steht beileibe nicht alles zum Besten. Zwischen guten Vorsätzen und der konkreten Umsetzung in Politik können Abgründe liegen; außerdem haben die Vorschläge der G-20 Lücken. Einige Staaten werden versuchen, die Regulierungen zu reduzieren, und auch die Finanzwelt und ihre Lobby sind bereits dabei, die neuen Regeln zu schleifen und nach Mitteln und Wegen zu suchen, diese ganz zu umgehen. Deswegen müssen wir nun genau erklären, welche politischen Kämpfe um diese Fragen ausgefochten werden.

Innovationen beherrschen

Am Anfang der Krisen stehen immer unkontrollierte Finanzinnovationen. Deshalb muss man als Erstes die Deregulierung der riskantesten Innovation der letzten Jahrzehnte, der OTC-Derivate, rückgängig machen. Diese Produkte waren bei jedem fatalen Coup des Finanzsektors dabei – von der Mexiko-Krise 1994 über die Asienkrise 1997/98 und die Beinahe-Pleite des US-amerikanischen Hedgefonds LTCM bis zur Kerviel-Affäre, der Subprime-Krise und zahlreichen anderen Katastrophen der jüngsten Zeit.[7]

Oft hört man, die von Finanzwissenschaftlern erfundenen Finanzprodukte seien zu kompliziert, um sie regulieren zu können. Das stimmt nicht. Wie ausgeklügelt die Erfindungen auch sein mögen, sie folgen alle relativ einfachen Grundmechanismen: Es sind Verträge, mit denen man morgen zu einem heute festgelegten Preis Finanzanlagen kaufen, verkaufen oder handeln kann. Dieses Prinzip ist keineswegs neu. Schon der babylonische Codex Hammurabi, vor fast viertausend Jahren geschrieben, erwähnt die ersten Instrumente zur Risikodeckung: In Paragraf 48 steht, dass nach einer schlechten Ernte die Landwirte das Recht hätten, ihre Schulden nicht zurückzuzahlen. Das nennt man in der modernen Finanzwelt eine Option: Den Schuldnern wird die Möglichkeit eingeräumt, ihre Schulden nicht zurückzuzahlen, wenn ein vorher vereinbartes Ereignis eintreten sollte.

Viele Werke zu diesem Thema erinnern auch an die Geschichte des Thales von Milet, die Aristoteles im 4. Kapitel des Ersten Buchs seiner staatsphilosophischen Schrift *Politik* erzählt:

> »Als man ihm nämlich wegen seiner Armut vorwarf, wie unnützlich die Philosophie sei, so soll er, mittels der Astrologie eine ergiebige Olivenernte voraussehend, noch vor Ablauf des Winters, als er gerade einiges Geld hatte, auf alle Ölpressen in Milet und Chios Handgeld gegeben haben. Er pachtete sie nun um ein Geringes, da niemand ihn überbot. Als aber der rechte Zeitpunkt eingetreten war, da kam auf einmal und plötzlich eine starke Nachfrage, infolge deren er sie zu einem Preise, den er beliebig stellte, wieder verpachtete, und so durch Einziehung eines bedeutenden Gewinnes den Beweis führte, dass auch Philosophen, wenn sie wollen, sich mit leichter Mühe bereichern können, nur sei der Reichtum nicht das Ziel ihrer geistigen Bestrebungen.«[8]

Mit relativ wenig Geld hat Thales von Milet also heute das Recht erworben, morgen zu einem bei der Transaktion festgelegten Preis von allen Olivenpressen zu profitieren, vor denen die Ölproduzenten dann Schlange standen.

Richtig entwickelten sich derartige Transaktionen jedoch erst Ende des 19. Jahrhunderts während des Amerikanischen Bürgerkriegs. Der Finanzjournalist Nicholas Dunbar erzählt diese Geschichte recht anschaulich: Auf ihrem Vormarsch Richtung Süden benötigte die Nordstaaten-Armee Hafer für ihre Pferde. Die große Nachfrage ließ zum Leidwesen des Militärs die Preise steigen. Deshalb wandte man sich an die Geldgeber des Chicago Board of Trade, das 1848 gegründet worden war, um den Getreidehandel zwischen den Farmern des Mittleren Westens und der Stadtbevölkerung an der Ostküste zu organisieren. Diese empfahlen ihnen ein neues Finanzprodukt, das darin bestehe, jede beliebige Ware in der Zukunft zu einem vorab festgelegten Preis zu kaufen. Das nennt man einen *Future*. Die Nordstaaten-Armee zeichnete also *Futures* für Hafer und sicherte sich damit günstig Nachschub.

Erst in den 1970er-Jahren gewannen die Derivatprodukte wieder an Bedeutung, als sich die Wirtschaftsakteure gegen übermäßige Kursschwankungen schützen wollten. Jetzt setzte man nicht mehr nur auf die Entwicklung der Preise für bestimmte Güter, sondern auch für Finanzprodukte. Verstand damals wirklich niemand, was da vor sich ging? Doch! In dem im letzten Kapitel erwähnten BIZ-Bericht über Finanzinnovationen von 1986 sind höchst erstaunliche Dinge zu lesen, zum Beispiel, dass die Banken ihre Kredite immer häufiger verbriefen, das heißt, in Finanzanlagen verwandeln, um sie weiterzuverkaufen; dass sie einen Teil ihrer Aktivitäten mithilfe von Derivatprodukten in Finanzierungsgeschäfte auslagern, die bilanzextern erfolgen, um die Regulierungsvorschriften zu umgehen und die Gewinne maximal zu steigern. All das, so der BIZ-Bericht, führe zu einer Unterschätzung der Risiken, mache sie intransparent und untergrabe die Finanzstabilität. Die Klarheit, mit der die Regulierer der 1980er-Jahre den Aufstieg der Finanzinnovationen kommen sahen, ist beeindruckend; einige Absätze des Berichts könnten auch aus der Zeit nach 2008 stammen. Das zeigt, dass Finanzregulierer sehr wohl über die Mittel und technischen Kenntnisse verfügen, um Risiken auf den Finanzmärkten zu erkennen. Sie müssen nur wollen.

Die Frage für die Post-Subprime-Ära lautet also, ob die G-20 den klaren politischen Willen gezeigt haben, die Derivatemärkte zu regulieren. Sie haben diesen Willen gezeigt, aber er ging nicht weit genug.

Wie reguliert man die Derivate?

Fast alle Geschäfte auf dem Derivatemarkt werden außerbörslich getätigt, das heißt, sie laufen direkt zwischen den Finanzakteuren ab, ohne dass der Hintergrund jeder Transaktion wirklich klar wäre. Die Gefahr besteht also darin, dass man zu spät erkennt, wenn ein Akteur zu große Risiken eingegangen ist. Um diesem Problem abzuhelfen, fordern Regulierer, den Handel verstärkt innerhalb von Clearinggesellschaften zu organisieren. Das sind private Institutionen, die die Rolle eines Notars spielen und die Transaktionen registrieren. Sie berechnen auch täglich die Nettopositionen der Finanzakteure (was sie kaufen minus das, was sie verkaufen). Sie wachen darüber, dass alle Mitspieler zahlungsfähig sind, falls sie ihren Einsatz verlieren sollten, indem sie als Kreditsicherung die Hinterlegung von Bargeld oder Finanzanlagen verlangen. Kommt es trotzdem zu Problemen, treten sie an die Stelle eines zahlungsunfähigen Akteurs und zahlen die anderen aus.

Diese Forderung geht auf jeden Fall in die richtige Richtung, denn dann wüsste man mehr über die Handelsvolumen, die gezahlten Preise und eingegangenen Risiken auf diesen Märkten, die seit über dreißig Jahren bei allen Finanzkrisen ganz vorn mit dabei waren. Der Weg von der Theorie zur Praxis ist jedoch schwierig.

Die USA sind eher für eine einzige große und weltweit zuständige Clearinggesellschaft. Gary Gensler, Direktor der Commodity Futures Trading Commission (eine der beiden US-amerikanischen Regulierungsbehörden, die die Derivatemärkte überwachen sollen), erklärte schon Ende 2009, dass er von jedem Vertrag über ein Derivat erfahren wolle, sobald ein US-amerikanischer Akteur, ob in den USA oder außerhalb, daran beteiligt sei. Aber auf diesem Ohr ist die EZB offenbar taub. Sie zieht die Einrichtung mehrerer regionaler Clearinggesellschaften vor, weil sie die Transaktionen in Euro selbst kontrollieren will. Und es ist wirklich die Frage, was eine große US-amerikanische Clearinggesellschaft, über die die meisten Verträge liefen, tun würde, falls eine Transaktion in Euro mit europäischen Akteuren schlecht ausginge? Würde die Gesellschaft ihre Reserven mit der gleichen Begeisterung mobilisieren wie für US-amerikanische Finanzunternehmen? Es geht also eher in Richtung eines informellen Netzes von Clearingstellen.

Aber selbst das ist nach Ansicht des ehemaligen IWF-Ökonomen Manmohan Singh nicht unproblematisch, denn die Finanzakteure kaufen und verkaufen Derivate überall auf der Welt. Um die Nettoposition jedes Händlers festzustellen, bedarf es also eines intensiven Austauschs zwischen den Clearinggesellschaften. Überdies behandeln die wenigen bereits existierenden Einrichtungen wie die britische LCH Clearnet oder die US-amerikanische ICE Trust nur einzelne Produkte (etwa Zinsderivate). So bekommt man kein klares Bild von den Risiken, die jedes Unternehmen eingeht.

Außerdem ist es keineswegs sicher, dass die Händler bereit sind, den größten Teil ihrer Transaktionen über Clearinggesellschaften abzuwickeln, denn Erwerb und Hinterlegung von Sicherheiten bedeuten Kosten. Seit die G-20 ihre Vorschläge unterbreitet haben, stellt man fest, dass Banken und Hedgefonds für den OTC-Handel sehr wenig Sicherheiten hinterlegt haben, um die Renditen zu erhöhen. Die diesbezüglichen Angaben sind sehr undurchsichtig, aber nach einer Untersuchung der Berufsorganisation der Derivatehändler ISDA zum Thema OTC-Handel waren nur 6 Prozent der Transaktionen durch eine Kreditsicherung (zu 85 Prozent in bar) gedeckt. Nach einer von Singh zitierten Schätzung könnten sich die Kosten für den Übergang zu Clearinggesellschaften auf bis zu 2000 Milliarden Dollar belaufen. Grund genug für Banken und Hedgefonds, laut aufzuschreien. Doch die Regulierer forcieren diese Entwicklung; sie fordern, dass auch Händler, die nicht über Clearinggesellschaften gehen, sehr viel Kapital beiseitelegen müssen, um Operationen zu decken, die im Rahmen von OTC-Geschäften stattfinden. Vielleicht sind die Banken der Meinung, das werde immer noch billiger als die Zahlung von Sicherheiten an die Clearinggesellschaft. Das zusätzlich verlangte Kapital für

OTC-Geschäfte muss also hoch genug sein, oder, so schlägt Singh vor, sie werden besteuert.

Ein anderes Problem: Wenn die Banken das Risiko auslagern – das ist eins der Ziele –, landet es in den Clearinggesellschaften, wodurch diese zu möglichen Quellen für Systemcrashs werden. Singh weist darauf hin, dass mit diesem Verfahren die großen Finanzinstitute zwar »das Risiko an die Clearinggesellschaften weitergeben, nicht aber den Profit«. Das würde bedeuten, dass im Fall einer großen Krise die Zentralbanken die Clearinggesellschaften sicher mit Geld versorgen müssten, um ihnen zu helfen, und dass die Finanzregulierer heute schon Verfahren für deren geordnete Insolvenz festlegen müssten, um eine Panik zu vermeiden, wie sie auf den Lehman-Konkurs gefolgt war. Davon sind wir weit entfernt. Alternativ dazu könnte man, wie der Ökonom Michel Castel verlangt, die Clearinggesellschaften zwingen, in einen Sicherungsfonds einzuzahlen. Vielleicht wäre es aber auch besser, dem Vorschlag von Manmohan Singh zu folgen: Er meint, dass Clearinggesellschaften in Anbetracht der bedeutenden Rolle, die sie spielen, staatliche Einrichtungen sein sollten.

Im September 2010 legte die Europäische Kommission Vorschläge zur Regulierung der Derivatemärkte vor. Darin unterscheidet sie zwischen Produkten, bei denen ein Minimum an Standardisierung möglich ist und deren Handel über Clearinggesellschaften abgewickelt werden kann, und solchen Produkten, die ganz spezieller Regelungen bedürfen und sich nicht über Clearinggesellschaften abwickeln lassen, weil sich kein Preis für ihre Bewertung, die Festlegung der Kreditsicherung usw. festlegen lässt – das sind entweder Produkte, die ganz besondere Risiken absichern sollen, oder große Spekulationsunternehmen; auf jeden Fall aber bergen sie große Risiken. Finanzakteure, die derartige Verträge abschließen, müssen sich nach Vorstellung der Kommission strikten Regeln und Kontrollen unterwerfen und eine höhere Eigenkapitalquote vorweisen, für den Fall, dass ein Geschäft misslingt. Die Trader werden jedoch alles unternehmen, diesen Auflagen zu entgehen. Man hätte Untergrenzen für das Eigenkapital ankündigen müssen.

Und dann sind da noch die multinationalen Unternehmen. Diese haben sich auf beiden Seiten des Atlantiks zu Wort gemeldet und erklärt, dass sie die komplizierten Finanzprodukte nur dazu verwendeten, sich gegen Schwankungen der Erdöl- oder Dollarpreise zu schützen und nicht um zu spekulieren. Deshalb wollten sie sich nicht dazu verpflichten lassen, ihre Geschäfte über Clearinggesellschaften abzuwickeln und zusätzliche Kosten zu haben, nur weil irgendwelche Finanzjongleure Dummheiten gemacht hätten. Der Nahrungsmittelkonzern Cargill etwa sagte, dass er Derivate nur kaufe, um sich gegen Preisschwankungen bei Geflügel zu schützen, das er an Restaurantketten weiterverkaufe. So etwas könne keine weltweite Finanzkrise auslösen.

Allerdings gibt es auch einige Konzerne, die durch Spekulationen Federn gelassen haben, wie beispielsweise 1993 die deutsche Metallgesellschaft mit Ötermingeschäften, 1994 der Konsumgüter-Konzern Procter & Gamble (Pampers, Gillette, Puma und andere Marken) mit Währungsderivaten oder 1996 die japanische Sumitomo Group mit Rohstoffderivaten (Kupfer). Trotzdem zog das Argument: Nichtfinanzielle Unternehmen werden nicht gezwungen sein, ihre Transaktionen über Clearinggesellschaften abzuwickeln. Es gibt jetzt die Idee, dass diese großen Firmen zumindest ihre Geschäfte registrieren müssen, damit die Regulierer sie überwachen können, wenn sie es wünschen. Zudem müsste man durch Kontrollen verhindern, dass nicht irgendwelche gewitzten Finanzmakler den Umweg etwa über Unternehmen in Steueroasen wählen, um die neuen Regeln zu umgehen.

Kurzum, in Anbetracht all dieser Unklarheiten und Zögerlichkeiten geht die Entwicklung hin zu Clearinggesellschaften zwar in die richtige Richtung, es ist aber noch lange nicht sicher, dass diese tatsächlich etwas zu einer umfassenden Kontrolle der Finanzmarktrisiken beitragen werden. Zumal wir sicher sein können, dass die Finanzmakler bereits ihren nächsten Schachzug planen. Im April 2011 konnten sie einen ersten Sieg verbuchen, als der damalige US-Finanzminister Timothy Geithner verkündete, dass bestimmte Derivate in Verbindung mit dem Devisenmarkt von den neuen Regelungen ausgenommen würden. Die Anzahl der Ausnahmen ist zwar begrenzt – sie betreffen nur etwas mehr als 3 Prozent des weltweiten Freihandels mit Derivaten –, aber das Prinzip, Löcher im Netz zuzulassen (und seien sie auch klein), ist nicht gesund. So mancher könnte in Versuchung geraten hindurchzuschlüpfen. Die Regulierer müssen also ständig auf der Hut sein und unverzüglich eingreifen, wenn neue riskante Produkte auftauchen.

Und die Verbriefung?

Wir haben im letzten Kapitel gesehen, dass die Verbriefung, also die Umwandlung von Forderungen in handelbare Wertpapiere, einer der Überträger war, durch die sich die Risiken im gesamten globalen Finanzsystem ausbreiteten. Die USA und die EU haben neue Regeln eingeführt, um diese Praxis zu kontrollieren.

Die Banken müssen jetzt bei ihren Verbriefungsoperationen transparenter vorgehen und ein Minimum von 5 Prozent der Risiken der verbrieften Forderung behalten. In Europa müssen sie außerdem im Zusammenhang mit ihren Verbriefungsoperationen eine strenge Risikobewertung vornehmen. Machen sie das nicht, bekommen sie von den Regulierern die Auflage, ihre Kapitalrücklage zu erhöhen, damit es wegen derartiger Aktivitäten nicht zu Problemen kommt. Banken, die sich auf komplexe Operationen der Wiederverbriefung verbriefter Produkte einlassen, müssen den Regulierern beweisen, dass sie die Risiken im Griff haben, sonst droht ihnen bei der Berechnung der notwendigen Kapitalrücklage ein Koeffizient von 1250 Prozent.

Das alles geht in die richtige Richtung, hinterlässt jedoch den Eindruck, dass man sich auf den Krieg vorbereitet, den wir gerade hinter uns haben: Der CDO-Markt ist in der Krise zusammengebrochen. Auf seinem Höhepunkt belief er sich 2006 in den USA auf 455 Milliarden Dollar, 2010 waren es nur noch knapp 8 Milliarden. Das Interesse an diesem mittlerweile streng überwachten Finanzinstrument ist seit der Krise verschwunden, es wird kaum mehr Auslöser einer künftigen Blase sein.

Eine neue weltweite Finanzkontrolle

Neben der Kontrolle der Innovationen muss man dafür sorgen, dass deren Entwicklung und Verbreitung nicht durch eine umfassende Deregulierungspolitik erleichtert wird. In dieser Hinsicht hat die Subprime-Krise die ersten Pflöcke für eine neue globale Finanzkontrolle eingeschlagen.

An der Spitze steht der Financial Stability Board (FSB), Finanzstabilitätsrat. Er umfasst Zentralbankdirektoren, Finanzminister und Finanzregulierer jeglicher Couleur und dient der Suche nach einem internationalen Konsens unter den Regulierungsbehörden. »Die Rolle des FSB wird darin bestehen, eine gemeinsame Doktrin der großen Zentralbanken für die makroprudenzielle Aufsicht zu schaffen. Deren Prinzip ist von den G-20 bestätigt«, erklärt Michel Aglietta. Der FSB sei »der wichtigste Thinktank« in diesem Bereich geworden, sagt auch John Eatwell, Präsident des Queens' College der Universität Cambridge und einer der besten britischen Spezialisten für Finanzmarktregulierung.[9] Der FSB wird technisch von den Experten der Bank für Internationalen Zahlungsausgleich (BIZ) unterstützt, die sich besonders auf die Festlegung eines Rahmens für die Bankenregulierung, aber auch auf andere Themen verstehen. Sie wollen auch die internationalen Überwachungsorgane stärken, die gemeinsam die in zahlreichen Ländern operierenden Banken kontrollieren.

Daneben muss der IWF regelmäßig die Qualität der Finanzsysteme seiner Mitgliedsländer überprüfen. Das gilt auch für die USA, die sich vor der Krise gegen jede Prüfung verwahrten. Bei den regelmäßigen Berichten über die nationalen Finanzsysteme geht es um ihre Glaubwürdigkeit.

Auf den Ebenen darunter wird es schwieriger. Präsident Obama wollte der Zentralbank die Gesamtverantwortung bezüglich der Finanzmarktregulierung übertragen. Angesichts des Widerstands aus dem Kongress, der der Bank vorwarf, vor der Krise nicht gehandelt zu haben, wurde ein neues Gremium, der Financial Stability Oversight Council, geschaffen, in dem die zahlreichen Regulierungsbehörden der USA vereint sind. Unter der politischen Kontrolle des Finanzministers soll dieses Gremium die Informationen koordinieren, damit ein Anstieg des systemischen Risikos frühzeitig erkannt wird.

In Großbritannien gibt es das Financial Policy Committee, es ist der Zentralbank, der Bank of England, angegliedert und mit der gleichen Aufgabe betraut. Auch für die EU wurde ein entsprechendes Gremium geschaffen, der Europäische Ausschuss für Systemrisiken (ESRB). Er wird vom Präsidenten der EZB geleitet und soll den Finanzmarkt überwachen, sich entwickelnde Risiken erkennen, die europäischen Politiker bei großen Spekulationsrisiken informieren und diesen ein Ende setzen. Außerdem haben die europäischen Regierungen die drei bereits vorhandenen Kommissionen zur Überwachung von Banken, Versicherungen und Finanzmärkten, die bislang nur Konsultativrechte hatten, in drei Aufsichtsbehörden mit weitreichenderen Befugnissen umgewandelt (Abb. 6).

Sie können technische Normen für Europa erarbeiten, Streitigkeiten zwischen nationalen Regulierungsbehörden schlichten und in Ländern eingreifen, deren Finanzaufsicht sie für zu nachlässig halten. Außerdem können sie vor der Verwendung als toxisch beurteilter Finanzprodukte warnen und diese sogar zeitweilig verbieten. Im Krisenfall verfügen sie über zusätzliche Befugnisse zur Koordinierung der nationalen Regulierungsbehörden. Weil Großbritannien fürchtet, bei einzelnen als unzureichend kapitalisiert beurteilten Instituten zur Intervention gezwungen zu werden, hat es eine »Schutzklausel« durchgesetzt, die alle Haushaltsbeschlüsse in der Hand der nationalen Regierungen belässt. Beim Ausbruch der Krise hat sich jedoch gezeigt, dass die britische Regierung keineswegs die letzte war, die ihre Banken mit massiven Interventionen gerettet hat. Diese Kontrollbehörden ersetzen also die nationalen Regulierungsbehörden nicht, verfügen aber zumindest auf dem Papier über die Macht, die Grundlagen für eine echte europäische Finanzkontrolle zu schaffen – das ist etwas wirklich Neues.

Wie effizient all diese neuen Institutionen sein werden, kann niemand vorhersagen. Auf jeden Fall zeugt die Schaffung neuer Kontrollinstanzen nach Jahrzehnten hemmungsloser Deregulierung von einem echten ideologischen Wandel, man erkennt endlich an, dass sich die Märkte eben nicht selbst regulieren können und dass Finanzstabilität nie von allein kommt, sondern immer ein politisches Ziel bleiben muss.

Abb. 6: **Eine neue europäische Finanzkontrolle**

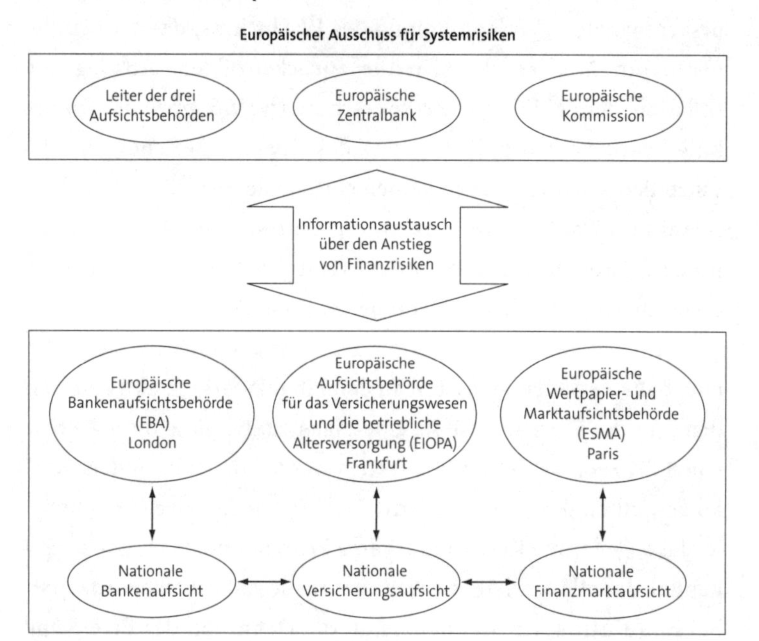

Quelle: Europäische Kommission

Kreditblasen vermeiden: Spekulation teurer machen

Vor der Subprime-Krise waren die Aufsichtsbehörden der Meinung, die notwendige und hinreichende Bedingung für ein stabiles Finanzsystem sei, dass jede Bank für sich genommen gesund sei und genug Geld beiseitegelegt habe, um möglichen Schwierigkeiten zu begegnen. Dabei spricht man von »mikroprudenzieller« Kontrolle.

Bei dieser Art von Aufsicht versucht man vor allem zu gewährleisten, dass kein Kunde von der Pleite seiner Bank überrascht wird. Sie beruht auf der Vorstellung, dass die Probleme, die bei den Finanzinstituten auftreten können, vor allem durch schlechtes internes Management oder allgemeine äußere Ereignisse verursacht werden (Verlangsamung des Wachstums, das die Schuldner daran hindert, ihre Kredite zurückzuzahlen, Anstieg der Inflation, der die Finanzmärkte erschüttert, Umkippen des Immobilienmarkts oder der Börse usw.), dass aber die Beziehungen zwischen den Finanzakteuren keinen entscheidenden Einfluss haben, solange die Bank gut geführt ist. Um erneute Kreditblasen zu verhindern, wollten die G-20 mit diversen Maßnahmen zunächst dieses mikroprudenzielle Herangehen verstärken.

Die erste Maßnahme betraf die Eigenkapitalbasis, über die eine Bank verfügen muss, um an den Finanzmärkten aktiv zu werden. Vor der Krise musste sie eine Eigenkapitalquote ihrer Aktiva von 8 Prozent vorweisen (die Aktiva werden dabei nach dem Risiko gewichtet, das sie darstellen). Diese Quote hat zwei Bestandteile, das sogenannte Kernkapital von 4 Prozent und das Ergänzungskapital, das alles enthält, was jede nationale Aufsichtsbehörde 1988, bei Einführung der Maßnahme, in die Definition des Eigenkapitals aufzunehmen bereit war, um den Banken zu helfen, die neuen Auflagen zu erfüllen – die japanischen Banken konnten zum Beispiel in das Ergänzungskapital ihre latenten Börsengewinne einrechnen, was zur Folge hatte, dass ihre Eigenkapitalquote wenige Jahre später beim Platzen der Blase weit unter die vorgeschriebene Schwelle sank.

Um das Ganze noch komplizierter zu machen – und die Kosten für die Erfüllung dieser Auflagen weiter zu reduzieren –, wurde auch das Kernkapital aufgeteilt in »hartes Kernkapital«, das aus dem Kapital der Anleger (Aktien und reinvestierte Profite) besteht, und »weiches Kernkapital«, in das die Banken, vor allem die französischen, hybride Wertpapiere, halb Kapital, halb Obligation, gemischt haben, die den Anlegern eine nach den Profiten der Bank indexierte Auszahlung sichert. Das harte Kernkapital wurde auf

2 Prozent der gewichteten Aktiva festgelegt. Nach der Subprime-Krise hat im September 2010 der bei der BIZ angesiedelte Basler Ausschuss beschlossen, die Quote von 2 Prozent auf 7 Prozent zu erhöhen: 4,5 Prozent Basisquote, zu der eine zusätzliche Sicherheit von 2,5 Prozent kommt, aus der die Banken sich im Notfall bedienen können – in diesem Fall werden ihnen aber Beschränkungen in der Auszahlung von Boni und Dividenden auferlegt. Außerdem beschränkt der Basler Ausschuss die Liste der Kapitalbestandteile und das Gewicht der oben erwähnten hybriden Instrumente.

Tab. 1: **Die neuen Kapitalquoten**

(Kapital risikogewichtet nach der Höhe der Aktiva in %)

	Hartes Kernkapital	Kernkapital	Gesamt
Vor der Krise	2,0	4,0	8,0
Nach der Krise	7,0*	8,5	10,5

*Hartes Kernkapital (4,5) + Kapitalpuffer (2,5)

Quelle: BIZ

Der Ausschuss hat auch über die Möglichkeit diskutiert, 0 bis 2,5 Prozent Kapital als antizyklischen Kapitalpuffer hinzuzufügen, wenn ausufernde Kredite die Spekulation anheizen. Da sich dabei keine Einigung erzielen ließ, wurde das Ergreifen einer solchen Maßnahme den nationalen Aufsichtsbehörden überlassen. Da sich durch zusätzliche Auflagen aber die Wettbewerbsfähigkeit der nationalen Champions reduziert, sind Zweifel an einer Umsetzung angebracht.

Was tun mit den »systemrelevanten« Finanzinstituten? Der Basler Ausschuss möchte auch zusätzliche Kapitalauflagen für die systemrelevanten Banken einführen, deren lokale Probleme eine allgemeine Krise auslösen könnten. Das betrifft etwa dreißig große

Institute, die nach Größe, Grad der Globalisierung ihrer Geschäftstätigkeit, Komplexität und der Möglichkeit, einen Teil ihrer Geschäftsbereiche nötigenfalls an Konkurrenten zu verkaufen, in verschiedene Gruppen aufgeteilt werden. Je nach Gruppe sollen die Banken zwischen 0,5 und 2,5 Prozentpunkte Kapital zusätzlich beiseitelegen (für besonders riskante Institute kann die Auflage auf über 3 Prozent erhöht werden), damit sollen sie für die Tatsache bezahlen, dass ihre eigenen Probleme alle anderen mitreißen können. In der vorläufigen Liste der riskantesten Banken stehen bekannte Namen: BNP Paribas, Bank of America, Citigroup, Deutsche Bank, J.P. Morgan usw. Auf anderen Listen, die im Gespräch sind, stehen Goldman Sachs, Credit Suisse, UBS und die französischen Banken Société Générale oder Crédit Agricole. Über die endgültigen Listen und damit auch die Höhe der zusätzlichen Belastung wird noch mit den Banken und nationalen Aufsichtsbehörden verhandelt, die die Kosten für ihre Champions gern verringern wollen.

Über diese zusätzlichen Auflagen ist eine Diskussion entbrannt. Wenn man Banken als *»too big to fail«*, zu groß, um zu scheitern, oder *»too interconnected to fail«*, zu stark in den Finanzstrukturen vernetzt, um zu scheitern, bezeichnet, heißt das doch, dass der Staat sie niemals fallen lässt, egal, was sie tun, und dass sie deshalb ständig versucht sind, überzogene Risiken einzugehen. Wer glaubt nach der Panik, die auf die Lehman-Pleite folgte, wirklich noch daran, dass der Staat solche Institute noch einmal ihrem Schicksal überlassen würde? Es steht außer Zweifel, dass die systemrelevanten Banken gerettet werden. Und dann ist es doch wesentlich besser, sie vorher bezahlen zu lassen und ihnen mit anderen Maßnahmen (siehe unten »Die Banken bezahlen lassen«) begreiflich zu machen, dass sie die Kosten für eine eventuelle staatliche Rettung selbst tragen müssen.

Für Daniel K. Tarullo, Mitglied des Board of Governors der US-Zentralbank, gibt es ohnehin keinen Grund, warum Banken so mächtig sein sollten, wie sie es geworden sind, um von größenbedingten Vorteilen zu profitieren. Die neuen Kapitalregeln hinderten sie nicht daran, weiter zu wachsen, erklärt er, es werde sie lediglich mehr kosten. Deshalb müsse man ihre Kosten an denen messen, die ihr mögliches Scheitern für die Gesellschaft mit sich bringen würde.[10]

Hier geht es nicht allein um Banken. Die Frage ist, ob Hedgefonds, Investmentfonds und Versicherer nicht die gleichen Auflagen erhalten sollten. Schließlich können auch sie im Fall einer Pleite ernste gesamtwirtschaftliche Probleme hervorrufen, wie der Fall des US-Versicherungskonzerns AIG zeigt. In den USA findet darüber eine erbitterte Auseinandersetzung statt. Auf der einen Seite stehen Zentralbankchef Ben Bernanke und Finanzminister Tim Geithner, die sich mit einer auf die Banken beschränkten Liste zufriedengeben würden. Auf der anderen Seite steht Sheila Bair, die als Vorsitzende des Einlagensicherungsfonds der USA (FDIC) dafür plädiert, den gesamten Finanzsektor einzubeziehen – damit würde sich die Zahl der betroffenen Unternehmen von einem knappen Dutzend auf das Drei- oder Vierfache erhöhen.[11] Vonseiten der Europäischen Kommission ist zu vernehmen, dass man sich, wenn man die Bedingungen für die Banken festgelegt habe, auch bald für die anderen Finanzakteure interessieren werde.

Die Banken müssen die Regeln von 2013 an schrittweise anpassen und ab 1. Januar 2019 vollständig umgesetzt haben. Das scheint eine lange Frist zu sein, aber der Konkurrenzdruck wird dafür sorgen, dass die Banken, die das Ziel vor den anderen erreichen, von den Märkten besser notiert werden: Ihr Börsenkurs wird höher sein – weshalb sie auch nicht von den anderen geschluckt werden können –, und die Zinsen, zu denen sie ihr Geld leihen, werden niedriger sein.

Gleichzeitig vollzieht sich in Bezug auf die Kapitalquote eine weitere wichtige Entwicklung: Die Regulierer wollen eine »reine *Leverage Ratio*« (Verschuldungsgrad) überwachen. Diese drückt das Verhältnis zwischen Eigenkapital und Bilanzsumme aus und berücksichtigt dabei nur »hartes« Eigenkapital (also kein hybrides Kapital). Kurzum, man vergleicht die Verpflichtungen der Banken mit der Höhe der Eigenmittel und versucht zu vermeiden, dass letztere unter einen bestimmten Prozentsatz fallen. Die kanadische Finanzmarktaufsicht OSFI hat bereits entsprechende Auflagen erlassen; der Entwicklung der Größe der Banken wurden dadurch deutlich Grenzen gesetzt, da die Bilanzsumme das Zwanzigfache der Eigenmittel nicht übersteigen darf. Das verhindert eine unüberlegte Kreditvergabe und eine unbegrenzte Zunahme der Einsätze auf den Finanzmärkten, und zwar ohne dass dadurch die Kredite weniger würden, die die Realwirtschaft so dringend braucht. Bei den eher vorsichtigen kanadischen Banken überstieg die Bilanzsumme vor der Krise ungefähr das 18-Fache; bei einigen US-amerikanischen und europäischen Geschäftsbanken lag dieser Faktor bei 30, bei den Investmentbanken bei 40. Die Regulierer des Basler Ausschusses schlagen einen Faktor von 33 vor, das ist ein sehr hoher Faktor, vergleichbar mit dem, den einige Banken während der Krise aufwiesen. Sie betonen jedoch, dass die Definition der Eigenmittel wesentlich restriktiver als vor der Krise sei und die Quote deshalb anspruchsvoller, als es scheine. Auf jeden Fall muss man ihre Dynamik genau beobachten und Alarm schlagen, sobald sie etwas zu schnell zu steigen beginnt.

Wirksame Maßnahmen? Die Banken für Kreditexzesse bezahlen zu lassen und deren Wahrscheinlichkeit damit zu minimieren, geht grundsätzlich in eine gute Richtung. Aber werden diese neuen Kapitalquoten die gewünschte Wirkung zeigen? Für Tarullo liegen die Auflagen des Basel III genannten Reformpakets im unteren Bereich der von der Fed erarbeiteten Schätzungen.[12] Laut Adair Turner, Direktor der britischen Finanzmarktaufsichtsbehörde Financial Services Authority (FSA), müsste man, um sicherzugehen, dass sich Banken in künftigen Krisen mit ihrem eigenen Geld behelfen können, die harte Kernkapitalquote auf 15 bis 20 Prozent erhöhen. Das führte zu einem so lauten Aufschrei der Banken, dass die britische *Financial Times* im März 2011 große Besorgnis über diesen Vorschlag äußerte, »der inzwischen teilweise von anderen wichtigen Aufsichtsbehörden unterstützt« werde.[13] Die Wochenzeitschrift *The Economist* hielt dagegen eine Quote von 15 Prozent für mehr als angemessen, wenn die Banken in der Lage sein sollten, eine Krise zu überstehen und gleichzeitig noch Kredite zu vergeben.[14] Bereits Ende 2010 forderten fünfzehn Finanzspezialisten verschiedener Universitäten, die Quote auf 15 Prozent festzulegen.[15] Turner ruft alle Länder dazu auf, von sich aus die Marke von 7 Prozent zu überschreiten. Hätten die Banken dieser Länder dann einen Wettbewerbsnachteil, weil sie höhere Kosten für die Eigenkapitalbildung tragen müssten als die Konkurrenz in anderen Ländern? In Spanien, Irland, Großbritannien, der Schweiz und Schweden hat das die Aufsichtsbehörden nicht daran gehindert, die Quote heraufzusetzen. Jedes Land müsse für sich selbst die Veranwortung übernehmen, sagt Turner.

Die Banken führen dagegen ins Feld, dass die Eigenkapitalbildung dann so teuer sei, dass sie die Zinsen erhöhen und damit einen Teil der Kosten an die Kunden weitergeben müssten – teurere Kredite aber würden das Wachstum hemmen. Nach Angaben der New Yorker Fed würde jeder zusätzliche Prozentpunkt Eigenkapital 0,09 Prozent Wachstum pro Jahr kosten. Nach den Berechnungen des Basler Ausschusses wären es aber nur 0,003 Prozent, die nach ein paar Jahren ganz verschwinden würden. Nur die Banken gehen von einem übertriebenen, zehnmal so hohen Effekt aus.

Kreditblasen besser überwachen

Die Subprime-Krise hat die Grenzen eines mikroprudenziellen Ansatzes gezeigt. Obwohl Lehman Brothers keineswegs das größte Finanzinstitut war, hat seine Insolvenz durch die Tausende Transaktionen, in die es verwickelt war, eine einmonatige Panik ausgelöst und beinahe das gesamte Bankensystem mit in den Abgrund gerissen. Und zwar egal, ob die einzelnen Banken gut geschützt waren oder nicht. Das veranlasste die G-20, eine neue Ebene, die sogenannte makroprudenzielle Überwachung einzuführen, mit der sich die Risiken im gesamten Finanzmarktsystem kontrollieren lassen.

Das erste Element dieses Überwachungsregelwerks ist die Festlegung einer »normalen« Progression der Kreditmenge in einer Volkswirtschaft, abhängig von deren Wachstumspotenzial. Wächst diese Kreditmenge überdurchschnittlich schnell, ist das ein Anzeichen dafür, dass die Banken das Entstehen einer Spekulationsblase finanzieren. In diesem Fall muss man alle bedeutenden Finanzinstitute, die sich an dieser Blase beteiligen (also auch die großen Hedgefonds), identifizieren und dazu verpflichten, mehr Kapitalrücklagen zu bilden. Das reduziert die Rentabilität und damit das Kreditvolumen: Die Blase platzt, bevor sie zu groß wird.

Das zweite Element ist die Entwicklung von Instrumenten, mit denen man die Ausbreitung von Risiken im gesamten Finanzsystem nachvollziehen und die Interaktionen zwischen den Finanzinstituten messen kann. Wir haben die Kontrolle der Innovationen schon erwähnt. In der nachfolgenden Tabelle haben wir die anderen Maßnahmen aufgeführt, die in dieselbe Richtung gehen.

Tab. 2: **Die zwei Ansätze der Bankenkontrolle**

	Mikroprudenzieller Ansatz	**Makroprudenzieller Ansatz**
Zwischenziel	Insolvenzrisiko einzelner Banken begrenzen	Instabilitätsrisiken der Finanzsysteme begrenzen
Endziel	Anleger und Investoren schützen	Wachstum schützen
Ursprung der zu kontrollierenden Risiken	Außerhalb des Finanzsystems	Innerhalb des Finanzsystems
Überwachung der Verbindungen zwischen Finanzinstituten	Nicht vorhanden	Essenziell
Art der Risikokontrolle	Individuelle Risiken; eine gute Kontrolle der Banken sichert eine gute Kontrolle des Finanzsystems (bottom-up)	Systemrisiken; eine gute Kontrolle des Finanzsystems sichert eine gute Kontrolle der Banken (top-down)

Quelle: nach Claudio Borio

Dass die G-20 die Notwendigkeit der Umsetzung dieser Politik schriftlich festgehalten haben, stellt eine wirkliche Revolution dar, denn das ist der Ansatz für eine außerordentlich strenge Kontrolle der privaten Finanzakteure. Für die Durchsetzung der makroprudenziellen Politik ist der Europäische Ausschuss für Systemrisiken ESRB zuständig.

Zeigt der Plan der G-20 bereits Wirkung? Im Dezember 2010 untersuchte der IWF 64 Finanzaufsichtsbehörden. Die im März 2011 veröffentlichten Ergebnisse waren recht ermutigend.[16] Die makroprudenzielle Politik wird immer mehr zur staatlichen Politik: 43 Prozent der Länder haben das Regelwerk schon eingeführt, und die Hälfte der verbleibenden Länder arbeiten daran. In 86 Prozent der Länder wurde diese Aufgabe den Zentralbanken übergeben, die künftig also nicht nur die Inflation kontrollieren müssen, sondern auch die Finanzstabilität zu überwachen haben.

Die Untersuchung des IWF zeigt, dass sich die Prioritäten der Staaten bei der Finanzkrisen-Kontrolle je nach Entwicklungsniveau unterscheiden: Die Schwellenländer sorgen sich neben der Überwachung der Risiken, die ihre Finanzinstitute eingehen, auch um die Auswirkungen des ins Land fließenden ausländischen Kapitals auf ihre Devisenkurse und die Finanzierung ihrer Volkswirtschaft. Damit wird deutlich, dass die seit 2010/11 verstärkte Kapitalkontrolle in Schwellenländern wie Brasilien, Südkorea, Indonesien, Thailand und Venezuela vor allem von einer verantwortungsbewussten Politik zur Beherrschung von Finanzmarktrisiken diktiert war und weniger von einem Abschottungswillen. Das am häufigsten genannte Ziel ist – in Anbetracht der nachgewiesenen Bedeutung von Kreditblasen als Ursache für weitere Blasen – die Überwachung des Kreditvolumens.

Wie wollen die Kontrolleure vorgehen? 88 Prozent erklären, sie würden sich ausgefeilter Modelle bedienen. Glücklicherweise geben aber 77 Prozent zu, dass die verfügbaren Angaben nicht immer zuverlässig sind und eine qualitative Analyse unerlässlich ist; dazu gehören auch enge Kontakte zu den Finanzakteuren, die Überwachung der Aktivitäten, mit denen diese ihr Geld verdienen, und ein besonderes Augenmerk auf die neuesten Innovationen und deren Komplexität. Das ist es, was man von den Kontrolleuren erwartet. Sie sollen nicht nur Finanzmodelle auswerten, mit denen sich ohnehin noch nie Krisen und Ansteckungsgefahren voraussehen ließen.

Tab. 3: **Eine Kontrolle aller Risiken**

Risikoart	Indikator	In % der Antworten	Entwickelte Länder	Schwellenländer
Kredit	Nichtrückzahlung von Krediten	80,4	87	75
Liquidität	Wertpapiere, die im Bedarfsfall rasch verkauft werden können	78,4	73,9	82,1
Verschuldung	Gesamtheit der Aktivitäten im Verhältnis zum Kapital	66,7	73,9	60,7
Devisenkurs	Verlustrisiko durch Schwankungen der Devisenkurse	54,9	26,1	78,6
Wertpapierpreise	Entwicklung der Immobilienpreise	52,9	52,2	53,6
Kapitalflucht ins Ausland	Gewicht von ausländischem Kapital in der Wirtschaft	43,1	30,4	53,6

Quelle: IWF

Die konkrete Umsetzung einer makroprudenziellen Politik ist jedoch keineswegs selbstverständlich. Die Experten der Zentralbanken der Welt denken über die beste Art nach, die Systemrisiken in ihrem Finanzsystem zu verfolgen und aufzuspüren. Ein Zentralbankdirektor nach dem anderen verkündet, wie schwierig diese Aufgabe sei. Für Janet L. Yellen, Vizepräsidentin der US-Zentralbank, ist die makroprudenzielle Politik »gleichzeitig eine Wissenschaft und eine Kunst: eine Wissenschaft, weil wir eine Vielzahl von Angaben genau analysieren müssen, die uns die Forschung als für die Diagnose entscheidend vorgibt; und eine Kunst, weil wir entscheiden müssen, in welchem Moment die Abweichungen so gefährlich werden, dass man eingreifen muss.«[17] Die Beherrschung der Risiken muss demnach sowohl auf vorher festgelegten quantitativen Regeln als auch auf einem Ermessensurteil beruhen, das von der Qualität der Regulierer ebenso abhängt wie von ihrem festen Willen, die Entwicklungen auf dem Finanzmarkt zu verfolgen. Denn egal, wie komplex Finanzinnovationen auch sein mögen, für Experten bleiben sie verständlich, wenn sie sich nur etwas Mühe geben. Man sollte die Schwierigkeit, die Folgen von Finanzinnovationen abzusehen, also nicht übertreiben: Wenn man sie von Anfang an versteht, kann das Risiko unter Kontrolle gebracht werden, bevor es sich ausbreitet.

Die Hedgefonds

Die Hedgefonds waren zwar nicht die Ursache der Krise, aber sie hatten einen großen Anteil an der Panik im September/Oktober 2008 und an der europäischen Staatsschuldenkrise. Sie bergen ein dreifaches Risiko für die Finanzstabilität.

Jedes Mal wenn sie von Investoren eine Million Euro erhalten, setzen sie im Durchschnitt zweieinhalb- bis dreimal mehr auf den Märkten ein. Die Differenz leihen sie sich, vor allem bei den Banken. Einige gehen noch viel weiter: Bevor der US-amerikanische Hedgefonds LTCM ins Trudeln geriet, hatte er ein Eigenkapital von 4 Milliarden US-Dollar, denen ein Portfolio über 125 Milliarden US-Dollar gegenüberstand. Wann immer ein großer Fonds pleitegeht, besteht also das Risiko, dass er das Bankensystem mit sich zieht. Die G-20 reagieren auf dieses Problem, indem sie die Fonds, die ein systemisches Risiko darstellen können, in den Rahmen der makroprudenziellen Politik einbeziehen.

Außerdem wollen die G-20 die Fonds dazu zwingen, den Aufsichtsbehörden mehr Informationen zu geben, denn Fonds agieren sehr intransparent. Meistens sind sie in Steueroasen registriert und profitieren von deren großzügigen Regeln; hinsichtlich ihres Verschuldungsniveaus und der eingegangenen Risiken hielten sie sich bisher äußerst bedeckt. Auf ein drittes Risiko weist Michel Aglietta hin:

> »Es bleibt das Problem der Fonds, die einzeln zu klein sind, um bei einer Insolvenz eine globale Krise auszulösen, im Krisenfall aber plötzlich alle gleich reagieren: Bekommen sie Schwierigkeiten, ihre Finanzierung zu erneuern, verkaufen sie alle im selben Moment dieselben Wertpapiere, um zu Liquidität zu kommen.«[18]

Genau das ist in den Wochen nach der Lehman-Panik geschehen. Dazu haben sich die G-20 nicht geäußert, und es ist leider auch nicht das einzige Thema, für das die Politiker wenige oder gar keine Lösungsvorschläge haben. Bevor wir jedoch zu den Schwachstellen des neuen Regelwerks kommen, nennen wir noch zwei Bereiche, in denen die G-20 Handlungsbedarf sehen: Sie wollen eine Panik verhindern, wie sie nach der Lehman-Pleite auf dem Interbankenmarkt herrschte, und den Finanzsektor die Kosten einer staatlichen Rettung selbst tragen lassen.

Blockaden vermeiden: Liquidität kontrollieren

Der Basler Ausschuss befasst sich mit dem kurzfristigen und langfristigen Liquiditätsmanagement der Banken. Worum geht es? Kurzfristig muss jede Bank über genug Mittel verfügen, um mindestens einen Monat lang allein durchzuhalten, falls der Interbankenmarkt ins Stocken gerät (wie während der Griechenlandkrise) oder vollständig aussetzt (wie nach der Lehman-Pleite). Konkret bedeutet das, dass die Banken über genügend Reserven verfügen müssen, um kurzfristig ihren Liquiditätsbedarf decken zu können: über Bargeld, Reserven auf ihrem Zentralbank-Konto und Staatsanleihen der großen Staaten, die wegen des geringen Risikos wenig einbringen.

Die Regulierer wollen auch sicherstellen, dass sich die Banken in Zukunft nicht allzu sehr auf kurzfristige Einnahmen verlassen, um langfristige Operationen vorzunehmen. Diesbezügliche Auflagen sind jedoch heikel, denn hier greift man in die »Fristentransformation«, die eigentliche Aufgabe einer Bank, ein: Sie verwendet die kurz- bis mittelfristigen Ersparnisse der Haushalte, um sie langfristig zu verleihen und damit die Investitionen von Unternehmen oder Immobilienkäufe von Einzelpersonen zu finanzieren. Die Banken könnten so in Versuchung geraten, verschiedene Elemente in die Liste der langfristigen Ressourcen hineinzuschmuggeln, die eigentlich kurzfristig verfügbar sein müssten. Das würde es schwierig machen, die Banken miteinander zu vergleichen. Außerdem verführen die neuen Vorschriften die Banken dazu, das Angebot von langfristigen Anlagen für Privathaushalte auszuweiten. Wenn diese ihre Ersparnisse von den Girokonten auf langfristigere Anlagen transferieren, steigen aber die Kosten der Banken, die ihrerseits dann wieder versuchen werden, die Kreditzinsen zu erhöhen.

Bei den Mindeststandards im Liquiditätsmanagement ist noch nichts alles entschieden. Die genauen Vorschriften für die Standards für kurzfristige Liquidität können noch bis Mitte 2013 angepasst werden und sollen ab 1. Januar 2015 in Kraft treten. Für langfristige Liquidität geht die Beobachtungsphase bis Mitte 2016, und die Standards treten am 1. Januar 2018 in Kraft. Die Banken sind schon dabei, die festgelegten Kriterien zu diskutieren. Vor allem die französischen Banken scheinen hinsichtlich der neuen Standards für kurzfristige Liquidität ziemlich im Rückstand zu sein.[19]

Das Vorhaben, die Liquidität der Banken zu kontrollieren, ist eine geradezu historische Entwicklung. Nie zuvor hatten sich die

Aufsichtsbehörden durchringen können, internationale Normen zu beschließen, die es auf nationaler Ebene durchaus gab. Wie wichtig das Thema ist, zeigt eine Analyse der Bankbilanzen seit den 1950er-Jahren. Die Ökonomen Moritz Shularik und Alan M. Taylor haben herausgefunden, dass die Geldanlagen der Banken immer riskanter geworden sind. Von 1950 bis 2005 ist der Anteil der Anlagen in Staatsanleihen um 80 Prozent gesunken, zugunsten von Anlagen in Aktien, die Börsenschwankungen unterworfen sind. Aus der Untersuchung geht hervor, dass die Banken größer und abhängiger von kurzfristigen Mitteln geworden sind. Die Gewinne aus ihren Anlagen wurden immer unsicherer. »Mit anderen Worten«, so die Autoren: Die Banken hätten die Fähigkeit, »sich mithilfe vorsichtiger Anlagen in sicheren, liquiden und wenig einträglichen Aktiva selbst abzusichern«, immer mehr vernachlässigt. Während der Subprime-Krise mussten die Zentralbanken deshalb massiv intervenieren, um die Banken mit Liquidität zu versorgen, weil diese die Situation nicht in den Griff bekamen.

Während der Beobachtungsphase für die beiden Liquiditätsstandards verlangt die Europäische Kommission von den Banken lediglich, »ständig über die notwendige Liquidität zu verfügen, um eventuelle Barabflüsse zu kompensieren«. Es gibt also nichts Bindendes, während man auf die endgültige Festlegung der Parameter wartet.

Die Banken werden versuchen, die Auswirkungen dieser Auflagen zu mindern, indem sie ihren Bedarf reduzieren, am Markt Liquidität zu erhalten. Dazu werden sie sich um mehr und langfristigere Einlagen von ihren Kunden bemühen. Da dies aber alle Banken versuchen werden, droht ein harter Wettbewerb.[20] Nach Michel Castel besteht das Risiko dann darin, dass die Banken Sparprodukte mit überzogenen Gewinnen anbieten, um Kunden anzulocken. Dann entstünden den Banken aber höhere Kosten beim Erwerb der Mittel, weshalb sie zu riskanteren, da einträglicheren Anlagen greifen würden.

Die EG-Richtlinie über die Einlagensicherung von 1994 hatte die Möglichkeit vorgesehen, jene Einlagen von der Sicherung auszunehmen, »für die der Einleger von dem Kreditinstitut auf individueller Basis Zinssätze und finanzielle Vorteile erhalten hat, die zu einer Verschlechterung der finanziellen Lage des Kreditinstituts beigetragen haben«.[21] Damit hatte man den Banken zu verstehen gegeben, dass sie, wenn sie ihren Kunden übermäßige Gewinne anbieten, im Fall von Problemen nicht unterstützt werden, sondern diese im Rahmen ihrer eigenen finanziellen Ressourcen regeln müssen. Die Überarbeitung des europäischen Gesetzes, die im Juli 2010 vorgelegt wurde, sieht diese Ausschlussmöglichkeit nicht mehr vor! Das ermuntert die Banken regelrecht, einen Krieg um das Geld der Einleger zu führen – Roosevelt hatte das seinerzeit ausdrücklich zu verhindern versucht, indem er die Guthabenzinsen limitierte.

Die Banken sollen zahlen. Möglichkeit 1: eine Steuer

Die von den Banken verlangte Erhöhung des Eigenkapitals soll nicht nur die Kreditspekulation verteuern, sondern im Fall einer Krise auch dafür sorgen, dass sie über größere Eigenmittel verfügen. Dadurch nimmt auch die Notwendigkeit ab, mit Staatsgeldern zu verhindern, dass sich eine Finanzkrise zu einer Staatsschuldenkrise auswächst.

Wenn jedoch eine große Finanzkrise die Bankinstitute trifft, kann der Absturz der Börsenkurse ihr Kapital bis auf null reduzieren; der Staat wäre dann trotzdem zur Rekapitalisierung gezwungen, falls die Banken für die Finanzierung der Wirtschaft eine entscheidende Rolle spielen. Deshalb wollen die G-20 Sicherheitsnetze spannen, die den Sturz dämpfen, damit die Staaten nur als letzte

Rettung eingreifen und so wenig Mittel wie möglich investieren müssen, um die Staatsschulden nicht noch mehr aufzublähen.

Derzeit findet eine Diskussion über eine Transaktionssteuer statt. Deutschland, Frankreich und Großbritannien waren die treibenden Kräfte bei der Einführung von begrenzten Steuern, deren Einnahmen dem Staatshaushalt zugutekommen oder in einen Bankenrettungsfonds fließen sollen. Andere europäische Länder schließen sich an, aber insgesamt ist der Steuersatz sehr gering, und die Steuer wird höchstens einige zehn Milliarden Euro über mehrere Jahre einbringen, falls sie nicht wieder abgeschafft wird. Das ist weit entfernt von den Hunderten Milliarden, die bei einer ernsten Krise nötig sind. Das Prinzip der Steuer kann beibehalten werden, um den Bankensektor an den Rettungskosten zu beteiligen und sollte die ausdrückliche Form eines »Beitrags zur Finanzstabilität« annehmen, der auf den Profiten der Bank beruht und mit dem Niveau der eingegangenen Risiken wächst.[22]

Eine solche Steuer kann den Staatshaushalten willkommene Mittel einbringen, um die Staatsschulden zu reduzieren. Sie wird aber die Banken niemals daran hindern, sich auf riskante und profitversprechende Geschäfte einzulassen. Es braucht also andere Maßnahmen, um die Last von den Schultern der staatlichen Retter zu nehmen.

Die Banken sollen zahlen. Möglichkeit 2: CoCo-Bonds

Die zweite Möglichkeit: Banken finanzieren sich zum Teil dadurch, dass sie den Investoren Obligationen anbieten, die im Krisenfall automatisch in Aktien umgewandelt werden und dazu dienen, die Verluste aufzufangen. Eine solche Anlage ist riskanter als eine gewöhnliche Obligation, dafür bringt sie höhere Zinsen. Im Gegenzug sind die Investoren bei der Bank bereit, einen Teil der Kosten des möglichen Schadens zu tragen *(bail-in)* und so den Rückgriff auf staatliche Mittel *(bail-out)* zu vermindern. In Aktien konvertierbare Obligationen gibt es schon lange, aber in diesem Fall ist die Umwandlung mit einem bestimmten Ereignis verknüpft, zum Beispiel mit dem Sinken des Aktienkurses der Bank unter ein vorher festgelegtes Niveau. Diese Obligationen heißen *contingent convertible bonds,* kurz CoCo-Bonds. Nur wenige Banken haben versucht, den Investoren derartige Anlagen anzubieten (die britische Lloyds 2010, die holländische Rabobank und auch die Credit Suisse 2011, weil die Schweizer Finanzmarktaufsicht der Bank und ihrem großen Konkurrenten UBS eine Eigenkapitalquote von 19 Prozent auferlegte, ihnen jedoch 9 Prozent CoCo-Bonds genehmigte).

Die Idee, die Investoren an der Rettung der Banken zu beteiligen, ist zwar gut, aber die CoCo-Bonds haben auch große Nachteile. Im Fall einer größeren Krise ist es keineswegs sicher, dass die Aussicht einer Wandlung der Obligationen in Aktien ausreicht, um die Panik zu beruhigen. Je näher die Wandlungsschwelle rückt, desto mehr wächst die Wahrscheinlichkeit, dass die Aktionäre ungehalten auf die Neuankömmlinge blicken, die ihr Kapital und ihre Macht mindern. Es besteht also die Gefahr, dass sie ihre Aktien verkaufen und so die Krise beschleunigen, die man eigentlich verhindern wollte. Dazu kommen mögliche Spekulationsstrategien der Hedgefonds, die sicher auch anfangen werden, mit den Bankentiteln zu spielen, und den Aktienkurs rasch nach unten ziehen, egal, wie groß die Schwierigkeiten tatsächlich sind. Außerdem bringt diese Umwandlung im Vergleich zu einer normalen Kapitalerhöhung für die Bank beträchtliche steuerliche Aufwendungen mit sich, weil die Obligationszinsen von den Steuern absetzbar sind.

Wenn die Inhaber der CoCo-Bonds, so Adair Turner, bereits unter der Krise leidende Banken oder Hedgefonds sind, dann werden diese zusätzlich geschwächt, indem man sie zwingt, einen Teil ihrer Anlagen in Eigenkapital umzuwandeln, um die Verluste aufzufangen.[23] Die Bankenaufsicht müsste also jederzeit darüber informiert sein, wer derartige Titel hält, um die Risiken minimieren zu können, die durch Innovationen entstehen – obwohl diese den Staat eigentlich davor bewahren sollten, für ein zu schnell gewachsenes Risiko zu bezahlen. Das kann also nach hinten losgehen. Deshalb ist es besser, die systemrelevanten Banken zu verpflichten, noch mehr Eigenkapital zu halten, damit die Entwicklung ihrer riskanten Anlagen für sie teurer wird.

Die Banken sollen zahlen. Möglichkeit 3: Living wills

Eine weitere Möglichkeit ist ein Mechanismus zur Krisenbekämpfung, der es den Staaten ermöglicht, die gesunden Teile der systemrelevanten Banken zu retten und die spekulativen Unternehmenssparten ihrem Schicksal zu überlassen. Das reduziert die Rettungskosten. Dazu muss der Staat über präzise Informationen verfügen, wie die verschiedenen Bereiche der Banken organisiert sind – das ist heute keineswegs der Fall. Die Prüfungsgesellschaft PricewaterhouseCoopers, die das Knäuel an Forderungen und Verbindlichkeiten allein der Londoner Niederlassung von Lehman Brothers entwirren soll, teilte Ende 2009 mit, sie werde etwa zehn Jahre brauchen, um alles zu regeln. Lehman Brothers bestand nämlich aus 2985 verschiedenen juristischen Einheiten.

Wie die Ökonomen Emilios Avgouleas, Charles Goodhart und Dirk Schoenmaker wunderbar darlegen, wollen die großen internationalen Banken alles auf einmal haben: Sie eröffnen überall auf der Welt Filialen und Niederlassungen, um für jede Aktivität von den jeweils günstigsten Vorschriften und Steuergesetzen zu profitieren. Gleichzeitig nutzen sie die Synergien eines großen internationalen Konzerns und profitieren vom Handel innerhalb des Unternehmens, um strenge Vorschriften zu umgehen, ihre Steuerlast zu reduzieren oder die Einlagen, die sie wenig kosten, aus einzelnen Geschäftsfilialen zu transferieren, um die Aktivitäten der Investmentbereiche zu finanzieren.[24] Das macht die Konzerne so komplex und undurchsichtig, dass die Behörden sie bei Problemen nur als Ganzes retten oder untergehen lassen können.

Deshalb entstand die Idee, von den Banken zu verlangen, ein Dokument vorzubereiten, das Banktestament *(living will)* getauft wurde. Darin sollen sie ihre Organisationsstruktur darlegen, um eine zielgerichtete, also weniger kostspielige Intervention des Staates zu ermöglichen. Der Staat verpflichtet sich seinerseits, die Regeln für eine Krisenlösung genau darzulegen und vorher zu sagen, warum und unter welchen Umständen er eine Geschäftseinheit schließen, verkaufen oder sogar verstaatlichen würde. Wenn es in den USA ein solches Verfahren gegeben hätte, wäre vielleicht eine geordnete Insolvenz von Lehman Brothers möglich gewesen. Für Daniel K. Tarullo steht fest, dass der Staat dann zuerst die Aktionäre und Investoren zahlen lassen würde. Denn während die Banken das Ziel haben, die Krise zu meistern und die Interessen ihrer Aktionäre zu wahren, sind die Behörden darauf bedacht, die Kosten für den Staat zu minimieren. Tarullo fügt hinzu, dass am Ende die privaten Akteure die gesamten Rettungskosten übernehmen müssten, wenn nicht während der Krise, dann wenigstens, wenn sie überwunden ist.[25]

Die Idee dieses Banktestaments ist einfach, die konkrete Umsetzung aber kompliziert. Die Banken haben die komplexen Strukturen ja gerade geschaffen, um Regulierungen und Steuern zu entgehen und ihre Aktivitäten durch die Verschiebung ihrer Ressourcen zwischen den verschiedenen Einheiten selbst zu finanzieren. Sie werden sich sicher nicht widerstandslos ausziehen. Ihre Steuerexperten haben natürlich als Erste gegen diesen Vorschlag protestiert, was umso deutlicher zeigt, wie interessant er ist.

Der heikle Punkt bei diesem Vorhaben ist die Fähigkeit der Aufsichtsbehörden, die verschiedenen wichtigen Einheiten der Banken zu zwingen, nicht auf das gesamte Unternehmen zu setzen, um ihren Kapitalbedarf oder ihre Steuerlast zu verringern. Ohne eine institutionelle Trennung der Banken wie im Glass-Steagall-Gesetz vorzunehmen, fordert diese Politik doch Risikomanagement, Kapitalerwerb und Steuererklärungen separat für jede Einheit. Am 15. Juni 2011 erklärte der britische Finanzminister George Osborne, dass Banken, die an den Märkten und als Kreditgeber für die Realwirtschaft tätig seien, diese beiden Aktivitäten trennen müssten. Das Investmentbanking müsse nicht völlig abgetrennt sein, doch das Privatkundengeschäft solle in einer separaten Tochtergesellschaft stattfinden, die über eigenes Kapital verfüge. Das passt genau zur eben beschriebenen Logik.

Für ein geordnetes Insolvenzverfahren müssten aufgrund der Internationalisierung der Finanzaktivitäten die Behörden zahlreicher Staaten koordiniert werden, die alle einem anderen Insolvenzrecht unterliegen. Eine ideale Lösung wäre ein globales Insolvenzrecht, davon sind wir jedoch weit entfernt. Die Schwierigkeiten zwischen den nationalen Behörden bei der Lösung der Probleme von Dexia, Fortis oder den isländischen Banken zeigen deutlich, wie sehr selbst in den gefährlichsten Krisenmomenten jedes Land versucht, seine nationalen Interessen auf Kosten der anderen zu wahren, anstatt sich mit den anderen Staaten abzustimmen.[26]

Großbritannien ist bei diesem Thema schon gut vorangekommen; die USA waren auch bereit dazu, aber die republikanische Mehrheit bremst die Entwicklung, um die Privatinteressen vor allen Angriffen zu schützen. In Frankreich plädierte Jean-François Lepetit 2010 nachdrücklich für die Einführung von Banktestamenten im Rahmen einer europäischen Zusammenarbeit und präsentierte vier einfache Interventionsprinzipien:

»Den Vorstand verändern und/oder einen vorläufigen Verwalter einsetzen; den Verkauf der insolventen Bank oder ihrer Geschäftstätigkeit an den Privatsektor erleichtern oder umsetzen und erst im Nachhinein mögliche Einsprüche klären; die Geschäftstätigkeit einer insolventen Bank an eine temporäre Brückenbank übertragen, um ihre Fortführung ohne Unterbrechung zu ermöglichen, mit dem Ziel des Verkaufs an ein Privatunternehmen; die Aktionärsrechte beschneiden, wenn es durch das öffentliche Interesse gerechtfertigt ist.«[27]

Kurz zusammengefasst: die Manager vor die Tür setzen, die einträglichen Filialen verkaufen, retten, was sich für die Finanzierung der Realwirtschaft zu retten lohnt, und wenn nötig zeitweise verstaatlichen. Das würde die Notwendigkeit, auf öffentliche Gelder zurückzugreifen, erheblich reduzieren.

In dem bisher Beschriebenen ist nicht alles vollkommen. Aber angesichts der gegenwärtigen Entwicklungen kann man schlecht behaupten, dass die G-20, die EU, die USA oder Großbritannien keine Lehren aus der Subprime-Krise gezogen hätten. Aus befangenen Regulierern, die bei keinem Foul abpfeifen, sind staatliche Aufsichtsbehörden geworden, die bereitwillig eingreifen, strengere Regeln definieren, jede Bewegung zur Kenntnis nehmen und überall ein Wort mitreden wollen. Wie tauglich das Regelwerk letztendlich ist, wird man erst in einigen Jahren beurteilen können, da es noch nicht seine endgültige Form gefunden hat. Schon jetzt können wir aber einige Punkte nennen, die leider vernachlässigt wurden.

Die Kontrollstrukturen – das schwarze Loch der Bankenregulierung

Man kann nicht sagen, dass sich die Finanzregulierer für das Thema Führungsstrukturen überhaupt nicht interessiert hätten. Der

Basler Ausschuss hat ihnen sogar einen ganzen Bericht gewidmet, der im Oktober 2010 erschien. Darin steht im Wesentlichen, dass die staatlichen Behörden in der Lage sein müssen, die Fähigkeiten der Hauptaktionäre, der Aufsichtsräte und der Manager von Finanzinstituten zu beurteilen. Damit kann man sicher Mafiosi, Generäle im Ruhestand und andere Komödianten verhindern. Es ist aber schwer vorstellbar, dass eine Aufsichtsbehörde einer Bank sagt, sie solle sich andere Aktionäre, Direktoren oder Aufsichtsräte suchen. Der Bericht beschränkt sich darauf, eine Reihe üblicher Forderungen aufzuzählen: Die Mitglieder des Aufsichtsrats müssten fähig sein, ein objektives Urteil über die Geschäftstätigkeit der Bank zu fällen; es müsse Verantwortliche für die Risikostrategie geben; die Führung der Bank müsse transparent sein. Auch die Vorschläge der Europäischen Kommission vom Juli 2011 begnügen sich grundsätzlich mit der Forderung nach mehr Vielfalt (vor allem mehr Frauen) in den Aufsichtsräten und nach einer besseren Risikokontrolle durch die Räte. Sie enthalten keine Vorschriften bezüglich Organisation, Bezahlung und Machtbefugnissen der internen Risikokontrolleure. Man verlangt von den Banken nur, ihr Bestes zu geben.

Auch bei den technischen Fragen der Risikokontrolle sind die G-20 nicht vorangekommen. Wir haben im letzten Kapitel gesehen, dass die wichtigsten Banken sehr komplizierte statistische Modelle benutzen, um den Gesamtbetrag des Kapitals zu bestimmen, den sie in Abhängigkeit von den eingegangenen Risiken halten müssen. Trotz aller Kritik an diesen Methoden haben die Regulierer sie nach der Krise nicht verbessert. Darüber macht sich auch Andrew Haldane, Exekutivdirektor für Finanzstabilität der Bank of England, Gedanken.[28] Seiner Meinung nach haben diese Modelle nämlich drei riesige Schwächen: Sie sind zu komplex, nicht vertrauenswürdig und nicht zuverlässig genug, um Krisen anzukündigen. So erklärt uns Haldane zum Beispiel, dass mit den Modellen aufgrund der vielen Variablen ungefähr 200 Millionen Berechnungen vorgenommen werden müssten, was Computer natürlich problemlos hinbekämen; die Programme selbst aber seien zu schwarzen Löchern geworden und die Ergebnisse für Investoren und Regulierer kaum mehr nachvollziehbar. Deshalb sei, so Haldane, die Berechnung der Eigenkapitalquote »ebenso Glaubenssache wie Tatsache, ebenso Kunst wie Wissenschaft«.

Angesichts der vielen Unsicherheiten müssen die Banken zahlreiche Hypothesen aufstellen, wenn sie ihre Modelle benutzen. Haldane erinnert in diesem Zusammenhang an ein Experiment der britischen Finanzmarktaufsichtsbehörde FSA; sie gab Banken ein bestimmtes Portfolio von Anlagen vor, das Aktiva von anderen Banken, von Unternehmen und Staatstitel enthielt; anhand ihrer Modelle sollten sie nun den Kapitalbedarf und die Ausfallwahrscheinlichkeit berechnen. Ergebnis: Die verschiedenen Modelle differierten bezüglich des errechneten Kapitalbedarfs bei Bankenaktiva um mehr als 100 Prozent, bei Unternehmensaktien um 150 Prozent und bei Staatsanleihen um bis zu 280 Prozent. Ein anderes Beispiel: Haldane vergleicht die vor der Krise mit den Modellen errechneten Beträge, die man als Schutz vor Marktrisiken benötigte, mit den tatsächlichen Verlusten der Banken; diese lagen sechsmal höher als die vorhergesagten. Wären die Modelle zuverlässig, müssten sie mit wachsenden Risiken auch einen wachsenden Kapitalbedarf errechnen. Banken mit einer steigenden Eigenkapitalquote sollten demnach risikofähiger sein. Man kann jedoch anhand der vor der Krise berechneten Eigenkapitalquote nicht zwischen den Banken unterscheiden, die voll getroffen wurden, und denen, die kaum gelitten haben.

Es bleibt also noch viel Raum für Verbesserungen. Dieser Meinung sind auch die Wissenschaftler Jon Danielsson und Robert

Macrae. Sie sagen, dass die Regulierer immer noch zu Unrecht darauf vertrauten, dass Modelle, die vergangene Ereignisse gut erklären könnten, auch imstande sein müssten, künftige Risiken vorherzusehen.[29] Die größten Risiken aber, also die, die eine Panik auslösen, entstünden, so die beiden Experten, meist an Orten, die bis zum Ausbruch der Krise unbekannt blieben. Mit Analysen, die auf solchen Modellen beruhen, wiegt man sich also in einer falschen Sicherheit, da sie künftige Risiken unterschätzen. Wer glaubt, dass ein aufmerksamer Blick in den Rückspiegel vor Hindernissen schützt, die hinter der nächsten Kurve lauern, kommt mit Sicherheit von der Straße ab! Man habe sich damit zufriedengegeben, so Haldane, »das Gleiche wie vorher, aber besser« zu machen; die Geschichte zeige jedoch, dass das selten eine Lösung sei. Anders gesagt, wir müssen nach ganz neuen Wegen suchen, sonst stehen uns neue Krisen ins Haus.

Auch von den Ratingagenturen sollten wir nicht erwarten, dass sie uns eine fundierte Bewertung des Risikomanagements in den Finanzinstituten präsentieren, die diese dann veranlassen würde, ihre Methoden weiterzuentwickeln und besser zu organisieren. Ratingagenturen sind Mitspieler bei der Jagd nach Profiten und können der Rolle des objektiven Beobachters nicht gerecht werden, geschweige denn angemessene und richtige Beurteilungen abgeben. Weder haben sie davor gewarnt, dass die Aktiva in Verbindung mit den Subprime-Krediten toxisch waren, noch, dass sich die Banken damit vollstopften. Sie werden uns auch nicht vor der nächsten Krise warnen. Die bescheidenen Bemühungen um eine Regulierung der Ratingagenturen, die seit der Krise auf beiden Seiten des Atlantiks unternommen wurden, werden nichts daran ändern.

Wer legt den Betrügern das Handwerk?

Die G-20 haben überhaupt nichts gegen den Betrug unternommen, der jede Finanzkrise begleitet. Sie tragen weiter ihre Scheuklappen. Der Kriminologe Jean-François Gayraud glaubt, eine Art Verachtung gegenüber diesem Thema zu erkennen. Zudem handle es sich um höchst unangenehme Fragen, weil man »die Vorstellung akzeptieren müsste, dass ein Teil dieser Krise die Frage nach der Redlichkeit der Finanzakteure aufwirft«[30].

Die G-20 haben ihre Versprechen in Bezug auf Steueroasen, die auch als Regulierungsoasen fungieren, nicht gehalten. Das internationale Forum für Finanzstabilität übergab im September 2009 den G-20-Staaten anlässlich des Gipfeltreffens in Pittsburgh seinen Bericht. Dieser enthält die Forderung, Steueroasen zu verfolgen, die als Regulierungsoasen die Möglichkeit bieten, in aller Undurchsichtigkeit Finanzrisiken einzugehen. Alistair Darling, damals britischer Finanzminister, ließ kurze Zeit später verlautbaren, die Arbeit gehe voran: »So, wie wir gegen die Steueroasen vorgegangen sind, werden wir auch gegen die Regulierungsoasen vorgehen. [...] Es ist nicht gut für die Finanzstabilität, dass einige Unternehmen von einer Karibikinsel aus operieren, verborgen hinter einem Schleier von Geheimnissen.« Mehrmals versprach man auch, eine schwarze Liste der Regulierungsoasen zu erstellen. Geschehen ist seither nichts.

Wenn so eine Liste tatsächlich einmal vorgelegt würde, müsste man genau auf die Kriterien achten, nach denen sie zusammengesetzt ist, und sich davon überzeugen, dass sie wirklich auf die Territorien abzielt, die Möglichkeiten zur Verdunkelung und Verheimlichung von Finanzrisiken anbieten. Das Centre d'analyse stratégique nannte in einem im Mai 2011 veröffentlichten Arbeitspapier die Territorien, die als »Bruchlinien« der weltweiten Finanzmarktregulierung anvisiert werden könnten. Es schlägt eine

Aufteilung in drei Gruppen vor, und zwar auf der Grundlage einfacher Indikatoren wie Überdimensionierung der Finanzaktivitäten auf dem Gebiet von Banktransaktionen, Portfolioinvestitionen (Börsenanlagen) und ausländische Investitionen. Der »harte Kern« versammelt die üblichen Verdächtigen: die Kaimaninseln, Luxemburg, die Bahamas, Jersey, Guernesey, die Isle of Man, Barbados usw. Eine zweite Gruppe umfasst weniger bedeutende Finanzplätze, die als Transitländer für Kapitalströme dienen: Hongkong, Singapur, Liechtenstein, die Britischen Jungferninseln, Monaco usw. Die dritte Gruppe erleichtert Transaktionen aus oder in *Offshore*-Finanzzentren und umfasst eine Reihe von Industriestaaten: Belgien, Irland, die Schweiz, die Niederlande, Großbritannien usw.

Man kann endlos über die Stichhaltigkeit derartiger Listen und Einteilungen diskutieren.[31] Interessant ist an diesem Arbeitspapier eher etwas anderes: die Anerkennung des Themas Regulierungsoasen bei der Analyse der weltweiten Finanzrisiken und die Einreihung großer Finanzplätze wie Großbritannien unter die Problemstaaten:

> »Da die Gesetzgebung dieser Länder weiterhin Finanzaktivitäten in großem Umfang anzieht und nicht den internationalen Standards der Überwachung und Offenlegung von Informationen entspricht, erhöhen diese Länder das globale Risikoniveau, indem sie den Finanzkonstrukten und -transaktionen noch größere Komplexität und Undurchsichtigkeit verleihen.«[32]

Man müsste diesen allgemeinen Zustandsbericht nun um Fallstudien ergänzen, die die Mechanismen genau entschlüsseln.

Ebenfalls interessant ist am Papier des Centre d'analyse stratégique, dass es drei Wege vorschlägt, um diese Territorien besser zu kontrollieren. Zunächst sollten »im nationalen, europäischen oder größeren Rahmen die Bank- und Finanzinstitute gehalten sein, ihre Finanzpositionen offenzulegen, aufgegliedert nach Art, Nationalität oder Firmensitz der Gegenpartei, vor allem hinsichtlich bestimmter als problematisch angesehener Rechtssysteme oder Institutionen«. Es wäre schon ein großer Fortschritt, wenn eine Abrechnung nach Ländern eingeführt würde, aus der man für jeden Geschäftssitz multinationaler Konzerne, Banken oder nichtfinanzieller Unternehmen die Umsätze, Beschäftigtenzahl, Lohnhöhe, realisierten Profite und bezahlten Steuern ablesen könnte. 2009 hatte es hierfür vonseiten einiger Staaten Unterstützung gegeben, jetzt ist diese Entwicklung wieder ins Stocken geraten.[33]

Als Zweites empfiehlt das Papier als Reaktion auf die oben vorgestellten Analysen die Einrichtung einer Art Beobachtungsstelle für Finanzinnovationen (vor allem für solche, die sich der Regulierungsoasen bedienen), um die Werkzeuge ihrer Entwicklung aufzuspüren. Als Drittes sollten den Finanzinstituten Eigenkapitalquoten auferlegt werden, die je nach deren Niederlassungen und Tätigkeiten in Regulierungsoasen steigen. Welchen Weg man auch wählen wird, eines ist sicher: Die Frage ist wichtig und muss dringend politisch geregelt werden – was die G-20 leider nicht getan haben.

Schlecht kontrollierte Boni

Angesichts der Komplexität der Verfahren zur Finanzmarktregulierung, deren Fortschritte der Öffentlichkeit nur schwer zu vermitteln sind, haben sich die Politiker bei einem leichter zugänglichen Thema sehr aktiv gezeigt: bei der Vergütung im Finanzsektor. Die Ergebnisse entsprechen leider nicht den vollmundigen Ankündigungen. Als sich die Trader der Versicherungsgesellschaft AIG, die in der Subprime-Krise kurz vor der Insolvenz gestanden hatte, schon 2009 wieder großzügige Boni zugestanden, stimmte das US-Repräsentantenhaus für eine außerordentliche Steuer von

90 Prozent auf Vergütungen über 250 000 Dollar. Der Senat beerdigte das Vorhaben jedoch, und es wurde auch kein anderes Gesetz auf den Weg gebracht, das die wachsende Ungleichheit bei den Vergütungen im Sektor gebändigt hätte.

Die Europäische Union war da schon weiter. Im Sommer 2010 legte sie folgende Regeln fest: Die Auszahlung von Boni muss zeitverzögert, also einige Jahre später erfolgen. Damit soll verhindert werden, dass durch kurzfristige, sehr hohe Risiken ohne Rücksicht auf mögliche Verluste hohe Boni eingestrichen werden können; zudem muss die Bezahlung der Boni zu mindestens 50 Prozent in Aktien der eigenen Bank erfolgen, womit die Bonus-Höhe an die Leistung des gesamten Unternehmens geknüpft wurde. Wenn heute eingegangene Risiken morgen die Konten belasten, wirkt sich das auf den Aktienkurs und auf die Höhe der Boni aus. Und zu guter Letzt wird auch ein angemessenes Gleichgewicht zwischen den fixen und den variablen Einkommensanteilen verlangt, damit die Vergütung nicht hauptsächlich auf Boni basiert.

Die europäischen Länder hatten bis Dezember 2010 Zeit, diese Vorgaben in nationales Recht umzusetzen. Frankreich hat dies zwar getan, und die verzögerte Boni-Auszahlung scheint sich durchzusetzen. Nach Meinung des grünen Europaabgeordneten Pascal Canfin[34] hat der französische Finanzminister jedoch das »angemessene Gleichgewicht von fixen und variablen Einkommensanteilen« durch ein »angemessenes Verhältnis« ersetzt, was einer viel großzügigeren Interpretation Raum gebe. Die Banken haben diesen Spielraum sogleich ausgenutzt. Bei Baudouin Prot, dem Generaldirektor von BNP Paribas, liegt nach Berechnungen der Tageszeitung *Libération* das Verhältnis zwischen fixem und variablem Anteil für die Boni des Jahres 2010, die 2011 ausgezahlt wurden, bei 1:5,5 (für ein Gesamteinkommen von absurden 6,2 Millionen Euro). Bei Frédéric Oudéa, Vorsitzender der Société

Générale, liegt das Verhältnis bei 1:4,8, bei François Pérol von BPCE bei 1:1,92 und bei Jean-Paul Chifflet von Crédit Agricole bei 1:1,2. Und das Vergütungssystem beschränkt sich nicht auf die obersten Bankchefs; andere Mitarbeiter profitieren auf vergleichbare Weise. Natürlich müssen die großen Banker angesichts ihrer großen Verantwortung gut bezahlt werden; aber wie wir im letzten Kapitel gesehen haben, vergrößern derart exzessive Vergütungen auch die Ungleichheit und fördern damit Finanzinstabilität.

Die französischen Banker sind nicht die einzigen, die weiterhin irrsinnige Vermögen anhäufen. Lloyd Blankfein, Präsident von Goldman Sachs, hat Anfang 2011 12,6 Millionen Dollar erhalten – als Belohnung für die schwache Geschäftstätigkeit seines Unternehmens 2010. Auch die Vergütungen der großen Manager der Londoner City bewegten sich 2011 zwischen 1,6 und 10 Millionen Euro.

Mit dem Versuch, das Vergütungsniveau im Finanzsektor zu begrenzen, sind die wichtigsten Finanzplätze der G-20 also auf der ganzen Linie gescheitert. Man könnte von der Steuerpolitik erwarten, dass sie diese exzessiven Bezüge mit erhöhten Steuersätzen korrigiert. Aber wie die Simulationen zeigen, die man auf der Website[35] der Ökonomen Camille Landais, Thomas Piketty und Emmanuel Saez vornehmen kann, bliebe das französische Steuersystem sogar bei einem Grenzsteuersatz von 90 Prozent auf die höchsten Einkommen degressiv, und die Reichsten hätten – wenn man alle Steuern berücksichtigen würde – weiter einen geringeren Steuersatz als der Rest der Bevölkerung. Eine direktere Regulierung der Boni wäre also nötig, aber selbst nach der Subprime-Krise scheint das politisch unerreichbar (inzwischen hat das Europäische Parlament eine Begrenzung der Boni beschlossen; Anm. d. Verlags).

Können sich die Ökonomen ändern?

Die vorherrschende Wirtschaftstheorie, die behauptete, Wirtschaftskrisen seien unmöglich geworden,[36] wurde durch den Subprime-Schock und seine Folgen ziemlich erschüttert. In den USA hat eine Diskussion darüber begonnen, wie es weitergehen soll. Es steht einiges auf dem Spiel. Paul Krugman wirft auf seinem Blog der Wirtschaftswissenschaft vor, oft nur ein Sprachrohr für die Zeitgenossen zu sein, die damit politische Interessen verteidigten.[37]

Eine Umfrage, die der Conseil d'analyse économique bei etwa dreißig Geld- und Finanzmarktexperten auf der ganzen Welt machte, verschafft uns eine Vorstellung von deren Erneuerungswillen.[38] Auf die Frage, ob die Finanzkrise vom Scheitern der modernen Makroökonomie zeuge, antworteten 55 Prozent mit Ja. Ebenfalls 56 Prozent sagten, dass die Wirtschaftskrise auch die Krise der Wirtschaftstheorie sei. 52 Prozent gaben an, dass die herrschende Finanztheorie, nach der große Spekulationskrisen unmöglich waren, gescheitert sei.

Kommen sie auch bei der Definition eines neuen Ansatzes voran? Die US-Ökonomen Robert und Virginia Shiller haben 2011 in einem Artikel dazu aufgerufen, die eng gefasste und hoch spezialisierte Wirtschaftswissenschaft, wie sie sich in den letzten Jahrzehnten entwickelt hat, aufzugeben und zu einer politischen Ökonomie mit weitem, multidisziplinärem Fokus zurückzukehren.[39] Sie weisen auf die Gefahren der Überspezialisierung bei Ökonomen hin: Zum einen arbeiteten sie zu immer noch spezielleren Themen, deren Ergebnisse der Gesellschaft nichts nützten; zum anderen fänden die Akademiker keine Zeit mehr, sich für die großen Fragen der Zeit zu interessieren, und beschränkten sich auf ihren kleinen Kompetenzbereich; am Ende werde die fehlende Allgemeinbildung aber auch für ihre eigenen Forschungen zu einem echten Problem.

Nach Ansicht der Shillers gibt es einige Anzeichen dafür, dass Ökonomen sich wieder anderen Wissensgebieten wie Geschichte, Psychologie und Soziologie öffnen. Diese Entwicklung müsse man unbedingt fördern. Denn, so fragen sich die beiden, wozu sonst ist ein Ökonom gut? »Die eigentliche Pflicht von Forschern ist, ihre Anstrengungen zu verstärken, sich gegenseitig zu befruchten und ein breit angelegtes Denken zu fördern, geleitet von dem allgemeinen moralischen Ziel, das Wohlergehen des Menschen zu verbessern.« Ein schönes Programm, von dem sich die neuen Ökonomielehrbücher in den USA vielleicht schon inspirieren lassen. Denn tatsächlich veranlasst die Krise einige Autoren, noch einmal ihre Schriften durchzuschauen und die Folgen übermäßiger Verschuldung der Finanzakteure, den Begriff systemisches Risiko, die Effizienz und die Zwänge der Wirtschaftspolitik in Krisenzeiten, Aktienblasen usw. aufzunehmen.[40] Was Theorie und Ausbildung im Bereich Wirtschaftswissenschaft angeht, sind US-Ökonomen tonangebend, deshalb könnte diese Entwicklung einigen Einfluss auf die Ökonomie-Studiengänge weltweit haben.

In Frankreich wird eine derartige Erneuerung durch starke institutionelle Zwänge blockiert. Nach Angaben der Association française d'économie politique, die Ende 2009 gegründet wurde, werden bei Auswahlverfahren für Professuren vorwiegend Kandidaten bevorzugt, die die Krise nicht haben kommen sehen und jede demokratische Diskussion in der Wirtschaftswissenschaft verhindern.[41] Wir wollen hier keine Debatte über die Zukunft der Wirtschaftswissenschaft anfangen. Es ist jedoch sicher, dass sie eine entscheidende Rolle im Ideenkampf spielen wird, der in den kommenden Jahre um den Finanzsektor, den gesellschaftlichen Nutzen, die Risiken und den besten Weg, Instabilitäten entgegenzuwirken, geführt werden wird.

Fazit

Lehren aus der größten Finanzkrise der Geschichte

»Das Verantwortungsgefühl von Finanzmenschen gegenüber anderen Menschen ist nicht gering – es ist fast null.«
John Kenneth Galbraith[1]

»Ich neige zu der Vermutung, dass die einträglichsten Aktivitäten des Finanzsektors die sind, die den geringsten gesellschaftlichen Nutzen aufweisen.«
Jean Peyrelevade[2]

2003 verlor eine Gruppe holländischer Investoren mehrere zehn Millionen Euro, nachdem sie sich auf eine Spekulation eingelassen hatten, die sich als Betrug erwies – eine Spekulation ausgerechnet mit Tulpen! Wir würden gern über diesen Treppenwitz der Geschichte lachen, doch er erinnert uns auch daran, dass die Finanzspekulation den Wohlhabenden in den Genen zu stecken scheint und dass die Folgen schlimm sein können. Die Begebenheit stand nicht auf den Titelseiten der Zeitungen, denn es waren nur wenige Personen betroffen, und sie hat Holland nicht so geprägt.

Das lässt sich von unserer gegenwärtigen Krise nicht behaupten. Ben Bernanke, Direktor der US-Zentralbank, der an der Universität lange über die Krise von 1929 geforscht hatte, sagt: »Als Kenner der Großen Depression glaube ich wirklich, dass wir im September und Oktober [2009] Zeugen der schlimmsten Finanzkrise der Geschichte waren, [...] von den dreizehn größten Finanzinstituten der USA standen zwölf für ein, zwei Wochen am Rand der Insolvenz.«[3] Und weltweit viele weitere. Wenn man fragt, wie es dazu kam, bekommt man als Erklärung, dass es weltweit zu viele Ersparnisse gab und dass die Anleger in Zeiten niedriger Zinsen – die wiederum zum Teil der großen Verfügbarkeit von Kapital geschuldet waren – nach übermäßig hohen Gewinne suchten, was notwendigerweise zu einer Blase und einem Crash führen musste. Dieser Mechanismus hat in Kapitel 5 bei den Ursachen der Krisen überhaupt keine Rolle gespielt. Warum nicht?

John Kenneth Galbraith stellte hinsichtlich der Krise von 1929 fest: »Es gab immer Zeiten, in denen sich billige Kredite anboten [...] und in denen nur wenig spekuliert wurde.«[4] Diese Aussage bleibt aktuell, wenn man Luis Servén und Ha Nguyen, zwei Wissenschaftlern der Weltbank, folgt. In einer 2010 veröffentlichten Studie betonen sie, dass das Außenhandelsdefizit der USA höchstens auf 5 bis 6 Prozent des Bruttoinlandsprodukts stieg, also gemessen am US-Finanzsystem, das mehr als das Hundertfache umfasst, ein zu vernachlässigender Anteil war. Die Banken von Ländern mit einem Außenhandelsüberschuss, wie etwa der Schweiz, haben sich bezüglich der Risiken kaum besser verhalten, und auch die deutschen Banken von Exportweltmeister Deutschland hatten große Probleme. Ein Land kann immer in eine Finanzkrise geraten, unabhängig davon, ob es ein Defizit oder einen Überschuss aufweist. Diese Schlussfolgerung wird von zwei Arbeiten bestätigt, die Claudio Borio und Piti Disyatat, Ökonomen der BIZ, 2011 vorlegten.[5] Die entscheidenden Ursachen der Krisen muss man also woanders suchen. Auch die US-amerikanische Untersuchungskommission zur Krise gelangt zu diesem Schluss und erklärt, die Menge an Sparguthaben habe vielleicht die Immobilienblase gefördert, dies reiche aber nicht aus, um zu erklären und zu verstehen, warum sie sich zu einer weltweiten Krise ausgewachsen habe.[6]

Wenn die Pipelines der Finanzwelt sauber sind, können sie Druck verkraften: Ein reglementierter und überwachter Finanzsektor kann mehr oder weniger große Mengen von Ersparnissen zirkulieren lassen, ohne dass es zu Unfällen kommt. Die Überzeugung, die diesem Buch zugrunde liegt, besteht darin, dass Finanzkrisen ein endogenes Problem in der Funktionsweise der Finanzmärkte sind, dass sie sich durch wirtschaftliche und politische Mechanismen entwickeln, die die Maschine umso leichter aus den Gleisen werfen können, wenn die staatlichen oder privaten Behörden ihre Aufgabe als Überwacher und Risikokontrolleure nicht wahrnehmen. Oder andersherum: Egal, wie komplex die Finanzstruktur, wie groß die Versäumnisse der privaten Akteure sein mögen, die staatlichen Regulierer können immer handeln, wenn sie es wirklich wollen.

Wenn man es so betrachtet, geht aus dem US-amerikanischen Untersuchungsbericht ganz deutlich die Schuld Alan Greenspans hervor. Wir haben zwar gesehen, dass er nicht der einzige Verantwortliche war, der die Deregulierung vorantrieb und jeden Regulierungsversuch systematisch vereitelte. Die im Bericht zitierten Äußerungen Greenspans sind jedoch geradezu erschreckend. Der immer gleiche Grundton passt zu dem, was er bereits 1997 erklärte, nämlich dass »die privaten Regulierungskräfte mit ihrer marktstabilisierenden Wirkung schrittweise einen Großteil der schwerfälligen und ineffizienten staatlichen Strukturen ersetzen müssen«. Man kann den privaten Finanzkräften aber nicht vertrauen, wenn es darum geht, mögliche Kosten für den Staat zu berücksichtigen, die aus ihrer privaten Jagd nach Profit entstehen. Alle hier erzählten Geschichten haben bewiesen, dass das schlechte Krisenmanagement des Privatsektors ein entscheidendes Element der Krisen ist. Drei Ökonomen haben gezeigt, dass die Banken, die während der Asienkrise 1997/98 die größten Risiken eingegangen waren, auch bei der Subprime-Krise in der ersten Reihe standen. Selbst wenn sie die Probleme zuvor schon am eigenen Leib erlebt haben, »scheinen die Finanzinstitute danach ihr Vorgehen nicht zu ändern und kein vorsichtigeres Risikomanagement zu betreiben«, schlussfolgern die Autoren der Studie.[7]

Die öffentlichen Äußerungen großer Bankmanager von Anfang 2011 machen noch einmal deutlich, wie unfähig zur Selbstdisziplin sie sind. So erklärte etwa Robert E. Diamond, Direktor der Barclays-Bank: »Es gab eine Zeit der Gewissensbisse bei den Banken, aber ich glaube, diese Zeit ist vorbei.« Diese Geisteshaltung wurde sofort in die Tat umgesetzt, indem schon 2011 wieder riesige Vergütungen gezahlt wurden. Ein Verhalten, das Galbraiths Äußerung am Anfang dieses Kapitels bestens illustriert.

Die entscheidende Rolle der Regulierer

Es gibt also keinen anderen Weg als eine wirksame staatliche Reglementierung. Das stellt auch eine IWF-Studie aus dem Jahr 2010 fest.[8] Darin wird eine weitreichende Überwachung der privaten Akteure gefordert. Bis jetzt hätten sich die Regulierer noch nicht genügend in die Aktivitäten der Finanzakteure eingemischt. In manchen Fällen seien sie sogar »zu respektvoll gegenüber den Bankdirektoren«. Ein Kontrolleur müsse jedes Institut genau kennen, und seine Präsenz müsse »permanent spürbar sein«. Außerdem sei es seine Aufgabe, über die nächste Bilanz hinauszudenken, neue Risiken vorherzusehen, herauszufinden, was hinter den ständig neu entwickelten, komplexen Finanzprodukten stecke, und sich immer zu fragen, was als Nächstes kommen werde, auch wenn alles gut laufe. Weil er die Finanzeuphorie störe, werde er vielleicht als Spielverderber gelten, aber das sei der beste Weg, Katastrophen zu vermeiden.

Der IWF plädiert in dem Bericht dafür, die Finanzkontrollen auszuweiten und die Regulierungmaßnahmen umfassender zu gestalten. Der Kontrolleur müsse wachsam sein und stets im Auge behalten, was sich an den Rändern des Regulierungsfeldes abspiele. Folgerichtig müsse die Überwachung selbst sich immer wieder rasch an mögliche Veränderungen anpassen, und die Kontrolleure müssten sich ständig weiterbilden, was Finanzprodukte und Geschäftsmodelle anbetrifft. Schließlich, so schlussfolgert der IWF, müsse die Finanzaufsicht konklusiv sein, also die Konsequenzen der Analyse bis zum Ende führen: »Wer je an einem Aufsichtsprozess beteiligt war, kann bestätigen, welch mühselige und wenig ruhmreiche Fleißarbeit es ist, die Lösung eines Problems, das bei einer Inspektion festgestellt wurde, bis zum Ende weiterzuverfolgen. Langfristig ist aber genau das entscheidend, wenn man Veränderungen erreichen will.«

Werden die Regulierungsbehörden für den Finanzsektor eine solche präventive, vorausschauende und konsequente Überwachung durchsetzen? In Frankreich hat Jean-Paul Redouin, Vizepräsident der Banque de France, seine Zustimmung zu dieser Zielsetzung signalisiert.[9] Die Regulierer müssen auch die Mittel in die Hand bekommen, um das tun zu können. In dieser Hinsicht standen die Debatten über den US-Haushalt 2012 unter einem schlechten Stern. Die republikanische Mehrheit im Kongress bekundete ihre Absicht, die neue Regulierung, die gerade umgesetzt werden sollte, zu sabotieren, vor allem, indem sie die Erhöhung der Budgets der Aufsichtsbehörden ablehnte. Das bedeutet weniger Kapazitäten für Untersuchungen, weniger qualifizierte Mitarbeiter, weniger Weiterbildung in Bezug auf neue Techniken im Finanzsektor usw. – alles in allem also weniger Aufsicht.

Von Mills über Zola bis Minsky

Die staatlichen Regulierer könnten den Finanzsektor kontrollieren. Aber wollen sie es, und können sie es wirklich? Wir würden gern daran glauben. Aber *quis custodiet ipsos custodes,* wer überwacht die Wächter?, fragte sich schon der römische Dichter Juvenal in seinen *Satiren* über die Exzesse der reichen Römer. Eine regelmäßige demokratische Diskussion über die Kontrolle des Finanzsektors ist nötiger denn je. Damit sie so umfassend wie möglich ist, muss man unablässig erklären, was bei der Funktionsweise des Finanzsystems und seiner Regulierung auf dem Spiel steht. Zu diesem Schluss war 1868 schon John Mills gelangt. Der britische Ökonom, den wir bereits aus Kapitel 5 kennen, fragte, ob nicht der Pädagoge der »Zauberer« sein könne, der die Finanzwelt vor ihren eigenen »Terrorattacken« zu retten vermöge.[10] Mills fand einen würdigen Erben in Hyman Minsky. Der Wirtschaftswissenschaftler wollte die Reformen einer Finanzmarktregulierung nicht einer technokratischen Elite überlassen und forderte die Einbeziehung der Öffentlichkeit, denn »das Verstehen ist die Grundlage für die Legitimität der Reform«.[11] Für ihn bedeutete das Verstehen der Finanzwelt und von deren Abstürzen eine langfristige intellektuelle Investition, denn »kein einzelnes Programm, keine Reform wird die Dinge für immer regeln«.[12]

Auch die Schriftsteller können bei diesem Thema mitreden. Wir haben in diesem Buch einige zitiert, und bei der Lektüre des berühmten Romans *Das Geld* von Émile Zola staunt man heute noch über seine treffenden Analysen. Zola hat sich von einer echten Krise inspirieren lassen, deren Höhepunkt und Crash ins Jahr 1882 fiel: von der Krise der Bank Union générale, die von Eugène Bontoux gegründet worden war – im Roman heißt dieser Aristide Saccard und steht der Banque Universelle vor.

Das Geld ist ein Roman über das Spekulationsfieber. Zola beschreibt darin die Rolle der Psychologie, wie die Akteure auf Informationen und Gerüchte über den Markt reagieren; er zeigt die Rolle des Betrugs und wie die Presse die Hausse feiert und prangert die schlechte Führung der Banken und die Aufsichtsräte an, in denen gehorsame und dekorative Aktionäre oder windige Geschäftsleute immer auf einen guten Finanzcoup lauern, mitsamt den »Revisoren, deren Aufgabe darin bestand, der Versammlung einen Bilanzbericht zu erstatten und so die von den Administratoren vorgelegten Abechnungen zu prüfen«[13]. Er erklärt die Rolle der Leerverkäufe als Spekulationsstrategie, zeigt, wie der Aktienkurs jeden Bezug zum ursprünglichen Wert des Unternehmens verliert: »Es gab keine Wahrheit und keine Logik mehr, der Wertbegriff war so verfälscht, dass er jeden realen Sinn verloren hatte.«[14]

Saccard ist die Verkörperung des Spekulanten, der im Immobiliengeschäft in *Die Beute* oder an der Börse in *Das Geld* seine Unwesen treibt:

> »Mit dem gesetzlich erlaubten mäßigen Entgelt für die Arbeit, dem vorsichtigen Abwägen der täglichen Transaktionen ist das Dasein eine Einöde von unvorstellbarer Plattheit, ein Sumpf, in dem alle Kräfte schlafen und vermodern; aber lassen Sie einen Traum am Horizont hell aufflammen, versprechen Sie hundert Sou Gewinn für einen Sou, bieten Sie all diesen Schlafmützen an, auf die Jagd zu gehen nach dem Unmöglichen, nach den Millionen, die sie unter schrecklichsten Wagnissen in zwei Stunden erobern können – dann beginnt das Wettrennen, die Energie verzehnfacht sich, und es gibt ein solches Gedränge, dass die Leute, die einzig und allein um ihres Vergnügens willen schwitzen, manchmal auch Kinder dabei zeugen, ich will sagen, lebendige, große und schöne Dinge vollbringen ... Ach freilich! Es gibt viele unnütze Gemeinheiten, aber ohne sie wäre es um die Welt bestimmt geschehen.«[15]

Endlich kommt der Moment der Wende, der Anfang des Crashs: »Auf das äußerste Vertrauen, die blinde Begeisterung folgte die Reaktion der Furcht, alle stürzten herbei, um zu verkaufen, falls noch Zeit dafür war.«[16] Zola hatte ebenso wie John Mills den psychologischen Zyklus der Finanzkrisen erkannt:

> »Das war die schicksalhafte, regelmäßig wiederkehrende Seuche, deren Verwüstungen alle zehn bis fünfzehn Jahre an den schwarzen Freitagen, wie man sie nennt, den Markt ausfegen und den Boden mit Trümmern übersäen. Es braucht Jahre, bis das Vertrauen zurückkehrt und die großen Bankhäuser wieder aufgebaut sind – bis eines Tages die Spekulationswut, allmählich neu belebt, wieder aufflammt, das Abenteuer von vorn beginnt, eine neue Krise herbeiführt und in einem neuen Desaster alles zum Einsturz bringt.«[17]

Trotz all seiner Qualitäten bleibt ein Roman aus dem 19. Jahrhundert eine recht erbärmliche Waffe gegen die Macht der Finanzmagnaten des 21. Jahrhunderts. Glücklicherweise hat die Zivilgesellschaft angefangen, sich zu organisieren. Im Sommer 2010 lancierten auf Initiative des Europaabgeordneten der Grünen, Pascal Canfin, »22 Europa-Abgeordnete, die für die Bankenregulierung und die Finanzmärkte zuständig sind, einen parteiübergreifenden Appell, um das Ungleichgewicht zwischen dem Lobbying der Finanzakteure auf einer Seite und dem Fehlen eines unabhängigen Gegengewichts aus der Zivilgesellschaft«[18] anzuprangern. Nach kaum einem Jahr Arbeit versammelten sich fast dreißig Organisationen der europäischen Zivilgesellschaft und gründeten am 30. Juni 2011 Finance Watch, »eine europäische Organisation, die als Gegengewicht zu den Banken die öffentlichen Interessen bei der Reform der Finanzmarktregulierung vertreten wird«.[19]

Es ist das erste Mal, dass eine solche EU-weite Organisation gegründet wird. Sie bündelt Mittel und Kräfte mehrerer Dutzend

Nichtregierungsorganisationen. Natürlich kann sie nicht allein mit einem Fingerschnipsen die Situation in der Finanzwelt verbessern. Aber sie zeigt, dass selbst in diesem Bereich die Mobilisierung von unabhängigem Sachverstand möglich ist und dass davon Politiker profitieren können, die bereit sind, den wichtigen Kampf für einen stabilen und der Realwirtschaft nützlichen Finanzsektor zu führen.

Anmerkungen

1 Franklin D. ROOSEVELT, Antrittsrede, 4. März 1933, in: *Links von der Mitte. Briefe, Reden, Konferenzen,* deutsch von Peter Stadelmayer und Christian Hübener, Frankfurt a. M., 1951, S. 171.

Einleitung

1 Joseph STIGLITZ, »Les économistes doivent changer leurs croyances«, *Alternatives économiques,* Nr. 290, April 2010, S. 77–79.

2 Christian CHAVAGNEUX und Denis CLERC, »Les économistes bousculés par la crise«, *Alternatives économiques,* Nr. 287, Januar 2010, S. 48–58.

Kapitel 1

1 Nicolaas W. POSTHUMUS, »The tulip mania in Holland in the years 1636 and 1637«, *Journal of Economic and Business History,* Bd. 1, Nr. 3, Mai 1929.

2 Anne GOLDGAR, *Tulipmania. Money, honor, and knowledge in the Dutch Golden Age,* Chicago University Press, Chicago, 2007, Anmerkung 9, S. 328–329.

3 John Kenneth GALBRAITH, *Finanzgenies. Eine kurze Geschichte der Spekulation,* deutsch von Wolfgang Rhiel, Frankfurt a. M. 1992, S. 36.

4 Mike DASH, *Tulpenwahn. Die verrückteste Spekulation der Geschichte,* deutsch von Elfriede Peschel, München, 2001, S. 187.

5 Ebda., S. 96.

6 Fernand BRAUDEL, *Sozialgeschichte des 15.–18. Jahrhunderts,* Bd. 3, *Aufbruch zur Weltwirtschaft,* deutsch von Siglinde Summerer und Gerda Kurz, Frankfurt a. M., Olten, Wien, 1986. S. 214.

7 A. a. O., S. 222.

8 A. a. O., S. 268.

9 Mike DASH, *Tulpenwahn,* S. 148.

10 A. a. O, S. 106f.

11 A. a. O., S. 195.

12 A. a. O., S. 202.

13 A. a. O., S. 202.

14 A. a. O., S. 220.

15 Eine Reproduktion ist auf der Website des Frans Hals Museum in Haarlem zu sehen, www.franshalsmuseum.nl.

Kapitel 2

1 Joseph SCHUMPETER, *Geschichte der ökonomischen Analyse*, Göttingen 1965, S. 375.
2 Hamiltons Schicksal erzählt Antoin E. MURPHY in: *John Law. Ökonom und Visionär*, deutsch von Hans Günter Holl, Düsseldorf, 2002. S. 20–23.
3 A. a. O. S. 31.
4 A. a. O. S. 32–42.
5 Adolphe THIERS, »Law«, in: *Encyclopédie progressive*, Bureau de l'encyclopédie progressive, Paris, 1826, S. 58.
6 Eugène DAIRE, *Économistes financiers du XVIII*e *siècle*, Guillaumin, Paris, 1843, S. 568.
7 Herbert Lüthy, *La Banque protestante en France*, Bd. 1., Paris 1959, S. 278. Zitiert nach Antoin E. MURPHY, a. a. O., S. 169.
8 Earl J. HAMILTON, »The Political Economy of France at the Time of John Law«, *History of Political Economy*, Nr. 1, Frühjahr 1969, S. 247–249.
9 Siehe Reproduktion von einigen Schriften Laws in: Eugène DAIRE, *Économistes financiers du XVIII*e *siècle*, a. a. O.
10 Siehe *Premier mémoire sur les banques* an den Regenten, zitiert in: Eugène DAIRE, A. a. O., S. 621.
11 Earl J. HAMILTON, »The Political Economy of France at the Time of John Law«, a. a. O., S. 250.
12 Adolphe THIERS, »Law«, a. a. O., S. 58 und S. 62.
13 Edgar FAURE, *La Banqueroute de Law*, Gallimard, Paris 1977, S. 116–119 und S. 213.
14 Eugène DAIRE, *Économistes financiers du XVIII*e *siècle*, a. a. O., S. 624.
15 Daniel DESSERT, *Argent, pouvoir et société au Grand Siècle*, Fayard, Paris, 1984, S. 126.
16 Antoin MURPHY, a. a. O., S 215.
17 Charles S. KINDLEBERGER, *Manien, Paniken, Crashs. Die Geschichte der Finanzkrisen dieser Welt*, Kulmbach 2001, S. 161.
18 Eugène DAIRE, *Économistes financiers du XVIII*e *siècle*, a. a. O., S. 556.
19 Jean-Christian PETITFILS, *Le Régent*, Fayard, Paris, 1986, S. 527.
20 Antoin MURPHY, a. a. O., S.271.
21 A. a. O., S. 259.
22 Siehe Edgar FAURE, *La Banqueroute de Law*, a. a. O., S. 345–346.
23 SAINT-SIMON, *La Cour du Régent*, Complexe, Brüssel, 1990, S. 365.
24 Eugène DAIRE, *Économistes financiers du XVIII*e *siècle*, a. a. O., S. 639–642.
25 Antoin MURPHY, a. a. O., S. 407.
26 Antoin E. MURPHY, »John Law et la bulle de la Compagnie du Mississippi«, *L'Économie politique*, Nr. 48, Oktober 2010.

27 Charles de MONTESQUIEU, *Persische Briefe,* deutsch von Peter Schunk, Stuttgart 1991, S. 273.

28 A. a. O., S. 51.

29 VOLTAIRE, *Précis du siècle de Louis XV,* Kap. 2.

30 In der ersten seiner *Lettres sur les banques* schreibt Law: »Ich werde beweisen, dass die Monarchie der am besten geeignete Staat ist, um den Kredit einzuführen.« (zitiert in: Eugène DAIRE, *Économistes financiers du XVIII*e *siècle,* a. a. O., S. 621).

31 Reproduktion in: Antoin MURPHY, *John Law,* a. a. O. S. 302.

Kapitel 3

1 Frank (Benjamin Franklin) NORRIS, *Das Epos des Weizens,* Bd. 2: *Die Getreidebörse,* deutsch von Eugen von Tempsky, Stuttgart, 1907–1912, S. 236, 260.

2 Kevin PHILLIPS, *Die amerikanische Geldaristokratie: eine politische Geschichte des Reichtums in den USA,* deutsch von Andreas Wirthensohn, Frankfurt a.M., New York, 2003; Gustavus MYERS, *Geschichte der großen amerikanischen Vermögen,* Berlin, 1923; Paul KRUGMAN, *The Conscience of a Liberal,* W. W. Norton, New York, 2007, S. 17.

3 Wicksell hat einen Artikel über die Krise von 1908 geschrieben, der jedoch nur auf Schwedisch erschienen ist. Eine Vorstellung davon haben wir dank Mauro BOIANOVSKY in: »Wicksell on the American crisis of 1907«, *Journal of the History of Economic Thought,* Bd. 33.2, 2011.

4 Oliver M. W. SPRAGUE, *History of Crises Under the National Banking System,* Government Printing Office, Washington, 1910, S. 306.

5 Robert F. BRUNER und Sean D. CARR, *Sturm an der Börse: die Panik von 1907,* deutsch von Andreas Schieberle, Weinheim, 2009, S. 57–61.

6 Eine Beschreibung dieses *Corner*-Versuchs findet sich in: Ellis W. TALLMAN und Jon R. MOEN, »Lessons from the Panic of 1907«, *Economic Review,* Federal Reserve Bank of Atlanta, Mai-Juni 1990, S. 5–6.

7 Oliver M. W. SPRAGUE, *History of Crises Under the National Banking System,* a. a. O., S. 249–250.

8 Zitiert in: Alexander D. NOYES, »A year after the panic of 1907«, *The Quarterly Journal of Economics,* Bd. 23, Nr. 2, Februar 1909, S. 198.

9 Ellis W. TALLMAN und Jon R. MOEN, »The bank panic of 1907: the role of trust companies«, *The Journal of Economic History,* Bd. 52, Nr. 3, Sept. 1992; Ellis W. TALLMAN und Jon R. MOEN, »Why didn't the United States establish a central bank until after the panic of 1907?«, *Federal Reserve Bank of Atlanta Working Paper,* Nr. 99-16, November 1999.

10 Alexander D. NOYES, a. a. O., S. 186.

11 Robert F. BRUNER und Sean D. CARR, a. a. O., S. 109–144.

12 Ellis W. TALLMAN und Jon R. MOEN, »Liquidity creation without a lender of last resort: clearinghouse loan certificates in the banking panic of 1907«, *Federal Reserve Bank of Atlanta Working Paper,* Nr. 2006-23b, Oktober 2007.

13 Zu den verschiedenen Regulierungsdebatten nach der Krise siehe Christian TUTIN und Julien MENDEZ, »De la crise bancaire à la régulation: l'expérience américaine de 1907«, *L'Économie politique,* Nr. 48, Oktober 2010.

14 Louis D. BRANDEIS, *Das Geld der Anderen: Wie die Banker uns ausnehmen,* deutsch von Moritz Malsch, München, 2012, S. 19.

15 A. a. O., S. 37ff.

16 Erwähnt in: James E. PALMER Jr., *Carter Glass Unreconstructed Rebel,* The Institute of American Biography, Roanoke, 1938.

17 Simon JOHNSON und James KWAK, *13 Bankers. The Wall Street Take Over and The Next Financial Meltdown,* Pantheon Books, New York, 2010, S. 28.

18 Michael D. BORDO und David C. WHEELOCK, »The promise and performances of the Federal Reserve as lender of last resort 1914–1933«, *Norges Bank Working Paper,* Nr. 2011/1, S. 2, S. 15 und S. 32.

19 Simon JOHNSON und James KWAK, *13 Bankers,* a. a. O., S. 30.

Kapitel 4

1 Franklin D. ROOSEVELT, a. a. O., S. 171.

2 Gardiner C. MEANS, zitiert in: Studs TERKEL, *Hard Times: An Oral History of the Great Depression,* New York, 1970, S. 247.

3 Pierre-Cyrille HAUTCŒUR, *La Crise de 1929,* La Découverte, coll. »Repères«, Paris, 2009, S. 6.

4 Zitiert in: Edward CHANCELLOR, *Bullen gegen Bären, die Geschichte der Finanzspekulation,* Frankfurt a. M., Leipzig, 2003. Chancellor führt auch andere Beispiele an.

5 Lionel ROBBINS, *The Great Depression,* Macmillan, London, 1934, S. 7–8.

6 John Kenneth GALBRAITH, *Der große Krach 1929,* deutsch von Rudolf Mühlfenzl und Helmut Roesler, Stuttgart, 1963, S. 79/93.

7 Zitiert nach: a. a. O., S. 113.

8 Maury KLEIN, *Rainbow's End: The Crash of 1929,* Oxford, 2001; Gordon THOMAS und Max MORGAN-WITTS, *The Day the Bubble Burst: A Social History of the Wall Street Crash of 1929,* New York, 1982.

9 John Kenneth GALBRAITH, *Der große Krach 1929,* a. a. O., S. 116–117.

10 Wir weisen, wie zahlreiche andere Autoren, darauf hin, dass einer von ihnen, Paul M. Warburg, im März 1929 gewarnt hatte, dass diese »Orgie zügelloser Spekulation« in eine Krise münden würde. Siehe zum Beispiel John Kenneth GALBRAITH, *Der große Krach 1929,* a. a. O., S. 115.

11 John Kenneth GALBRAITH, *Der große Krach 1929,* a. a. O., S. 190; Lionel ROBBINS, *The Great Depression,* a. a. O., S. 62–63.

12 John Kenneth GALBRAITH, *Der große Krach 1929,* a. a. O., S. 87.

13 Isaac JOSHUA, *La Crise de 1929 et l'émergence américaine,* PUF, Paris, 1999, S. 89.

14 Paul CLAUDEL, *La Crise. Amérique 1927–1932,* Métailié, Paris, 2009, S. 69.

15 Isaac JOSHUA, »Quand 2009 questionne 1929«, *L'Économie politique*, Nr. 48, Oktober 2010, S. 77.

16 Michael PERINO, *The Hellhound of Wall Street. How Ferdinand Pecora's Investigation of the Great Crash Forever Changed American Finance*, New York, 2010, S. 155.

17 Zu konsultieren auf http://fraser.stlouisfed.org/publications/sensep, Achtung, die Dateien sind sehr groß.

18 US SENATE COMMITTEE ON BANKING AND CURRENCY, *The Pecora Investigation*, Washington, 1934 (Neuauflage Cosimo Reports, New York, 2010), S. 80–81.

19 Helen M. BURNS, *The American Banking Community and New Deal Banking Reforms 1933–1935*, Westport, 1974, S. 35.

20 Alle zitiert von BURNS, a. a. O., S. 150–157.

21 Der Vollständigkeit halber sei erwähnt, dass 1936 ein Gesetz beschlossen wurde, das den inländischen Handel mit Derivatprodukten für Landwirtschaftsgüter einschränkte *(Commodity Exchange Act)*.

22 Ellen D. RUSSELL, *New Deal Banking Reforms and Keynesian Welfare State Capitalism*, Routledge, London, 2008.

Kapitel 5

1 Siehe zum Beispiel: Michel AGLIETTA, *La Crise. Les voies de sortie*, Michalon, Paris, 2010; Patrick ARTUS und andere, »La crise des subprimes«, *Rapport du Conseil d'analyse économique*, Nr. 78, La Documentation française, Paris, 2008; Michel AGLIETTA und Sandra RIGOT, *Crise et rénovation de la finance*, Odile Jacob, Paris, 2009; »Crise financière: analyses et propositions«, *Risques/Revue d'économie financière*, Nr. 73–74 (Sondernummer), Juni 2008; Martin Neil BAILY, Douglas W. ELMENDORF und Robert E. LITAN, »The great credit squeeze: how it happened, how to prevent another«, *Discussion Paper*, Economic Studies at Brookings, 16. Mai 2008.

2 Hyman P. MINSKY, *Can »It« Happen Again? Essays on Instability and Finance*, M. E. Sharpe, New York, 1982, S. 92.

3 Hyman P. MINSKY, *Stabilizing an Unstable Economy*, McGraw-Hill, New York, 1986, S. 199.

4 Siehe: Gary BURN, *The Re-emergence of Global Finance*, Palgrave Mac Millan, Basingstoke, 1986. Zur Zusammenfassung seiner Arbeiten siehe auch: Christian CHAVAGNEUX und Ronen PALAN, *Les Paradis fiscaux*, coll. »Repères«, La Découverte, Paris, 2007 (2. Auflage), S. 45–50. Daraus geht hervor, dass die ersten Schritte der Finanzglobalisierung Ende der 1950er-Jahre erfolgten und nicht, wie oft behauptet wird, Anfang der 1970er-Jahre mit dem Ende der festen Wechselkurse.

5 BANK FOR INTERNATIONAL SETTLEMENTS, *Recent Innovations in International Banking*, April 1986, S. 169.

6 Simon JOHNSON und James KWAK, *13 Bankers*, a. a. O., Kap. 3 bis 5; Ellen D. RUSSELL, *New Deal Banking Reforms and Keynesian Welfare State Capitalism*, Routledge, London, 2008, S. 85–103, und Kapitel 2 des Berichts der

FINANCIAL CRISIS INQUIRY COMMISSION, *Financial Crisis Inquiry Report*, Januar 2011, www.gpoaccess.gov.

7 Robert BOYER, »Une crise tant attendue. Leçons d'histoire pour économistes«, *Prisme*, Nr. 13, Centre Cournot pour la recherche en économie, November 2008.

8 Zitiert von JOHNSON und KWAK, a. a. O., S. 136.

9 Charles S. KINDLEBERGER *Manien, Paniken, Crashs*, a. a. O., S. 92.

10 Zitiert in: Charles S. KINDLEBERGER, a. a. O., S. 181.

11 John MILLS, »On Credit Cycles and the Origin of Commercial Panics«, *Transactions of the Manchester Statistical society*, session 1867–1868.

12 Jean LESCURE, *Des crises générales et périodiques de surproduction*, Bd. 2, Burt Franklin, New York, 1938, S. 461–462.

13 Siehe Ludwig VON MISES, *Geldwertstabilisierung und Konjunkturpolitik*, Jena, 1928.

14 Friedrich HAYEK, *Geldtheorie und Konjunkturtheorie*, Wien, 1929.

15 SENIOR SUPERVISORS GROUP, *Risk Management Lessons from the Global Banking Crisis of 2008*, 21. Oktober 2009, S. 4.

16 Siehe zum Beispiel Christian CHAVAGNEUX und Éric NICOLAS, »L'influence des acteurs privés sur la régulation financière internationale«, *Politique étrangère*, Nr. 3, 1997.

17 Dieser Text übernimmt in Teilen die Analyse »Des risques mal calculés«, erschienen in Nr. 283 der Septemberausgabe 2009 von *Alternatives économiques*.

18 Siehe die humoristische Arbeit einiger Fachleute nach der Erklärung von Viniar: www.ucd.ie/t4cms/WP-08-04.pdf.

19 Jean-Pierre LANDAU, »Extreme events in finance«, Banque de France, September 2008.

20 Claudio BORIO, »The financial turmoil of 2007–?: a preliminary assessment and some policy considerations«, *BIS Working Paper*, Nr. 251, März 2008.

21 Siehe zum Beispiel die bemerkenswerte Analyse von Kristian KJELDSEN, »Value at Risk and Capital Adequacy: the Challenge for Financial Regulation«, *European Investment Bank Paper*, Bd. 2, Nr. 1, 1997.

22 Benoît MANDELBROT, *Fraktale und Finanzen: Märkte zwischen Risiko, Rendite und Ruin*, deutsch von Helmut Reuter, München, 2005, S. 27.

23 A. a. O., S. 52. Für eine pädagogische Vorstellung von Mandelbrots Thesen siehe auch Philippe HERLIN, *Finance: le nouveau paradigme. Comprendre la finance et l'économie avec Mandelbrot, Taleb*, Eyrolles, Paris, 2010.

24 Zum Beispiel: Christian CHAVAGNEUX und Éric NICOLAS, »L'influence des acteurs privés sur la régulation financière internationale«, a. a. O., worin auch die Anfänge des VaR nachgezeichnet werden.

25 Joan CONDIJTS, Paul GÉRARD und Pierre-Henri THOMAS, *La Chute de la maison Fortis*, Jean-Claude Lattès, Paris, 2009. Siehe vor allem Kapitel 5.

26 Für dieses und weitere Beispiele siehe: Michel AGLIETTA und Sandra RIGOT, *Crise et rénovation de la finance*, a. a. O., S. 163.

27 Gillian TETT, *Fool's Gold. How Unrestrained Green Corrupted a Dream, Shattered Global Markets and Unleashed a Catastrophe,* Free Press, New York, 2009, S. 46–51.

28 Jacques ADDA, »Les CDS: une arme de destruction financière?«, *Alternatives économiques,* Nr. 290, April 2010.

29 Edward PINTO, »Triggers of the financial crisis«, www.aei.org.

30 David MIN, *Faulty Conclusions based on Shoddy Foundations,* Centre for American Progress, Februar 2011, S. 3.

31 Siehe: www.ritholtz.com.

32 Charles KINDLEBERGER, *Manien, Paniken, Crashs,* a. a. O., S. 104.

33 A. a. O, S. 101.

34 Jean-François GAYRAUD, *La Grande Fraude. Crime, subprime et crises financières,* Odile Jacob, Paris, 2011, S. 135–139.

35 Diese Geschichte hat Jean-François GAYRAUD gut zusammengefasst, a. a. O., S. 142–145.

36 William K. BLACK, »Cette finance frauduleuse que l'on ne veut pas voir«, *L'Économie politique,* Nr. 42, April 2009, S. 43.

37 William K. BLACK, *The Best Way to Rob a Bank is to Own One: How Corporate Executives and Politicians Looted the S&L Industry,* University of Texas Press, Austin, 2005, Vorwort und Kapitel 1 und 10.

38 Jean-François GAYRAUD, *La Grande Fraude,* a. a. O., S. 190–192.

39 Jean DE MAILLARD, *L'Arnaque. La finance au-dessus des lois et des règles,* Gallimard, Paris, 2010, S. 208–214.

40 Eine ähnliche Argumentation findet man bei: Anastasia NESVETAILOVA, *Financial Alchemy in Crisis: the Great Liquidity Illusion,* Pluto Press, London, 2010, S. 110–111.

41 Jean-Baptiste SAY, *Ausführliches Lehrbuch der praktischen Politischen Oekonomie,* deutsch von Max Stirner, Leipzig, 1845, S. 11.

42 Léon WALRAS, *Éléments d'économie politique pure,* Economica, Paris, 1988, S. 43.

43 Die Manipulation der Märkte war auch im 19. Jahrhundert durchaus üblich, siehe Edward CHANCELLOR, *Bullen gegen Bären,* a. a. O.

44 Die Justiz hatte Angelo Mozilo zunächst verfolgt, die Untersuchung aber im Februar 2011 fallen gelassen. Der frühere Direktor von Countrywide Financial bezahlte eine Strafe von 22,5 Millionen Dollar und überwies 45 Millionen Dollar an die Aktionäre seines Unternehmens.

45 FINANCIAL CRISIS INQUIRY COMMISSION, *Financial Crisis Inquiry Report,* Januar 2011, S. 65, www.gpoaccess.gov.

46 John LE CARRÉ, *Verräter wie wir,* deutsch von Sabine Roth, Berlin, 2011.

47 Ronen PALAN, Richard MURPHY und Christian CHAVAGNEUX, *Tax Havens: How Globalization Really Works,* Cornell University Press, Ithaca, 2010.

48 Zitiert in: *The Economist,* 14.–20. Mai 2011.

49 Jean-François GAYRAUD, *La Grande Fraude,* a. a. O., S. 15 und S. 195.

50 Anthony B. ATKINSON und Salvatore MORELLI, »Inequality and Banking Crisis: a First Look«, http://isites.harvard.edu/fs/docs/icb.topic457678.files/ATKINSON%20paper.pdf. Ergebnisübersicht S. 61.

51 Olivier GODECHOT, »La Finance, facteur d'inégalités«, *La Vie des idées*, 2011, http://olivier.godechot.free.fr.

52 Paul KRUGMAN, »Crises et inégalités: des causes communes«, *Alternatives économiques*, Nr. 295, Oktober 2010.

53 Simon JOHNSON und James KWAK, *13 Bankers*, a. a. O., S. 90–117.

54 Deniz IGAN, Prachi MISHRA und Thierry TRESSEL, »Lobbying and the Financial Crisis«, www.voxeu.org, 2010.

55 Philippe HERLIN, »Finance: le nouveau paradigme«, a. a. O., und Denis CLERC, »Théorie: désaccords majeurs«, *Alternatives économiques*, Nr. 75, 1er trim. 2008 (Sondernummer) – der pädagogischste; Justin FOX, *The Myth of the Rational Market. A History of Risk, Reward and Delusion on Wall Street*, Harper Business, London, 2009 – der detaillierteste; Pablo TRIANA, *Lecturing Birds on Flying. Can Mathematical Theories Destroy the Financial Markets?*, John Wiley & Sons, Hoboken, New Jersey, 2009.

56 Simon JOHNSON und James KWAK, *13 Bankers*, a. a. O., S. 58–70.

57 Joseph STIGLITZ, *Im freien Fall: Vom Versagen der Märkte zur Neuordnung der Weltwirtschaft*, deutsch von Thorsten Schmidt, München 2010. S. 303.

58 Joseph STIGLITZ, »Les économistes doivent changer leurs croyances«, Interview in: *Alternatives économiques*, Nr. 290, April 2010.

59 Ebda.

60 Charles GIDE und Charles RIST, *Geschichte der volkswirtschaftlichen Lehrmeinungen*, deutsch von R. W. Horn, Jena, 1923, S. 718.

61 John Kenneth GALBRAITH, *Die Entmythologisierung der Wirtschaft. Grundvoraussetzungen ökonomischen Denkens*, deutsch von Monika Streissler, Wien, Darmstadt, 1988, S. 358.

62 Maurice ALLAIS, »L'économique en tant que science«, *Revue d'économie politique*, Bd. LXXVIII, Januar-Februar 1968, S. 24 und S. 27.

63 André ORLÉAN, *De l'euphorie à la panique: penser la crise financière*, Éditions Rue d'Ulm, Paris, 2009, S. 42–51.

64 Hyman P. MINSKY, *Stabilizing an Unstable Economy*, a. a. O., S. 237.

65 Charles S. KINDLEBERGER, *Manien, Paniken, Crashs*, a. a. O., S. 126.

66 A. a. O., S. 123.

67 Jérôme SGARD, *L'Économie de la panique: faire face aux crises financières*, Paris, 2002. Ein Teil seines Werks ist in folgendem Artikel zusammengefasst: Jérôme SGARD, »Comment contrôler une panique: le won coréen en 1997« *L'Économie politique*, Nr. 2, April 1999.

68 Die folgende Geschichte übernimmt teilweise und aktualisiert den Artikel »Comment les États ont sauvé le capitalisme«, *Alternatives économiques*, Nr. 274, November 2008.

69 Über die politischen Schlachten um diese Geschichte siehe: »Bericht der Amerikanischen Untersuchungskommission über die Finanzkrise« (FCIC, 2011), S. 335–336.

70 Carmen M. REINHART und Kenneth S. ROGOFF, *Dieses Mal ist alles anders: acht Jahrhunderte Finanzkrisen,* München, 2011, Kapitel 10.

71 Paul CHAMPSAUR und Jean-Philippe COTIS, »Rapport sur la situation des finances publiques«, April 2010, www.ladocumentationfrancaise.fr/var/storage/rapports-publics/104000234/0000.pdf

Kapitel 6

1 Paul CLAUDEL, *La Crise. Amérique, 1927–1932. Correspondance diplomatique,* Métailié, Paris, 2009.

2 Joseph STIGLITZ, *Im freien Fall,* a. a. O., S. 201.

3 Hyman P. MINSKY, *Stabilizing an Unstable Economy,* a. a. O., S. 11.

4 www.financialstabilityboard.org.

5 Ein unterschätzter Text, der die Lektüre lohnt, ist zu finden unter: www.g20.org.

6 Benannt nach dem Senator Christopher Dodd und dem Kongressabgeordneten Barney Frank, beide Demokraten, die dieses Gesetz vorgeschlagen haben.

7 Eine genaue Vorstellung davon erhält man in Kapitel 9 des Buches von Gary J. SCHINASI, *Safeguarding Financial Stability. Theory and Practice,* FMI, 2006.

8 ARISTOTELES, *Politik,* deutsch von Carl Stahr und Adolf Stahr, Berlin, 1854, S. 108f.

9 Siehe ihre Beiträge im Dossier »Quelle finance après le G20? «, *L'Économie politique,* Nr. 42, April 2009. Für einen kritischeren Ansatz siehe André ORLÉAN, »Il faut revenir sur la primauté absolue accordée à la liquidité financière«, *L'Économie politique,* Nr. 43, Juli 2009.

10 Daniel K. TARULLO, *Regulating Systemically Important Financial Firms,* Federal Reserve, 3. Juni 2001.

11 Tom BRAITHWAITE, »US Rift Over Systemic Risk List«, *Financial Times,* 4. April 2011.

12 Daniel K. TARULLO, *Next Steps in Financial Regulatory Reform,* Federal Reserve, 12. November 2010, S. 4.

13 Patricia JENKINS und Brooke MASTERS, »Higher capital rations talk cuts banks' appeal«, *Financial Times,* 27. März 2011.

14 »Chained but untamed«, *The Economist,* 14.–20. Mai 2011.

15 »Healthy banking system is the goal, not profitable banks«, *Letters to the Financial Times,* 9. November 2010.

16 Cheng Hoon LIM, »Macroprudential policy: an organizing Framework«, *IMF Background Paper,* 14. März 2011.

17 Janet L. YELLEN, *Macroprudential Supervision and Monetary Policy in the Post-Crisis World,* Federal Reserve, 11. Oktober 2010.

18 Michel AGLIETTA, »L'agenda du G20 est ambitieux mais il porte la possibilité d'un changement profond«, *L'Économie politique* n°42, April 2009.

19 Séverine LEBOUCHER, »Les banques françaises, mauvaises élèves sur la liquidité«, *Revue Banque*, www.revuebanque.fr.

20 David M. RUBENSTEIN und John A. THAIN, *The Future of the Global Financial System. A Near Term Outlook and Long Term Scenarios*, A World Economic Forum Report with Oliver Wyman, 2009.

21 Richtlinie 94/19/EG des Europäischen Parlaments und des Rates vom 30. Mai 1994 über Einlagensicherungssysteme (http://eur-lex.europa.eu/LexUriServ/LexUriServ.do?uri=CELEX:31994L0019:DE:HTML).

22 Für einen Überblick über die verschiedenen möglichen Wege und die Steuern, die sie einbringen würden, siehe das Dokument der EUROPÄISCHEN KOMMISSION *Financial Sector Taxation*, 2010.

23 Adair TURNER, »Leverage, maturity transformation and financial stability: challenges beyond Basel III«, *Financial Services Authority*, März 2011.

24 Emilios AVGOULEAS, Charles GOODHART und Dirk SCHOENMAKER, »Living wills as a catalyst for action«, *DSF Policy Paper*, Nr. 4, Mai 2010.

25 Daniel K. TARULLO, *Next Steps in Financial Regulatory Reform*, a. a. O.

26 Über Fortis und Dexia siehe Joan CONDIJTS, Paul GÉRARD und Pierre-Henri THOMAS, *La Chute de la maison Fortis*, a. a. O.

27 Jean-François LEPETIT, *Rapport sur le risque systémique*, April 2010, http://pubminefi.diffusion.finances.gouv.fr/pub/document/18/8467.pdf, S. 88–89.

28 Andrew G. HALDANE, »Capital discipline«, *Bank of England*, Januar 2011.

29 Jon DANIELSSON und Robert MACRAE, »The Appropriate use of risk models: Part I and Part II«, www.voxeu.org, 16. und 17. Juni 2011.

30 Siehe Interview in *L'Économie politique*, Nr. 51, Juli 2011.

31 Ronen PALAN, Richard MURPHY und Christian CHAVAGNEUX, *Tax Havens*, a. a. O.

32 Caroline LE MOIGN, »Centres financiers offshore et système bancaire de l'ombre«, *La Note d'analyse du Centre d'analyse stratégique*, Nr. 222, Mai 2011.

33 In den USA oder in Hongkong müssen Unternehmen der mineralgewinnenden Industrie künftig diese Informationen liefern, um Zugang zu den Kapitalmärkten zu bekommen. Finanzunternehmen müssen das nicht.

34 »Sarkozy fait la fortune des banquiers«, *Libération*, 7.–8. Mai 2011.

35 www.revolutionfiscale.fr.

36 Christian CHAVAGNEUX und Denis CLERC, »Les économistes bousculés par la crise«, a. a. O.

37 »Disagreement among economists«, 19. März 2011.

38 Jean-Paul BETBÈZE, Christian BORDES, Jézabel COUPPEY-SOUBEYRAN und Dominique PLIHON, »Le Central Banking après la crise«, *Rapport du Conseil d'analyse économique*, Nr. 96, La Documentation française, Paris, 2011.

39 Robert J. SHILLER und Virginia M. SHILLER, »Economists as wordly philosophers«, *Cowles Foundation Discussion Paper*, Nr. 1788, März 2011.

40 »Revise and resubmit«, *The Economist*, 31. März 2010.

41 Siehe Dossier zu diesem Thema in der Zeitschrift *L'Économie politique*, Nr. 50, April 2011, vor allem den Einleitungsartikel von Nicolas Postel.

Fazit

1 John Kenneth GALBRAITH, *Der große Krach 1929*.

2 *La Tribune*, 31. Mai 2010.

3 *The Financial Crisis Inquiry Report*, 2011, S. 354.

4 John Kenneth GALBRAITH, *Der große Krach 1929*, S. 35.

5 Claudio BORIO und Piti DISYATAT, »Global imbalances and the financial crisis: link or no link? «, *BIS Working paper*, Nr. 346, Mai 2011.

6 A. a. O., 7. Kapitel.

7 Rudiger FAHLENBRACH, Robert PRILMEIER und René M. STULZ, *Do Banks Learn From Crisis?*, www.voxeu.org.

8 José VIÑALS und Jonathan FIECHTER, »The Making of good supervision: learning to say ›No‹«, *IMF Staff Position Notes*, Nr. 10/08, 18. Mai 2010.

9 Jean-Paul REDOUIN, *La stabilité monétaire et financière: une double mission pour une Banque centrale, les leçons récentes*, Banque de France, September 2010; »Il faut une régulation intrusive et proactive«, *Alternatives économiques*, Nr. 87 (Sondernummer), 1. Quartal 2011.

10 John MILLS, »On Credit Cycles and the Origin of Commercial Panics«, a. a. O., S. 40.

11 Hyman P. MINSKY, *Stabilizing an Unstable Economy*, a. a. O., S. 321.

12 Ebda., S. 326 und S. 370.

13 Zola, *Das Geld*, deutsch von Wolfgang Günther, Berlin, 1977, S. 190.

14 A. a. O., S. 434

15 A. a. O., S. 195f.

16 A. a. O., S. 485.

17 A. a. O., S. 534

18 www.finance-watch.org.

19 Ebda.

Bibliografie

Jacques ADDA, »Les CDS: une arme de destruction financière?«, *Alternatives économiques,* Nr. 290, April 2010.

Michel AGLIETTA, *La Crise. Les voies de sortie,* Michalon, Paris, 2010.

Michel AGLIETTA, »L'agenda du G20 est ambitieux mais il porte la possibilité d'un changement profond«, *L'Économie politique,* Nr. 42, April 2009.

Michel AGLIETTA und Sandra RIGOT, *Crise et rénovation de la finance,* Odile Jacob, Paris, 2009.

Maurice ALLAIS, »L'économique en tant que science«, *Revue d'économie politique,* Bd. LXXVIII, Januar-Februar 1968.

ARISTOTELES, *Politik,* deutsch von Carl Stahr und Adolf Stahr, Berlin, 1854.

Patrick ARTUS u. a., »La crise des subprimes«, *Rapport du Conseil d'analyse économique,* Nr. 78, La Documentation française, Paris, 2008.

Anthony B. ATKINSON und Salvatore MORELLI, *Inequality and Banking Crisis: a First Look,* http://isites.harvard.edu/fs/docs/icb.topic457678.files/ATKINSON%20paper.pdf, 2011.

Emilios AVGOULEAS, Charles GOODHART und Dirk SCHOENMAKER, »Living wills as a catalyst for action«, *DSF Policy Paper,* Nr. 4, Mai 2010.

Martin Neil BAILY, Douglas W. ELMENDORF und Robert E. LITAN, »The great credit squeeze: how it happened, how to prevent another«, Discussion Paper, Economic Studies at Brookings, 16. Mai 2008.

BANK FOR INTERNATIONAL SETTLEMENTS, *Recent innovations in international banking,* April 1986.

BASEL COMMITTEE ON BANKING SUPERVISION, *Principles for Enhancing Corporate Governance,* 4. Oktober 2010.

Nesrine BENTEMESSECK KAHIA, »La bulle des mers du Sud, ou le ›too big to fail‹ avant l'heure«, *L'Économie politique,* Nr. 48, Oktober 2010.

Jean-Paul BETBÈZE, Christian BORDES, Jézabel COUPPEY-SOUBEYRAN und Dominique PLIHON, »Le Central Banking après la crise«, *Rapport du Conseil d'analyse économique,* Nr. 96, La Documentation française, Paris, 2011.

William K. BLACK, »Cette finance frauduleuse que l'on ne veut pas voir«, *L'Économie politique,* Nr. 42, April 2009.

William K. BLACK, *The Best Way to Rob a Bank Is to Own One: How Corporate Executives and Politicians Looted the S&L Industry,* University of Texas Press, Austin, 2005.

Olivier BLEYS, *Semper Augustus,* Gallimard, Paris, 2008.

Mauro BOIANOVSKY, »Wicksell on the american crisis of 1907«, *Journal of the History of Economic Thought,* Bd. 33.2, 2011.

Michael D. BORDO und Harold JAMES, »The Great Depression analogy«, *NBER Working Paper,* Nr. 15584, Dezember 2009.

Michael D. BORDO und David C. WHEELOCK, »The promise and performances of the Federal Reserve as lender of last resort 1914–1933«, *Norges Bank Working Paper,* Nr. 2011/1.

Claudio BORIO, »The financial turmoil of 2007– ?: a preliminary assessment and some policy considerations«, *BIS Working Paper,* Nr. 251, März 2008.

Claudio BORIO und Piti DISYATAT, »Global imbalances and the financial crisis: link or no link?«, *BIS Working Paper,* Nr. 346, Mai 2011.

Robert BOYER, »Une crise tant attendue. Leçons d'histoire pour économistes«, *Prisme,* Nr. 13, Centre Cournot pour la recherche en économie, November 2008.

Robert BOYER, Mario DEHOVE und Dominique PLIHON, »Les crises financières«, *Rapport du Conseil d'analyse économique,* Nr. 50, La Documentation française, Paris, 2004.

Louis D. BRANDEIS, *Das Geld der Anderen: wie die Banker uns ausnehmen,* deutsch von Moritz Malsch, München, 2012.

Fernand BRAUDEL, *Sozialgeschichte des 15.–18. Jahrhunderts,* Bd. 3, *Aufbruch zur Weltwirtschaft,* deutsch von Siglinde Summerer und Gerda Kurz, Frankfurt a. M., Olten, Wien, 1986.

Robert F. BRUNER und Sean D. CARR, *Sturm an der Börse: die Panik von 1907,* deutsch von Andreas Schieberle, Weinheim, 2009.

Gary BURN, *The Re-emergence of Global Finance,* Palgrave Mac Millan, Basingstoke, 1986.

Helen M. BURNS, *The American Banking Community and New Deal Banking Reforms 1933–1935,* Greenwood Press, Westport, 1974.

Paul CHAMPSAUR und Jean-Philippe COTIS, *Rapport sur la situation des finances publiques,* April 2010, www.ladocumentationfrancaise.fr/var/storage/rapports-publics/104000234/0000.pdf.

Edward CHANCELLOR, *Bullen gegen Bären, die Geschichte der Finanzspekulation,* Frankfurt a. M., Leipzig, 2003.

Christian CHAVAGNEUX und Denis CLERC, »Les économistes bousculés par la crise«, *Alternatives économiques,* Nr. 287, Januar 2010.

Christian CHAVAGNEUX und Éric NICOLAS, »L'influence des acteurs privés sur la régulation financière internationale«, *Politique étrangère,* Nr. 3, 1997.

Christian CHAVAGNEUX und Ronen PALAN, *Les Paradis fiscaux,* La Découverte, coll. »Repères«, Paris, 2007 (2. Auflage).

Paul CLAUDEL, *La Crise. Amérique 1927–1932,* Métailié, Paris, 2009.

Denis CLERC, »Théorie; désaccords majeurs«, *Alternatives économiques,* Nr. 75, 1. Quartal. 2008 (Sondernummer).

Joan CONDIJTS, Paul GÉRARD und Pierre-Henri THOMAS, *La Chute de la maison Fortis,* Jean-Claude Lattès, Paris, 2009.

»Crise financière: analyses et propositions«, *Risques/Revue d'économie financière,* Nr. 73–74 (Sondernummer), Juni 2008.

Eugène DAIRE, *Économistes financiers du XVIIIe siècle,* Guillaumin, Paris, 1843.

Jon DANIELSON, »Blame the models«, www.riskresearch.org/files/JD-33.pdf, Juni 2008.

Jon DANIELSON und Robert MACRAE, »The appropriate use of risk models: part I and part II«, www.voxeu.org, 16. und 17. Juni 2011.

Mike DASH, *Tulpenwahn: die verrückteste Spekulation der Geschichte,* deutsch von Elfriede Peschel, München, 2012.

Daniel DESSERT, *Argent, pouvoir et société au grand siècle,* Fayard, Paris, 1984.

John EATWELL, »Une nouvelle architecture financière internationale«, *L'Économie politique,* Nr. 42, April 2009.

George W. EDWARDS, *The Evolution of Finance Capitalism,* Augustus M. Kelley Publishers, New York, 1967.

Barry EICHENGREEN und Kris MITCHENER, »The Great Depression as a credit boom goes wrong«, *BIS Working Paper,* Nr. 137, September 2003.

Rudiger FAHLENBRACH, Robert PRILMEIER und René M. STULZ, *Do Banks Learn from Crisis?,* www.voxeu.org, 17. Mai 2011.

Edgar FAURE, *La Banqueroute de Law,* Gallimard, Paris, 1977.

Charles FERGUSON, *Inside Job,* Sony, 2010.

Niall FERGUSON, *Der Aufstieg des Geldes: die Währung der Geschichte,* deutsch von Klaus-Dieter Schmidt, Bonn, 2011.

FINANCIAL CRISIS INQUIRY COMMISSION, *Financial Crisis Inquiry Report,* Januar 2011, www.gpoaccess.gov.

Justin FOX, *The Myth of the Rational Market. A History of Risk, Reward and Delusion on Wall Street,* Harper Business, London, 2009.

Doug FRENCH, »The Dutch monetary environment during tulipmania«, *The Quarterly Journal of Austrian Economics,* Bd. 9, Nr. 1, Frühjahr 2006.

John Kenneth GALBRAITH, *Der große Krach 1929,* deutsch von Rudolf Mühlfenzl und Helmut Roesler, Stuttgart, 1963.

John Kenneth GALBRAITH, *Die Entmythologisierung der Wirtschaft. Grundvoraussetzungen ökonomischen Denkens,* deutsch von Monika Streissler, Wien, Darmstadt, 1988.

John Kenneth GALBRAITH, *Finanzgenies. Eine kurze Geschichte der Spekulation,* deutsch von Wolfgang Rhiel, Frankfurt a. M. 1992.

Peter GARBER, *Famous First Bubbles. The Fundamentals of Early Manias,* MIT Press, Cambridge, 2001.

Joseph GARNIER, »Jean de Lauriston«, in: Charles COQUELIN und Gilbert GUILLAUMIN (dir.), *Dictionnaire de l'économie politique,* Bd. 2, Librairie Guillaumin, Paris, 1854.

Jean-François GAYRAUD, *La Grande Fraude. Crime, subprimes et crises financières,* Odile Jacob, Paris 2011.

Charles GIDE und Charles RIST, *Geschichte der volkswirtschaftlichen Lehrmeinungen,* deutsch von R. W. Horn, Jena, 1923.

Olivier GODECHOT, *La Finance, facteur d'inégalités,* La Vie des idées, http://olivier. godechot.free.fr, 2011.

Anne GOLDGAR, *Tulipmania. Money, Honor, and Knowledge in the Dutch Golden Age,* The University of Chicago Press, Chicago, 2007.

Andrew G. HALDANE, »Capital discipline«, *Bank of England,* Januar 2011.

Andrew G. HALDANE, »The $100 billion dollars«, *Bank of England,* März 2010.

Earl J. HAMILTON, »Prices and wages at Paris under John Law's system», *Quarterly Journal of Economics,* Nr. 51, 1936–1937.

Earl J. HAMILTON, »The Political Economy of France at the Time of John Law«, *History of Political Economy,* Nr. 1, Frühjahr 1969.

Pierre-Cyrille HAUTCŒUR, *La Crise de 1929,* La Découverte, coll. »Repères«, Paris, 2009.

Friedrich HAYEK, *Geldtheorie und Konjunkturtheorie,* Wien, 1929.

Philippe HERLIN, *Finance: le nouveau paradigme. Comprendre la finance et l'économie avec Mandelbrot, Taleb,* Eyrolles, Paris, 2010.

Daniëlle HERMANS, *Das Tulpenvirus,* deutsch von Heike Baryga und Stefanie Schäfer, München, Zürich, 2010.

Deniz IGAN, Prachi MISHRA und Thierry TRESSEL, »Lobbying and the financial crisis«, www.voxeu.org, 2010.

Patricia JENKINS und Brooke MASTERS, »Higher capital rations talk cuts banks' appeal«, *Financial Times,* 27. März 2011.

Simon JOHNSON und James KWAK, *13 Bankers. The Wall Street Take Over and the Next Financial Meltdown,* Pantheon Books, New York, 2010.

Isaac JOSHUA, *La Crise de 1929 et l'émergence américaine,* PUF, Paris, 1999.

Isaac JOSHUA, »Quand 2009 questionne 1929«, *L'Économie politique,* Nr. 48, Oktober 2010.

Maury KLEIN, *Rainbow's End: The Crash of 1929,* Oxford, 2001.

Charles S. KINDLEBERGER, *Manien, Paniken, Crashs. Die Geschichte der Finanzkrisen dieser Welt,* Kulmbach 2001.

Paul KRUGMAN, »Crises et inégalités: des causes communes«, *Alternatives économiques,* Nr. 295, oct. 2010.

Paul KRUGMAN, »Disagreement among Economists«, 19. März 2011, http://krugman.blogs.nytimes.com.

Paul KRUGMAN, *Nach Bush: Das Ende der Neokonservativen und die Stunde der Demokraten,* deutsch von Friedrich Griese, Campus, 2008.

Michael KUMHOF und Romain RANCIÈRE, »Inequality, leverage and crisis«, *London: CEPR, 2011.*

Jean-Pierre LANDAU, »Extreme events in finance«, Banque de France, September 2008.

Erik LEBORGNE, »Le régent et le système de Law vus par Melon, Montesquieu, Prévost et Lesage«, *Féeries,* 3/2006, http://feeries.revues.org.

Séverine LEBOUCHER, »Ce qui pose problème dans les ratios de liquidité«, *Revue Banque*, Nr. 737, Juni 2011.

John LE CARRÉ, *Verräter wie wir*, deutsch von Sabine Roth, Berlin, 2011.

Caroline LE MOIGN, »Centres financiers offshore et système bancaire de l'ombre«, *La Note d'analyse du Centre d'analyse stratégique*, Nr. 222, Mai 2011.

Jean-François LEPETIT, *Rapport sur le risque systémique*, April 2010, www.minefe.gouv.fr/services/rap10/100414raplepetit.pdf.

Jean LESCURE, *Des crises générales et périodiques de surproduction*, Bd. 2, Burt Franklin, New York, 1938.

Cheng Hoon LIM, »Macroprudential policy: an organizing framework«, *IMF Background paper*, 14. März 2011.

Jack LONDON, *Die eiserne Ferse*, deutsch von Christine Hoeppner, München, 1976.

Herbert Lüthy, *La Banque protestante en France*, Bd. 1., Paris 1959.

Charles MACKAY, *Zeichen und Wunder. Aus den Annalen des Wahns*, deutsch von Kurt Jürgen Huch, Frankfurt a. M., 1992.

Jean DE MAILLARD, *L'Arnaque. La finance au-dessus des lois et des règles*, Gallimard, Paris 2010.

Edmond MALINVAUD, *Voie de la recherche macroéconomique*, Odile Jacob/ Points Seuil, Paris, 1991.

Benoît MANDELBROT, *Fraktale und Finanzen: Märkte zwischen Risiko, Rendite und Ruin*, deutsch von Helmut Reuter, München, 2005.

John MILLS, »On Credit Cycles and the Origin of Commercial Panics«, *Transactions of the Manchester Statistical Society*, session 1867–1868.

David MIN, *Faulty Conclusions Based on Shoddy Foundations*, Centre for American Progress, Februar 2011.

Hyman P. MINSKY, *Stabilizing an Unstable Economy*, McGraw-Hill, New York, 1986.

Hyman P. MINSKY, *Can »It« Happen Again? Essays on Instability and Finance*, M. E. Sharpe, New York, 1982.

Ludwig VON MISES, *Geldwertstabilisierung und Konjunkturpolitik*, Jena, 1928.

Charles de MONTESQUIEU, *Persische Briefe*, deutsch von Peter Schunk, Stuttgart 1991.

Antoin E. MURPHY, *John Law, Ökonom und Visionär*, deutsch von Hans Günter Holl, Düsseldorf, 2002.

Antoin E. MURPHY, »John Law et la bulle de la Compagnie du Mississippi«, *L'Économie politique*, Nr. 48, Oktober 2010.

Gustavus MYERS, *Geschichte der großen amerikanischen Vermögen*, Berlin, 1923.

Anastasia NESVETAILOVA, *Financial Alchemy in Crisis: The Great Liquidity Illusion*, Pluto Press, London, 2009.

Frank (Benjamin Franklin) NORRIS, *Das Epos des Weizens*, Bd. 2: *Die Getreidebörse*, deutsch von Eugen von Tempsky, Stuttgart, 1907–1912.

Alexander D. NOYES, »A year after the panic of 1907«, *The Quarterly Journal of Economics,* Bd. 23, Nr. 2, Februar 1909.

André ORLÉAN, *De l'euphorie à la panique: penser la crise financière,* Éditions Rue d'Ulm, Paris, 2009.

André ORLÉAN, »Il faut revenir sur la primauté absolue accordée à la liquidité financière«, *L'Économie politique,* Nr. 43, Juli 2009.

Ronen PALAN, Richard MURPHY und Christian CHAVAGNEUX, *Tax Havens: How Globalization Really Works,* Cornell University Press, Ithaca, 2010.

James E. PALMER JR, *Carter Glass Unreconstructed Rebel,* The Institute of American Biography, Roanoke, 1938.

Frank PARTNOY, *Der Zündholzkönig: Ivar Kreuger, Finanzgenie und Wegbereiter eines Jahrhunderts von Wall-Street-Skandalen,* München, 2013.

Michael PERINO, *The Hellhound of Wall Street. How Ferdinand Pecora's Investigation of the Great Crash Forever Changed American Finance,* New York, 2010.

Jean-Christian PETITFILS, *Le Régent,* Fayard, Paris, 1986.

Thomas PHILIPPON und Ariell RESHEF, »Wages and Human Capital in the US Financial Industry«, New York University, http://pages.stern.nyu.edu, 2008.

Kevin PHILLIPS, *Die amerikanische Geldaristokratie: eine politische Geschichte des Reichtums in den USA,* deutsch von Andreas Wirthensohn, Frankfurt a. M., New York, 2003.

Edward PINTO, »Triggers of the financial crisis«, www.aei.org, 2010.

Cendrine DE PORTHAL, *Les Fortunes de la gloire: le roman de John Law,* Acropole, Paris, 1982.

Nicolas POSTEL, »Le pluralisme est mort, vive le pluralisme!«, *L'Économie politique,* Nr. 50, April 2011.

Nicolaas W. POSTHUMUS, »The tulip mania in Holland in the years 1636 and 1637«, *Journal of Economic and Business History,* Bd. 1, Nr. 3, Mai 1929.

Jean-Paul REDOUIN, »Il faut une régulation intrusive et proactive«, *Alternatives économiques,* Nr. 87, 1. Quartal 2011 (Sondernummer).

Jean-Paul REDOUIN, *La stabilité monétaire et financière: une double mission pour une Banque centrale, les leçons récentes,* Banque de France, September 2010.

Carmen M. REINHART und Kenneth S. ROGOFF, *Dieses Mal ist alles anders: acht Jahrhunderte Finanzkrisen,* München, 2011.

Lionel ROBBINS, *The Great Depression,* Macmillan, London, 1934.

Hugh ROCKOFF, »Great fortunes of the Gilded Age«, *NBER Working Paper,* Nr. 14555, Dezember 2008.

Franklin D. ROOSEVELT, Antrittsrede, 4. März 1933, in: *Links von der Mitte. Briefe, Reden, Konferenzen,* deutsch von Peter Stadelmayer und Christian Hübener, Frankfurt a. M., 1951

David M. RUBENSTEIN und John A. THAIN, *The Future of the Global Financial System. A Near Term Outlook and Long Term Scenarios,* A World Economic Forum Report with Oliver Wyman, 2009.

Ellen D. RUSSELL, *New Deal Banking Reforms and Keynesian Welfare State Capitalism,* Routledge, London, 2008.

Henry de SAINT-SIMON (Claude-Henri de Rouvroy, Comte de Saint-Simon), *La Cour du Régent,* Complexe, Bruxelles, 1990.

Jean-Baptiste SAY, *Ausführliches Lehrbuch der praktischen Politischen Oekonomie,* deutsch von Max Stirner, Leipzig, 1845.

Gary J. SCHINASI, *Safeguarding Financial Stability. Theory and practice,* FMI, 2006.

Joseph SCHUMPETER, *Geschichte der ökonomischen Analyse,* Göttingen 1965.

SENIOR SUPERVISORS GROUP, *Risk Management Lessons from the Global Banking Crisis of 2008,* 21. Oktober 2009.

Luis SERVÉN und Ha NGUYEN, »Global imbalances before and after the global crisis«, *Policy Research Working Paper,* Nr. 5354, Juni 2010.

Jérôme SGARD, *L'Économie de la panique,* La Découverte, Paris, 2002.

Robert J. SHILLER und Virginia M. SHILLER, »Economists as worldly philosophers«, *Cowles Foundation Discussion Paper,* Nr. 1788, März 2011.

Upton SINCLAIR, *Die Wechsler,* München, 1925.

Manmohan SINGH, »Making OTC derivatives safe – A fresh look«, *IMF Working Paper,* Nr. WP/11/66, März 2011.

Kenneth A. SNOWDEN, »The anatomy of a residential mortgage crisis: a look back to the 1930s«, *NBER Working Paper,* Nr. 16244, Juli 2010.

Oliver M. W. SPRAGUE, *History of Crises Under the National Banking System,* Government Printing Office, Washington, 1910.

Joseph STIGLITZ, »Les économistes doivent changer leurs croyances«, *Alternatives économiques,* Nr. 290, April 2010.

Joseph STIGLITZ, *Im freien Fall: Vom Versagen der Märkte zur Neuordnung der Weltwirtschaft,* deutsch von Thorsten Schmidt, München 2010.

Ellis W. TALLMAN und Jon R. MOEN, »Lessons from the panic of 1907«, *Economic Review,* Federal Reserve Bank of Atlanta, Mai-Juni 1990.

Ellis W. TALLMAN und Jon R. MOEN, »Liquidity creation without a lender of last resort: clearinghouse loan certificates in the banking panic of 1907«, *Federal Reserve Bank of Atlanta Working Paper,* Nr. 2006-23b, Okober 2007.

Ellis W. TALLMAN und Jon R. MOEN, »The bank panic of 1907: the role of trust companies«, *The Journal of Economic History,* Bd. 52, Nr. 3, September 1992.

Ellis W. TALLMAN und Jon R. MOEN, »Why didn't the United States establish a central bank until after the panic of 1907?«, *Federal Reserve Bank of Atlanta Working Paper,* Nr. 99-16, November 1999.

Daniel K. TARULLO, *Next Steps in Financial Regulatory Reform,* Federal Reserve, 12. November 2010.

Daniel K. TARULLO, *Regulating Systemically Important Financial Firms,* Federal Reserve, 3. Juni 2011.

Studs TERKEL, *Hard Times: An Oral History of the Great Depression,* New York, 1970.

Gillian TETT, *Fool's Gold. How Unrestrained Greed Corrupted a Dream, Shattered Global Markets and Unleashed a Catastrophe,* Free Press, New York, 2009.

THE ECONOMIST, »Confessions of a Risk Manager«, 7. April 2008.

THE ECONOMIST, »Special Report: International Banking«, 14.–20. Mai 2011.

Adolphe THIERS, »Law«, in: *Encyclopédie progressive,* Bureau de l'encyclopédie progressive, Paris, 1826.

Gordon THOMAS und Max MORGAN-WITTS, *The Day the Bubble Burst: A Social History of the Wall Street Crash of 1929,* New York 1982.

Joseph J. THORNDIKE, »A tea party for Calvin Coolidge?«, *Tax Analysts,* 14. Oktober 2010.

Pablo TRIANA, *Lecturing Birds on Flying. Can Mathematical Theories Destroy the Financial Markets?,* John Wiley & Sons, New Jersey, 2009.

Adair TURNER, »Leverage, maturity transformation and financial stability: challenges beyond Basel III«, *Financial Services Authority,* März 2011.

Christian TUTIN und Julien MENDEZ, »De la crise bancaire à la régulation: l'expérience américaine de 1907«, *L'Économie politique,* Nr. 48, Oktober 2010.

UBS, *Shareholders Report on UBS's Write-Down,* www.ubs.com, 18. April 2008.

US SENATE COMMITTEE ON BANKING AND CURRENCY, *The Pecora Investigation,* Washington, 1934 (Neuausgabe Cosimo Reports, New York, 2010).

J. G. VAN DILLEN, Geoffrey POITRAS und Asha MAJITHIA, »Isaac Le Maire and the early trading in Dutch East India Company shares«, Cheltenham, UK, Edward Elgar, 2007.

José VIÑALS und Jonathan FIECHTER, »The making of good supervision: learning to say ›No‹«, *IMF Staff position notes,* Nr. 10/08, 18. Mai 2010.

VOLTAIRE, *Précis du siècle de Louis XV,* xxx

Léon WALRAS, *Éléments d'économie politique pure,* Economica, Paris, 1988.

Edith WHARTON, *Das Haus der Freude,* deutsch von Gerlinde Völker, Stuttgart, 1988.

Jon D. WISMAN und Barton BAKER, »Rising Inequalities and the Financial Crisis of 1929 and 2008«, www.american.edu/cas/economics/pdf/upload/2010-10.pdf, 2011.

Janet L. YELLEN, *Macroprudential Supervision and Monetary Policy in the Post-Crisis World,* Federal Reserve, 11. Oktober 2010.

Émile ZOLA, *Das Geld,* deutsch von Wolfgang Günther, Berlin, 1977.

Mitchell ZUCKOFF, *Ponzi's Scheme. The True Story of a Financial Legend,* Random House, New York, 2006.